郵便はがき

恐れ入りますが
切手を
お貼りください

113-0033

東京都文京区
本郷5-32-21
みすず書房　営業部内
〈書物復権〉の会　事務局 行

ご住所　〒 TEL		
お名前（ふりがな）	年齢 代	性別 男 女
Eメールアドレス		
ご職業	お買上書店名	

※このハガキは、アンケートの収集、関連書籍のご案内のご本人確認・配送先確認を目的としたものです。ご記入いただいた個人情報は上記目的以外での使用はいたしません。以上、ご了解の上、ご記入願います。

10出版社　共同復刊
〈書物復権〉

岩波書店／紀伊國屋書店／勁草書房／青土社／東京大学出版会
白水社／法政大学出版局／みすず書房／未來社／吉川弘文館

この度は〈書物復権〉復刊書目をご愛読いただき、まことにありがとうございます。

本書は読者のみなさまからご要望の多かった復刊書です。ぜひアンケートにご協力ください。

アンケートに応えていただいた中から抽選で10名様に2000円分の図書カードを贈呈いたします。

(2017年12月31日到着分まで有効) 当選の発表は発送をもってかえさせていただきます。

●お買い上げいただいた書籍タイトル

●この本をお買い上げいただいたきっかけは何ですか？
□ 書店でみかけて　□ 以前から探していた　□ 書物復権はいつもチェックしている
□ ウェブサイトをみて（サイト名：　　　　　　　　　　　　　　　　　　）
□ その他（　　　　　　　　　　　　　　　　　　　　　　　　　　　　　）

●よろしければご関心のジャンルをお知らせください。
□ 哲学・思想　□ 宗教　□ 心理　□ 社会科学　□ 教育　□ 歴史　□ 文学
□ 芸術　□ ノンフィクション　□ 自然科学　□ 医学

●おもにどこで書籍の情報を収集されていますか？
□ 書店店頭　□ ネット書店　□ 新聞広告・書評　□ 出版社のウェブサイト
□ 出版社や個人のSNS（具体的には：　　　　　　　　　　　　　　　　）
□ その他（　　　　　　　　　　　　　　　　　）

●今後、〈書物復権の会〉から新刊・復刊のご案内、イベント情報などのお知らせを
お送りしてもよろしいでしょうか？
□はい　　　　　　　　□いいえ

●はい、とお答えいただいた方にお聞きいたします。どんな情報がお役に立ちますか？
□ 復刊書の情報　□ 参加型イベント案内　□ 著者サイン会　□ 各社図書目録
□ その他（　　　　　　　　　　　　　　　　　　　　　　　　　　　　　）

●〈書物復権の会〉に対して、ご意見、ご要望がございましたらご自由にお書き下さい。

陰《おん》陽《みょう》師《じ》と貴族社会

繁田信一著

吉川弘文館

目次

序章　安倍晴明の実像

第一節　陰陽師と平安貴族社会

一　「陰陽師」という職能者

本書の目的は、平安時代の貴族層の人々が用いた陰陽師という職能者（芸能者）についての研究である。そして、本書の主題である「陰陽師と貴族社会」は、平安時代の陰陽師と貴族社会とを意味する。従来、陰陽道史研究の脈絡においてさえも、注目されるのは陰陽師の扱う技芸や観念であり、陰陽師そのものが主たる研究対象とされることは稀であった。そこで、その陰陽師という職能者に視点を据えた論究を試みようというのが、この「陰陽師と貴族社会」と題する研究なのである。

そして、本書の研究対象となる陰陽師は、平安貴族社会の人々が殊更に関心を示す職能者の一人であった。平安貴族社会についての百科全書として知られる『二中歴』は、「一能歴」という項目を設け、そこでは、次に示す三十六種の職能者について、その名手とされる人物を列挙する。「一能歴」に見える「能書」以下の職能者は、その名手が取り沙汰されたことから既に明らかなように、平安時代の多くの職能者の中でも貴族層の人々が特に関心を寄せる職能者であった。そして、その中には「陰陽師」という名称も見える。

能書　…良吏　…医師　…夢解　…相撲　…鞠足　…呪師　…私曲

管弦人	明経	宿曜師	絵師	近衛舎人	囲碁	散楽
武者	明法	禄命師	細工	楽人	双六	遊女
勢人	算道	易筮	仏師	舞人	志癡	傀儡子
徳人	陰陽師	相人	木工	鷹飼	窃盗	巫覡

『二中歴』が成立したのは鎌倉時代中期のことだが、その原型となったのは平安時代後期に三善為康という中級貴族の著した『掌中歴』『懐中歴』の二書である。特に、右に触れた「一能歴」という項目は、その冒頭に「掌中不レ立二此題一通為二芸能歴一」との注記が見える如く、『掌中歴』の「芸能歴」という項目からその一部を引き写したものであった。したがって、「一能歴」に取り上げられた、陰陽師を含む三十六種の職能者――当時の人々は「芸能者」と呼んだと考えられる――は、やはり、平安時代の貴族層に属する人々が特に関心を寄せるような職能者だったのである。

また、陰陽師という職能者（芸能者）が平安貴族社会において殊更に人々の関心を集める存在であったことは、藤原明衡という平安時代中期の中級貴族の著した『新猿楽記』からも窺われる。所謂「職人尽くし」の先駆とされる『新猿楽記』では、右衛門尉某という中級貴族の家族の面々として能書家（長男）・武者（次女の夫）・医師（九女の夫）などの諸々の職能者が紹介されるが、右衛門尉の十番目の娘の婿として紹介されるのが陰陽師（陰陽先生）なのである。

長女の夫	「高名博打」	四女	「覡女」
次女の夫	「天下第一武者」	十五女	（尼）
三女の夫	「大名田堵」	十六女	「遊女夜発之長者」

五女の夫　「紀伝明法明経算道等之学生」
六女の夫　「高名相撲人」
七女の夫　「馬借車借」
八女の夫　「大夫大工」
九女の夫　「右近衛医師」
十女の夫　「陰陽先生」
十四女の夫　「博奕窃盗」
十一女の「気装人」　「管弦并和歌上手」
十二女の「仮借人」　（上級貴族）
十三女の「夜這人」　（炭焼）

長男　「能書」
次男　「一生不犯之大験者」
三男　「細工并木道長者」
四男　「受領郎等」
五男　「天台宗学生大名僧」
六男　「絵師長者」
七男　「大仏師」
八男　「商人主領」
九男　「小童」（楽人・舞人）

さて、既に述べたように、本書が研究対象とするのは、平安貴族社会の陰陽師である。そして、その陰陽師は、平安貴族たちが特に関心を寄せる職能者（芸能者）の一つであった。そこで、本書においては、主として平安貴族の証言に拠りながら、平安貴族社会の陰陽師についての論究を進めていくことにしたい。

二　陰陽道と陰陽師

一種の「職人尽くし」として知られる藤原明衡の『新猿楽記』に陰陽師が紹介されていることには既に触れた。そして、明衡が「陰陽先生」として次のように紹介する賀茂道世は、架空の存在でありながらも、平安時代中期の人々にとっての陰陽師の理想像であった。

○十君夫陰陽先生賀茂道世、金匱経・枢機経・神枢霊轄等之無レ所レ不レ審、四課三伝明々多々也、占二覆物一者如レ見レ目、推二物怪一者如レ指レ掌、進二退十二神将一、前二後三十六禽一、仕二式神一、造二符法一、開二閉鬼神之目一、出二入男女之魂一、凡都覧反閇究レ術、祭祀・解除致レ験、地鎮・謝罪・呪術・厭法等之上手也、吉備大臣・七佐法王之道習伝者也、加レ之注暦天文図・宿耀地判経、又以了々分明也、所以形雖レ稟二人体一、心通二達鬼神一、身雖レ住二世間一、神経二緯天地一矣、

（『新猿楽記』）

右の『新猿楽記』からは、平安貴族社会で活動した陰陽師が、卜占や「祭祀」「解除」「反閇」「地鎮」などのさまざまな呪術をその職能としていたことが知られる。そして、ここに見える陰陽師の職能こそが、これまで一般に「陰陽道」という言葉によって理解されてきたものの中核である。そうした意味での陰陽道が平安中期の貴族社会において隆盛を見たことは、陰陽道史を構築する中で平安貴族と陰陽道との関係を見る村山修一『日本陰陽道史総説』〔一九八一〕によって、あるいは、平安時代の貴族生活を主題として平安貴族と陰陽道との関係を見る五来重「平安貴族と陰陽道」〔一九八五〕や山中裕「平安貴族と陰陽道」〔一九八七〕によって、既に明らかにされている。

また、陰陽師の職能である卜占や呪術を中核とする平安時代の陰陽道については、斎藤励『王朝時代の陰陽道』〔一九一五〕をはじめとして、今日までに幾多の研究が蓄積されてきた。小柳司気太・野田幸三郎・下出積與・三和礼子・岡田荘司・小坂眞二・山下克明らによる数々の論考がそれであり、その多くは村山修一他編集の『陰陽道叢書』第一巻（名著出版、一九九一年）および同第四巻（名著出版、一九九三年）に収録されている[1]。

ただし、平安時代中期の貴族社会において陰陽道が隆盛を迎えたことの意味は、必ずしも適切に理解されてきたわけではない。例えば、村山修一『日本陰陽道史総説』〔一九八一〕が、平安中期の貴族社会における陰陽道について、「陰陽道は権力者の権威を示し、政治の無能を糊塗し、社会の固定化をはかるため信条化されたもの」であったとす

る如くである。もちろん、このような理解は現代人の価値観が過去に投影された結果として生じたものであり、そこでは当事者である平安貴族の価値観は完全に無視されている。

そして、拙稿「平安中期貴族社会における陰陽師」〔一九九一〕は、例えば村山の研究に見られるような悪しき合理主義の批判を意図したものであった。平安貴族の病気と関連した陰陽師の活動を扱う右の小論において筆者が試みたのは、平安貴族が陰陽道（特に陰陽師の卜占や呪術）を必要としたことの背景にあった、平安貴族自身による陰陽師についての認識――平安貴族は陰陽師をどのようなものとして認識していたのか――の解明である。そして、前稿での考察によれば、その日常生活を神仏や霊鬼の祟によって不断に脅かされていた平安貴族は、神仏や霊鬼の祟への対抗手段として陰陽師の卜占や呪術を求めたのであった。

平安貴族と神仏や霊鬼との関わりをめぐる一連の考察において筆者自身が示した如く〔繁田 一九九四b・一九九五a・一九九五b・一九九六a・一九九六b・一九九七・二〇〇二〕、平安貴族にとっての神仏や霊鬼は、現代日本人の多くにとってのそれとは異なり、現にそこに存在するものであった。これに対して、平安貴族にとっての陰陽師は、卜占や呪術を以て神仏や霊鬼と対峙し得る特別な存在だったのである〔繁田 一九九一〕。そして、既に見た如く、陰陽師が平安貴族にとって重要な意味を持つ職能者（芸能者）の一人であったのも、こうした事情によってであったと考えられる。

しかし、近年では、平安時代の陰陽師に関する言説の多くに、陰陽師が〈神仏や霊鬼と対峙し得る存在〉であったことを過度に強調する傾向が認められる。例えば、志村有弘『平安京のゴーストバスター　陰陽師安倍晴明』（角川書店、一九九五年）や小松和彦『安倍晴明「闇」の伝承』（桜桃書房、二〇〇〇年）などにおいて、平安時代中期の陰陽師として著名な安倍晴明という人物などは、もはや人としては語られていない。オカルティズムが静かに流行し続ける昨今、研究者の一部までもが陰陽師を一種の超人として吹聴することに加担しているのである。

そして、こうした傾向が生じた原因の一端は、従来から研究者の関心を集めてきたのが陰陽道（陰陽師の職能）であって陰陽師（陰陽師という職能者）ではなかったことにあるとも考えられる。というのも、研究者の多くが陰陽師そのものには十分な注意を払ってこなかった結果として、現状では、陰陽道の隆盛が見られた平安時代中期の陰陽師についてさえも、その史実に即した実像が解明されているとは言い難いからである。

事実、これまでの陰陽道研究や陰陽道史研究の多くは、平安中期の陰陽師について言及するとしても、平安後期以降に成立した説話集や系図集を典拠として安倍晴明をはじめとする一部の陰陽師についての珍奇な逸話を紹介する程度であった。例えば、村山修一『日本陰陽道史総説』（一九八一）における当時の陰陽師についての解説の多くが、十二世紀成立の『今昔物語集』や十四世紀成立の『尊卑分脈』の記載を紹介するに過ぎないという如くである。そして、これまでのところ、陰陽師については殊更にそれ以上の論究が求められることはなかったと言っていい。

だが、より精密な陰陽道史を構築するためには、陰陽師に焦点を当てた研究は欠かせないのではないだろうか。就中、陰陽道が隆盛を迎えた平安時代中期の貴族社会において、人々が陰陽道というものをどのように理解していたかを正しく把握するためには、平安中期当時の人々の眼から見た陰陽師の実像を究明する必要があるように思われる。後世の伝承に頼った従来の陰陽師理解を許容し続けるならば、平安時代の陰陽道史について正しい理解を得ることはできないだろう。

また、村山『日本陰陽道史総説』の構想する陰陽道史においては、平安時代中期は一つの画期として位置付けられている。この時期に賀茂氏や安倍氏によって後世の幸徳井家や土御門家につながる陰陽道宗家が成立したと見做されるためである。そして、こうした事情からしても、平安中期の陰陽師に対しては、これまで以上の注目が集まってもいいのではないだろうか。現実に村山の言う陰陽道宗家を形成したのは、賀茂氏および安倍氏に属する平安中期の陰陽師たちなのである。また、陰陽道史上の一大事である陰陽道宗家成立の状況を正確に把握するためには、結果として陰陽道宗家の立場を得ることのできなかった賀茂・安倍両氏以外の諸氏の陰陽師に対しても、これまで以上に大きな関心が寄せられねばなるまい。

三　「日記といふもの」

○男もすなる日記といふものを、女もしてみむとてするなり。それの年の十二月の二十日あまり一日の日の戌の時に門出す。そのよし、いささかにものに書きつく。

（『土佐日記』）

これは、よく知られた紀貫之『土佐日記』の冒頭部分であるが、ここに貫之の言う通り、平安時代中期の貴族層の男性には日記を付ける習慣があった。九条丞相として知られる藤原師輔がその子孫に遺した訓戒によれば、日記というのは、少なくとも上級貴族層にとっては男性の嗜みの一つでさえあった（『九条殿遺誡』）。当時の貴族男性は、日々の出来事やその感想を、具注暦の余白や裏面に漢文体で書き留めたのである。

そうした平安時代中期の貴族層の漢文日記は、『九暦』の名で知られる藤原師輔の日記をはじめとして、その幾つかがさまざまな経緯で現代に伝わっており、「古記録」とも呼ばれている。次にその記主および現存の記録期間とともに列挙するのは、現代に伝わる平安中期の古記録である。

『貞信公記』　藤原忠平　延喜七年（九〇七）～天暦二年（九四八）
『九暦』　藤原師輔　延長八年（九三〇）～天徳四年（九六〇）
『親信卿記』　平親信　天禄三年（九七二）～天延二年（九七四）

『小右記』　藤原実資　天元五年（九八二）～長元五年（一〇三二）
『権記』　藤原行成　正暦二年（九九一）～寛弘八年（一〇一一）
『御堂関白記』　藤原道長　長徳四年（九九八）～治安元年（一〇二一）
『左経記』　源経頼　寛弘六年（一〇〇九）～長暦三年（一〇三九）
『春記』　藤原資房　万寿三年（一〇二六）～天喜二年（一〇五四）

これら平安中期の古記録は、当時の貴族層の人々が属していた文化や社会についての詳細な情報を提供してくれる。しかも、そこには、日々の出来事がただ機械的に記されているだけではなく、その出来事に対する所感までが記されていることも少なくない。そのため、これを平安貴族の文化や社会を研究するための史料として用いるならば、その史料的価値は計り知れないものとなる。現に、平安中期の古記録を主要な史料とした平安貴族についての研究は、例えば山中裕『平安時代の古記録と貴族文化』〔一九八八〕や黒板伸夫『平安王朝の宮廷社会』〔一九九五a〕がそうであるように、これまでにも大きな成功を収めてきた。

そして、平安貴族社会の陰陽師について最も多くのことを語ってくれるのも、古記録と呼ばれる史料である。特に、平安貴族社会の人々の証言を手がかりとして陰陽師についての論究を進めようとするのであれば、古記録を史料として利用することは不可避だと言ってもいいだろう。こうした事情から、本書においては、右に列挙した古記録こそを主要な史料として活用していきたいと考えている。(2)

陰陽師はしばしば説話に登場するため、これまでの研究では、専ら『今昔物語集』や『宇治拾遺物語』などに収められた諸説話から平安時代の陰陽師の姿を捉えることが試みられた。例えば、村山修一『日本陰陽道史総説』〔一九八一〕においては、平安中期の陰陽師についての記述の多くが説話を根拠としたものとなっている。しかし、説話の語る事実や真実は、必ずしも歴史的な事実や真実と一致するものではない。したがって、説話に見える平安時代の陰陽師がどれだけ史実を反映しているかを見るためにも、古記録を手がかりに史実としての平安時代の陰陽師の姿を明らかにすることが必要なはずである。

ところで、平安時代中期には、貴族層の女性の間にも「日記」と呼ばれるものを残す習慣が広まりつつあった。紀貫之が自身に仕える女性に仮託して記した『土佐日記』がそうであるように、仮名文字による和文体で記されるのが女性の日記の特徴である。

また、男性の漢文日記と女性の仮名日記とでは、用いる文字や文体の他にも大きな違いがある。男性の日記が日ごとに書かれた日次記であるのに対して、女性の日記は往時を振り返りつつ叙述された回想録あるいは手記のようなものなのである。とはいえ、女性の仮名日記からも、陰陽師に関する事柄を含め、当時の貴族社会についての有用な情報を引き出すことができるのであり、したがって、本書では、女性の日記をも史料として利用することになる。

平安時代中期の貴族女性の日記としては、藤原道綱母の『蜻蛉日記』、紫式部の『紫式部日記』、和泉式部の『和泉式部日記』、菅原孝標女の『更級日記』などが今に伝わっている。また、これらが実際には回想録あるいは手記の如きものであることからすれば、清少納言の『枕草子』の所謂「日記的章段」なども貴族女性の日記として扱われるべきだろう。そして、これらの仮名日記についてその正確な記録期間を知ることは難しいが、その作者が十世紀中葉から十一世紀中葉までの人々であることは確かであり、これらの仮名日記を平安時代中期の貴族層の手になるものと見做すことに問題はないだろう。

四　平安貴族

一般には平安時代の貴族を「平安貴族」と呼ぶわけだが、本書に言う「平安貴族」とは、特に断らない限り、十世紀中葉から十一世紀中葉までの平安時代中期の貴族層の人々のことである。そして、その平安中期の貴族層の人々の社会が、本書における「平安貴族社会」である。

とはいえ、どのような人々を「貴族層の人々」として扱うべきだろうか。

養老名例律では、三位以上の位階を持つ者が「貴」として扱われ、四位あるいは五位の位階を持つ者が「通貴」として扱われる。つまり、本来的には、三位以上の上級官人と四位・五位の中級官人とが「貴族」なのである。そして、このような規定に従えば、先に列挙した平安中期の漢文日記の記主の全てを貴族と見做すことができるだろう。次に示すように、彼らの全員が、最終的には三位以上に叙され、参議以上の官職を帯びる所謂「公卿」に列していた。

藤原忠平…従一位太政大臣
藤原師輔…正二位右大臣
平親信　…従二位参議
藤原実資…従一位右大臣
藤原行成…正二位権大納言
藤原道長…従一位太政大臣
源経頼　…正三位参議
藤原資房…正三位参議

こうしたことから、本書においては、概ね、三位以上あるいは参議以上の上級官人を上級貴族として扱い、四位・五位の中級官人を中級貴族として扱うことにする。そして、中級官人の予備軍である六位の下級官人についても、本書は、これを下級貴族として扱う。もちろん、六位官人は「貴」にも「通貴」にもあたらないが、平安時代中期の中級官人の多くが六位官人を経験していたのであり、中級官人の予備軍であった六位官人が五位以上の人々と共通の社会に生き、文化を共有していたことは否み難い。

また、本書では、右述の上級・中級・下級の貴族だけではなく、彼らの生活の場に深い関わりを持っていた人々のある部分をも、「貴族層の人々」として捉えることにしたい。

そのような人々としてまず第一に挙げられるべきは、右に見た貴族たちの妻子であろう。ここには、先に挙げた仮名日記の作者たちが含まれることになる。彼女らの場合、自ら五位以上の位階を持っていた可能性もあるが、その点を別としても、彼女らが娘として妻として中級貴族と生活の場をともにしていたことは疑うべくもない。彼女らの父親および夫のほとんどは、以下に示す通り、所謂「受領」に任ずる典型的な中級官人であった。

藤原道綱母…伊勢守藤原倫寧女・摂政太政大臣藤原兼家妻
紫式部　　…越前守藤原為時女・山城守藤原宣孝妻
清少納言　…肥後守清原元輔女・陸奥守橘則光妻・摂津守藤原棟世妻
和泉式部　…越前守大江雅致女・和泉守橘道貞妻・丹後守藤原保昌妻
菅原孝標女…常陸介菅原孝標女・下野守橘俊通妻

そして、本書で「貴族層の人々」に加えようとする二番目の人々は、僧位や僧官を持つ高僧たちである。藤原道長や藤原実資といった上級官人のもとには、法印・法眼・法橋の位にある僧や、僧正・僧都・律師・已講・内供・阿闍梨の官に就く僧が、頻繁に出入りしていた。このことから、こうした高僧が狭義の貴族の生活の場に密接に関わっていたと見ることができるだろう。また、これらの高僧には、右大臣藤原実資を父に持つ良円内供や右大将藤原道綱を父とする道命阿闍梨をはじめ、狭義の貴族の子弟も少なくなかった。

さらに、三番目になるが、天皇を含む皇族をも、広義の貴族としての「貴族層の人々」に数えるべきだろう。狭義の貴族はあくまで臣下であるから、皇族が狭義の貴族に含まれないのは当然である。だが、少なくとも平安時代中期には、皇族が狭義の貴族と親戚関係あるいは姻戚関係にあることが普通であった。このことからすれば、当時の皇族を広義の貴族に加えることに問題はないだろう。

第二節　平安貴族の見た安倍晴明

一　安倍晴明の名声

平安時代中期の陰陽師として知られる安倍晴明が没してより四世紀半以上を隔てた時代、都が応仁の乱の戦禍に見舞われた頃の人々は、この大昔の陰陽師を人間以外の何者かと見做すようになっていた。しかも、それは知識層の人々にも共有された見方であった。

○又居二天王寺一、或時聴二二鳥相語一、一鳥則自二京祇園一来、一鳥自二本栖一于二此里一者也、此時天皇不予、祇園鳥曰、内里西北渡地中、有二一銅器一、久埋二地中一、有レ霊、天皇不予為レ祟云々、晴明聴レ之、上京療治、帝病遂愈、名為二天下无双陰陽師一也云々、晴明无二父母一、蓋二化生者也一、其廟在二奥州一云々、

（『臥雲日件録』応仁元年十月二十七日条）

『臥雲日件録』は瑞渓周鳳という室町時代中期の禅僧の日記だが、その応仁元年（一四六七）十月二十七日条によれば、安倍晴明が天下無双（天下无双）の陰陽師となった契機は、二羽の烏の会話から天皇の病の原因を知ったことにあった。すなわち、烏の言葉を手がかりとして天皇の病を癒した晴明は、その功績によって陰陽師として世に認められるようになったというのである。そして、記主の周鳳は、右の話に「晴明无二父母一、蓋二化生者也一」との評を付している。室町時代の人々の知る安倍晴明は、人間の父母より生を享けたのではない、化け物（化生者）だったのである。

こうした安倍晴明像が虚構を含んだものであることは言うまでもない。既に見たように、陰陽師というのは平安時代に存在した数々の職能者（芸能者）の一人に過ぎず、当然のことながら、その一人であった安倍晴明もけっして「化生者」などではなかったと考えられる。

では、安倍晴明と同じ時代を生きた人々の眼には、彼はどのように映っていたのだろうか。

長保三年（一〇〇一）の歳の瀬のことになるが、当時の貴族層の人々の陰陽師安倍晴明に対する評価がはっきりと確認される出来事があった。

同年閏十二月、一条天皇生母の東三条院藤原詮子が崩じたことを受け、この年末の宮中の追儺は中止となった。平安時代の宮廷行事の一つとして大晦日に行われた追儺は、新年を迎えるにあたって国内に潜む鬼たちを東西南北の境界の外に追い払う行事である。そして、遅くとも平安中期には、貴族層の私宅でも追儺が行われるようになっていたが、宮中の追儺が中止となった長保三年の歳末には、私宅での追儺も自粛せざるを得なかった。

ところが、安倍晴明が明法家の惟宗允亮のもとを訪れて語るには、大晦日の夜、晴明が自宅にて追儺を行ったところ、京中の人々がこれに呼応して例年のように追儺をはじめた、というのである。これは允亮が編纂した『政事要略』の伝えるところであり、この一件についての允亮の所感は、「晴明陰陽達者也」というものであった。

○長保三年閏十二月廿二日、東三条院崩今上母、廿四日、御送、停二追儺一了、但有二大祓一、雖二御送葬了一、依二近日一被レ停歟、爰散位従四位下安倍朝臣晴明来併、不レ可レ有二追儺一之由、私宅行二此事一之間、京中響共以追儺、其事宛如二恒例一、晴明陰陽達者也、（『政事要略』巻二十九年中行事十二月下追儺）

右の一件は『小右記』にも記録されていたらしい。『小右記』には失われた部分が多く、この件についての『小右記』そのものの記事を見ることはできないが、その目次である『小記目録』には、「長保四年正月七日、依二諒闇一、追儺停止間事」という一条があり、そこには「晴明始レ儺、自余人随レ之事」との注記も見られる（『小記目録』第二十院宮凶事）。とすれば、允亮の聞いた話は、晴明による誇大な自己宣伝などではない。そして、「晴明陰陽達者也」というのは、当時の貴族層の人々に共有された評価であったと見ていいだろう。

さらに、藤原行成の『権記』からは、安倍晴明が「道之傑出者」と賞される程の高い評価を受けていたことが知られる。

長保二年十月十一日、火災で焼亡した内裏の造営もようやく終わり、この日、一条天皇は仮御所から新造内裏へと遷った。その際、安倍晴明は新造の内裏にて反閇（返閇）という呪術を行ったのだが、行成によると、こうした場合に反閇が行われるのはこれがはじめてであった。先例では、天皇が新造内裏に入る際に行われるのは、散供という米を撒く呪術だったのである。しかも、その散供は陰陽寮によって行われるものであった。ということは、長保二年の晴明は、先例と異なる呪術を行ったというだけではなく、その呪術の実演者として、陰陽寮という官司にとって代わったということになるだろう。そして、このような異例が認められた事情について、行成は「此度晴明以二道之傑出者一供三奉此事二也」と記すのである。

○御輿出レ自二西門一、入レ自二陽明門一、（中略）、御輿未レ到二南階一之前、晴明朝臣奉三仕御返閇事二応和例陰陽寮供三奉散供一、此度晴明以二道之傑出者一

供奉此事也、次御輿寄南階、主上御紫宸殿、（『権記』長保二年十月十一日条）

この一件で晴明の行った反閇という呪術は、呪文を唱えながら特殊な足取りで地を踏むというもので、長保二年以前の反閇の例として、『親信卿記』天延二年（九七四）二月九日条には、讃岐権介源通理が任国に下向する際、賀茂保憲という陰陽師が反閇を行ったことが見える。これが道中の安全を願ってのものであることが察せられるように、当時の人々にとっての反閇とは、これから踏み込んで行く未知の空間や危険の予想される空間において身の安全を確保するための呪術であった。

そして、当時の人々にとって、新築の家宅というのは、まさに未知の空間であった。そのため、平安貴族は、邸宅の新築が終わっても、陰陽師の反閇を含む諸々の呪術の複合儀礼である新宅作法を行わない限り、その邸宅を使いはじめることはなかった。例えば、『御堂関白記』寛弘二年二月十日条には、道長が新築の自宅の門前で安倍晴明を待ったことが記されているが、これは新宅作法を行うはずの晴明の到着がやや遅れたためであった。

また、『小右記』永延元年三月二十一日条によれば、小野宮と呼ばれる邸宅を本拠とする藤原実資は、二条大路に面した別邸（二条第）を久々に使いはじめるにあたり、安倍晴明に反閇を行わせている。平安貴族は、しばらく居所として使っていなかった邸宅を再び居所として使いはじめる際にも、陰陽師の反閇を必要としたのであった。おそらく、当時の貴族層の人々の認識において、新築のものに限らず、家宅というのは、さまざまな霊鬼の住む危険な空間だったのである。

こうした状況のもと、安倍晴明という陰陽師は、天皇が新造内裏に入る際にも反閇を行うという新例をひらき、それ以降、天皇が新造内裏に遷るにあたって陰陽師が反閇を行うことが慣例化していく。そして、晴明にそうした新例を作ることが可能であったのは、人々が彼を「陰陽達者」「（陰陽）道之傑出者」と認めていたからこそであった。同じ平安時代中期に生きた人々の眼に映じた安倍晴明は、室町時代の人々の言うような「化生者」などではなかったにしても、相当に優れた陰陽師だったのである。

さて、この節では、平安貴族社会の陰陽師に関する研究の手始めとして、平安貴族社会の陰陽師の中では最も著名な安倍晴明の実像を見ておくことにする。平安時代中期の古記録を主要な手がかりとして、彼と直接に接することのあった当時の貴族層の人々が見た、史的事実としての安倍晴明の姿を明らかにしようというのである。そして、これは、平安貴族社会の陰陽師についてその概略を把握するための措置であり、また、平安貴族社会の陰陽師に関するどのような事柄を本書において問題とすべきかを探るための手続きである。

二　呪術

安倍晴明が得意とした呪術に泰山府君祭（太山府君祭）がある。これは、泰山府君をはじめとする冥府の神々に働きかけて延命益算・富貴栄達・消災度厄などを得ようとする呪術で、別名を七献上章祭とも言う。泰山府君祭という呪術は、平安時代中期の一条天皇の時代から盛んに行われるようになり、やがて陰陽師の呪術の代表的なものの一つとなる。はじめは貴族層の人々の間で用いられていたが、鎌倉時代には武士層の間にも広まっていった。そして、泰山府君祭の流行は、晴明によって仕掛けられたと考えられる。

泰山府君祭の史料上の初見としては、『貞信公記』延喜十九年（九一九）五月二十八日条に「七献上章祭」として行われたことが見えるが、「泰山府君祭（太山府君祭）」の名で行われたのは、『小右記』永祚元年（九八九）二月十一日条に見えるものが最初であろう。この永祚元年の泰山府君祭は一条天皇のためのもので、『小右記』によれば、前日には代厄祭という呪術が行われる予定であったところを、当日になって代厄祭の代わりに行われたようなのだ。その実演者は安倍晴明であった。

そして、永祚元年の事例以来、泰山府君祭は頻繁に行われるようになる。『権記』長保四年（一〇〇二）十一月九日条には、藤原行成が安倍晴明に泰山府君祭を行わせた例が見え、また、『小右記』の寛弘二年二月十八日条および長和二年二月二十五日条から察するに、藤原実資は毎年の二月に陰陽師に泰山府君祭を行わせていた。さらに、寛弘七年（一〇一〇）十月三十日付の「衛門府粮料下用注文」（『平安遺文』四五八号）によれば、この頃、泰山府君祭は天皇のために宮中にて陰陽師が行う恒例の呪術の一つになっていた。

しかし、延喜十九年の例と永祚元年の例との間に半世紀以上の空白があるように、一条天皇の先代・先々代である花山天皇や円融天皇の時代には、泰山府君祭はほとんど行われていなかった。速水侑『平安貴族社会と仏教』（一九七五）によれば、平安時代中期には泰山府君信仰・焔魔天信仰・地蔵信仰のような冥府に関わる信仰はあまり振るわなかったのであり、そうだとすれば、一条天皇以前の時代に泰山府君祭が流行しなかったことも驚くにあたらない。

そうした状況にも拘らず、一条天皇の時代から泰山府君祭が盛んになるのは、安倍晴明の精力的な働きかけがあったためだと考えられる。一条天皇のための呪術として代厄祭に代えて泰山府君祭を行ったのが晴明であったことは、既に述べた通りである。また、藤原行成が冬の早朝に供物を捧げて泰山府君に長命を願ったのも、晴明に勧められてのことであった。

○日出、依㆓左京権大夫晴明朝臣説㆒、奉㆓太山府君幣一捧・紙・銭㆒、為㆓延年・益算㆒也、

（『権記』長保四年十一月二十八日条）

このように、安倍晴明という陰陽師は、現世利益的な泰山府君信仰を人々に勧め、かつ、泰山府君祭という呪術を広めようとしていた。泰山府君祭の流行という比較的大きな現象をたった一人の陰陽師の影響に帰してしまうのは

少々乱暴かもしれないが、長保三年の追儺の例に見たような晴明の社会的影響力の大きさからすれば、これもあながち無理な推測ではない。そして、そうした社会的影響力は、「陰陽達者」「(陰陽)道之傑出者」という評価があればこそ行使し得たものと思われる。

しかし、そもそも安倍晴明という陰陽師が「陰陽達者」「(陰陽)道之傑出者」と評されるほどの名声を勝ち得たのは、一つには、泰山府君祭をはじめとするさまざまな呪術で「験」を示したためであった。

旱魃に見舞われていた寛弘元年（一〇〇四）の七月半ばのこと、藤原道長のもとにやってきた藤原実成（右頭中将）の報告によれば、安倍晴明の行った五龍祭が「有レ感」と認められ、晴明には「被物」が与えられることになった。そして、道長は、晴明に「被物」を与えることについて、積極的な賛意を示している。

○終日陰、時々微雨下、入レ夜有二大雨一、右頭中将仰云、晴明朝臣奉二仕五龍祭一、有レ感、賜二被物一云々、早可レ賜也、雷声小也、

（『御堂関白記』寛弘元年七月十四日条）

五龍祭というのは陰陽師が行う雨を降らせるための呪術であり、「有レ感」というのは〈反応があった〉ほどの意味である。また、「被物」というのは褒美のことであるから、右の『御堂関白記』の記事は、要するに、安倍晴明が旱魃の最中に五龍祭という呪術によって雨を降らせ、その功績で褒美をもらうことになった、ということであろう。つまり、藤原道長をはじめとする平安時代の人々は、安倍晴明という陰陽師が呪術によって雨を降らせたと考えたわけである。

この件は藤原実資の日記にも記録されていたらしく、『小記目録』には寛弘元年七月のこととして「同十六日、晴明、依二五龍御祭験一、給二勅禄一事」という一条がある（『小記目録』第十九祈雨事）。残念ながら『小右記』そのものの該当部分は今日に伝わっていないが、ここで注目したいのは、「五龍御祭験」という言い回しである。『小記目録』の

この言い回しでは、晴明は五龍祭という呪術の「験」によって褒美を与えられたことになる。

これと同様の話が『小右記』の現存する部分にも見える。

正暦四年（九九三）二月三日、この日、安倍晴明が藤原実資のもとを訪れた。晴明はこれに先立って正五位下から正五位上に加階されており、この日は実資にその仔細を報告しにきたのであった。

○晴明朝臣来、触二加級之由一、令レ問二案内一、答云、主上俄有二御悩一、依レ仰奉二仕御禊一、忽有二其験一、仍加二一階一
正五位上者、

（『小右記』正暦四年二月三日条）


一条天皇がにわかに発病した際、晴明が治療のための禊祓を行ったところ、「忽有二其験一」ということになり、その褒賞として晴明は位階を進められたのだという。ここでも、晴明は呪術の「験」によって褒美を与えられている。

『枕草子』の「にくきもの」の段に「にはかにわづらふ人のあるに、験者もとむるに」とあるように、安倍晴明の時代には、しばしば「験者」と呼ばれる者が病気の治療にあたっていた。「験者」というのは、治療その他の場面で加持や修法などの呪術を行う密教僧のことである。平安時代の人々の言う「験」が〈効果〉を意味するように、加持や修法を行う密教僧が「験者」と呼ばれたのは、呪術の効果が期待されていたためである。

そして、治療その他の目的で祭や祓などの呪術を行う陰陽師もまた、人々から験を期待される存在であった。が、それと同時に、彼ら陰陽師は、験を示すことで名を上げることができた。右に見た二つの事例は、その典型的なものである。安倍晴明という陰陽師は、祈雨や治療などのための呪術で験を示すことで、「陰陽達者」「(陰陽) 道之傑出者」といった評価を勝ち得たのであった。諸記録をもとに晴明の陰陽師としての活動をまとめた表1に見えるように、晴明はさまざまな場面で多種多様な呪術を行っていた。

(表１つづき)

年　月　日	活　動　内　容	典　拠
	申する	
11月 7日	内裏の防解火災祭を行う吉日吉時を選ぶ	権記
同　　上	内裏の防解火災祭を行うことを命じられる	権記
2年（1000）正月10日	藤原道長のもとで何らかの雑事について勘申する（詳細不明）	御堂関白記
正月28日	一条天皇妃藤原彰子の立后の吉日吉時を選ぶ	御堂関白記
2月16日	中宮彰子の法興院への行啓の吉日吉時を選ぶ	御堂関白記
8月19日	藤原行成の内裏内の宿所が鼠に齧られたことの吉凶を占う	権記
同　　上	縫殿寮の造作に不都合な方位を選ぶ	権記
10月11日	一条天皇が一条院仮御所から新造内裏に遷るにあたって反閇を行う	権記
3年（1001） 6月20日	東三条院藤原詮子が不動像供養を行う吉日吉時を選ぶ	権記
同　　上	敦康親王（一条天皇一宮）がはじめて魚を食べる吉日吉時を選ぶ	権記
⑫月17日	病中の東三条院詮子が藤原行成の三条第に遷ることの是非を占う	権記
⑫月23日	東三条院詮子の葬儀の雑事について勘申する	権記
⑫月29日	内裏での追儺が停止の最中に私宅にて追儺を行う	政事要略
4年（1002） 3月19日	内裏で頻繁に火災が起きる理由について勘申する	権記
同　　上	内裏の諸門の名の由来について勘申する	権記
11月 9日	藤原行成のために泰山府君祭を行う	権記
5年（1003） 8月21日	敦康親王の病気を占う	権記
寛弘元年（1004） 2月19日	木幡にて藤原道長が三昧堂を建立する土地を選ぶ	御堂関白記
2月26日	藤原行成より庚辰日に仏事を行うことの吉凶を問われる	権記
6月18日	藤原道長宅の死穢の有無を占う	御堂関白記
6月20日	藤原道長に「滅門」の日に造仏を行うことの不都合を具申する	御堂関白記
7月14日	五龍祭を行う	御堂関白記
8月22日	中宮彰子の大原野社への行啓の是非を占う	御堂関白記
9月25日	多武峯（藤原鎌足の墓所）が鳴動したことの吉凶を占う	御堂関白記
12月 3日	藤原道長宅にて祭（詳細不明）を行う	御堂関白記
2年（1005） 2月10日	藤原道長の新造東三条第にて新宅作法を行う	御堂関白記
3月 8日	中宮彰子の大原野社への行啓にあたって反閇を行う	小右記

註　○内の数字は閏月を示す.

表１　陰陽師安倍晴明の活動

年　月　日	活　動　内　容	典　拠
康保 4年（967）　6月23日	政始の吉日吉時を選ぶ	本朝世紀
天禄 3年（972）12月 6日	天変について上奏する	親信卿記
同　　上	疫病流行を抑えるために四角祭を行うべきことを上申する	親信卿記
天延元年（973）正月 9日	天変について上奏する	親信卿記
6月11日	円融天皇のために怪異を占う	親信卿記
同　　上	円融天皇の中和院への行幸に際して反閇を行う	親信卿記
2年（974）　6月12日	円融天皇の河臨禊を行う	親信卿記
12月 3日	天変について上奏する	親信卿記
永観 2年（984）　7月27日	円融天皇から花山天皇への譲位の吉日吉時を選ぶ	小右記
同　　上	懐仁親王(後の一条天皇)の立太子の吉日吉時を選ぶ	小右記
寛和元年（985）　4月19日	藤原実資の妾女の出産が遅れたために禊祓を行う	小右記
5月29日	花山天皇の服喪期間が終わるにあたって禊祓を行う	小右記
2年（986）　2月16日	太政官の庁舎に蛇が現れたことの吉凶を占う	本朝世紀
永延元年（987）　2月19日	一条天皇が内裏の凝華舎から清涼殿へ遷るに際して反閇を行う	小右記
3月21日	藤原実資が留守にしていた二条第に戻るに際して反閇を行う	小右記
2年（988）　7月 4日	藤原実資宅にて鬼気祭を行う	小右記
8月 7日	一条天皇のための密教修法および熒惑星祭を行う吉日を選ぶ	小右記
8月18日	一条天皇のための熒惑星祭を行わなかったことで過状を書く	小右記
永祚元年（989）正月 6日	一条天皇の病気を占う	小右記
正月 7日	一条天皇の病気に禊祓を行う	小右記
2月11日	一条天皇のための泰山府君祭を行うことを命じられる	小右記
2月16日	一条天皇の円融寺への行幸に際して反閇を行う	小右記
正暦4年（993）　2月 3日	一条天皇の病気に禊祓を行う	小右記
5年（994）　5月 7日	内裏にて仁王講を行うべきであることを上申する	本朝世紀
長徳元年（995）10月17日	天変についての上奏があった際の卜占の有無について上申する	権記
3年（997）　6月17日	一条天皇の東三条院への行幸の吉日吉時を選ぶ	権記
6月22日	一条天皇の東三条院への行幸に際して反閇を行う	権記
長保元年（999）　7月 8日	一条天皇が一条院仮御所の東対から北対に遷るにあたって反閇を行う	権記
7月16日	一条天皇の病気を占う	権記
同　　上	一条天皇のための祭（詳細不明）を行う吉日を選ぶ	権記
10月13日	太皇太后昌子内親王が病気療養のために転居することの是非を占う	小右記
同　　上	昌子内親王が大江雅致宅に遷る吉日吉時を選ぶ	小右記
10月19日	昌子内親王が大江雅致宅に遷る際の雑事について勘	小右記

三　中級官人としての安倍晴明

長保二年（一〇〇〇）の十月に行われた叙位の儀において、安倍晴明は式部大輔の代官を務めている。叙位というのは朝廷に仕える官人に位階を授ける儀式であり、また、式部大輔というのは官人の人事を司る式部省の次官である。このときの叙位では、本来の式部大輔が何らかの理由によって不参であったために晴明がその代官を務めたのであった。

○式部大輔代晴明朝臣率二叙人一、（中略）、群臣毎度再拝叙人不レ拝退出、（中略）、大輔代晴明朝臣就二案下一唱二位記一了、少輔代亦就二案下一唱、輔等退出之後、叙人等再拝舞踏如レ例、

（『権記』長保二年十月二十一日条）

これが陰陽師としての行為ではないことは言うまでもない。しかし、現実に、晴明は式部大輔代を務めたのであり、また、彼はそうすべき立場にあった。説話や伝承の中では人間であるかどうかも疑わしい安倍《あべ》晴明《せいめい》だが、史実の中の安倍《あべ》晴明《はるあき》は位階と官職とを与えられて朝廷に仕える中級官人の一人だったのであり、また、われわれの言う「平安貴族」の一人だったのである。その官歴を整理した表2からもわかるように、史実としての安倍晴明は、陰陽師としてのみ世を渡っていたわけではなかった。そして、ときには叙位の儀において式部大輔代を務めもしたのであった。

その安倍晴明の中級官人ぶりを示してくれる史料としては、右の『権記』の記事の他、主計寮が作成した長徳三年（九九七）正月二十五日付の文書がある。それは、平安時代の除目の先例および除目に関わる文書を集成して鎌倉時代初期に成立した『除目大成抄』に収められた文書であり、主計寮内の人事異動を申請するその文書の末尾には、申請責任者の一人として「正五位上行権助兼備中介安倍朝臣晴明」という署名が見られる（『除目大成抄』第七下連奏主計寮）。主計権助の官を帯びていたときの晴明には、当然のことながら、主計寮官人としての責務が課せられていた

のであった。

しかも、右の文書からは、これとは別の文書によって晴明が主計権助より大膳大夫への転任を申請していたことが知られる。既に見たように、晴明は正暦四年（九九三）に天皇の急病に際して禊祓の験を示したことで正五位上に叙されていたのであり、彼がここで正六位下相当官の主計助から正五位上相当官の大膳大夫への転任を申請したのは、官位相当の原則から極めて妥当なことであった。そして、『尊卑分脈』所収の安倍氏系図は晴明の官歴に大膳大夫を入れているが、晴明が大膳大夫に補されていたとすれば、それはこのときの申請によってであったとも考えられる。いずれにせよ、この事例からは、安倍晴明も当時の中級官人の一人として自身の官職には強い関心を持っていたことが窺われよう。

また、件の文書に見える署名からは、長徳三年正月の時点で晴明が備中介を兼任していたことが知られる。備中介は地方官であり、備中国を治める国司の次官である。当時、国司として地方での徴税にあたった受領たちには巨富を築く機会が与えられており、ゆえに国々の長官である守が中級官人たちの熱望する官職であったことはよく知られていよう。一方、国々の介の多くは任地に赴くことのない遥任国司であって徴税権を持つわけでもなかったが、晴明の備中介もそのような遥任国司であったと考えられる。ただ、遥任国司の介であっても、受領である守を通じて任国から一定の収入を得ることがあったため、当時は多くの中級官人がこれを望んでいた

表2　安倍晴明の官歴

官職	所見年月	典拠
天文得業生		尊卑分脈安倍氏系図
陰陽師	康保 4年(967) 6月	本朝世紀康保4年6月23日条
陰陽権少属		尊卑分脈安倍氏系図
天文博士	天禄 3年(972) 12月	親信卿記天禄3年12月6日条
(前天文博士)	正暦 5年(994) 5月	本朝世紀正暦5年5月7日条
主計権助	長徳元年(995) 8月	朝野群載巻第5朝儀下
備中介	3年(997) 正月	除目大成抄第7下
大膳大夫	同　上	除目大成抄第7下
(散位)	長保 3年(1001) ⑫月	政事要略巻29
左京権大夫	4年(1002) 11月	権記長保4年11月28日条
穀倉院別当		尊卑分脈安倍氏系図

註　○内の数字は閏月を示す．

のであり、晴明も簡単に備中介の官を得たわけではなかった。現に、当時の詩文の秀作を集めた『本朝文粋』には、式部権少輔と文章博士とを兼ねる中級官人の大江匡衡が備中介の官職を望んで進めた長徳二年四月二日付の申文が収められており（『本朝文粋』巻第六）、晴明の任備中介が少なくとも匡衡との競合に勝った結果であったことが知られるのである。なお、匡衡の進めた申文は、備中介を望む理由として自身の恪勤と窮乏とを大いに誇張して訴えているが、匡衡に競り勝った晴明も、希望の官を得るために同様の申文を用意したと見ていいだろう。

こうして備中介を兼ねつつ主計権助や大膳大夫を歴任した後、安倍晴明は一時的に散位の身となった。散位とは官人が官位を持ちながらも特定の官職に就いていない状態を言うが、本節の冒頭で触れた長保三年の追儺をめぐる『政事要略』の記事に「散位従四位下安倍朝臣晴明」とあるように、叙位の儀に式部大輔代を務めた頃、晴明は散位の身だったのである。あるいは、散位の身ゆえに式部大輔代の役目を与えられたとも考えられる。

そして、表2に示した如く、晴明は長保四年十一月までに左京権大夫の官を得ているが、その頃、彼は既に八十歳の高齢に達していた。宮内庁書陵部所蔵の「陰陽家系図」は、晴明が寛弘二年（一〇〇五）十月に八十五歳で没したとするが、『小右記』寛弘二年三月八日条を最後に同時代人による記録に晴明が登場しなくなること、また、『尊卑分脈』所収の安倍氏系図を含む諸系図が晴明の享年を八十五としていることから、「陰陽家系図」の説く没年と享年とを採用するとすれば、ここから逆算される晴明の生年は延喜二十一年（九二一）となる。そして、晴明が官職を帯びていたことが確認できる最後の史料は、晴明を左京権大夫とする『権記』寛弘元年二月二十六日条である。すなわち、少なくとも八十三歳あるいは八十四歳までは、安倍晴明はなおも現役の中級官人であり続けたのである。

なお、『尊卑分脈』所収の安倍氏系図は安倍晴明の最終的な位階を従四位下とするが、『政事要略』が長保三年末時点の晴明を「散位従四位下安倍朝臣晴明」と記すことは既に見た通りであり、かつ、目下のところ、晴明が従四位上以上に叙されたことを示す史料は見つかっていない。その年齢をも勘案するならば、従四位下を晴明の極位とするのは妥当であろう。ちなみに、『権記』長保二年八月十九日条には、藤原行成が「安四位」なる人物に卜占を依頼したことが見えるが、この「安四位」は安倍晴明を示していると考えられる。あるいは、散位の身であった頃の晴明は、官職名で呼ばれる代わりに「安四位」の称を以て呼ばれていたのではないだろうか。

四　安倍晴明の年俸

『源氏物語』の主人公である光源氏という架空の上級貴族の家計を再現しようとする阿部猛「光源氏家の経済」(一九九三〈一九九二〉)によれば、左大臣あるいは右大臣の官を帯びた正二位の上級官人が朝廷から一年間に与えられる俸給は、米(玄米)に換算すると、当時の枡で一万六〇九二石にもなった。阿部は、荘園や牧などの資産を持つ上級貴族であっても、その収入の中心は官人として朝廷から与えられる俸給にあったとしており、正二位左右大臣が位階あるいは官職に応じて与えられる位田・職分田・位封・職封からの収入の全てを米に換算することで得られたのが右の一万六〇九二石という数字なのである。

この一万六〇〇〇石以上という正二位左右大臣の年俸は、当時、二〇〇〇人から四〇〇〇人以上もの庶民が一年間を暮らしていけるほどの額でもあったと考えられる。長保二年(一〇〇〇)に行われた東寺の改修工事の支出をまとめた「造東寺年終帳」という文書に見る限り、この頃、役夫・雑仕・膳部・厨刀自といった一般的な雑役に従事する人々が受け取った日当は、概ね一升から二升ほどの米であった(『平安遺文』四〇五号)。また、東大寺の一年間の支出をまとめた天暦四年(九五〇)十一月二十日付の「東大寺封戸荘園幷寺用帳」という文書によれば、同寺の各種の雑役に従事した男女の雑色の日当も、やはり一升から二升の玄米だったのである(『平安遺文』二五七号)。

しかし、当時の貴族社会では、上級貴族なりの生活を営むにはそれだけの収入が必要であった。『小右記』正暦元年（九九〇）十一月二日条には、藤原実資が二条第を五〇〇〇石で売却したことが見え、また、『権記』長徳四年（九九八）十月二十九日条によると、後に一条天皇の仮御所ともなるほどの邸宅が売買されたとき、その値は八〇〇〇石であったという。そして、これらの事例は、当時の貴族層の人々が上級貴族の居所としてふさわしいと見做した邸宅の標準的な価格を示すと考えられる。

では、中級官人であり中級貴族として位置付けられる安倍晴明の場合、その収入はどれほどのものだったのだろうか。阿部の言うように、平安貴族の収入の中心が官人としての俸禄にあったとすれば、晴明の収入は、主として中級官人に与えられる位禄・位田・季禄から成り立っていたと見ていいだろう。

まず、位禄については、「主税寮出雲国正税返却帳」という文書より、長保二年（一〇〇〇）および同四年に出雲国が「従四位下安倍朝臣晴明位禄料穀参佰陸拾斛玖斗陸升」を支出していたことが知られる（『平安遺文』一一六一号）。四位官人および五位官人の俸給である位禄は、中央財政が逼迫していた平安時代中期、地方の正税を財源として米で支給されるようになっていたのであり、長保四年当時に従四位下の官人であった安倍晴明は、出雲国の正税から約三六一石の位禄を受けたのである。また、養老禄令以来、位禄の支給額は位階に応じて決められていたが、右の文書には、晴明の息子で従五位下の官人であった安倍吉平が、やはり長保四年、出雲国の支出によって約二一五石の位禄を受けていたことも記されている。

次に、位田という俸給だが、これは五位以上の官人が位階に応じて与えられた田地であり、従四位下の位田は二十町、従五位下の位田は八町と決められていた。この位田からの収入は、阿部が正二位官人の位田について行った試算を援用するならば、従四位下の二十町からは三八〇石ほど、従五位下の八町からは一五二石ほどである。

そして、上半期と下半期とに分けて全ての官人に給与されることになっていたのが季禄であり、その内訳は、従四位の官人には絁十四疋・綿十四屯・布三十六端・鍬六十口、従五位の官人には絁八疋・綿八屯・布二十四端・鍬四十口となっていた。これらの支給物については、延喜主税式所載の禄物価法によって米に換算することが可能であり、禄物価法の定める畿内での交換率に従うならば、従四位の一年分の季禄はおよそ五十九石に、従五位の一年分の季禄はおよそ三十七石に相当するものであった。

この他、天文博士在任中には天文博士に与えられる四町の職分田から七十六石の、左京権大夫であったときには左京大夫に与えられる二町の職分田から三十八石の収入があり、かつ、先述の備中介のような国司を兼ねた時期には、国司としての収入もあったと考えられる。ただ、これらはいずれも臨時的な収入である。やはり、中級官人の俸給の主要部分は位禄・位田・季禄であって、これらを総計した安倍晴明の年俸は、従四位下のときには八〇〇石、従五位下のときでも四〇〇石ほどであった。この額は、先に見た正二位左右大臣の俸給に比べれば実にわずかなものだが、しかし、それでも一〇〇人から二〇〇人以上もの庶民が一年間を暮らしていけるほどの額である。

ただし、律令制の弛緩が著しかった平安時代中期、さほど立場の強くない中級官人たちは、必ずしも規定通りの俸給を受け取り得なかった。例えば、『西宮記』の名で知られる平安中期成立の故実書によれば、当時の中級官人のうち、位禄の支給が制度的に保障されていたのは、陰陽博士や天文博士を含む諸博士・主計寮および主税寮の頭あるいは助・国司兼任者など、一部の人々だけだったのである（『西宮記』恒例第二二月位禄事）。安倍晴明の官歴を示した表2には主計権助や備中介といった官職も見えるが、陰陽師である晴明がそうした官職を歴任したのも、俸給の支給についての保障を得るためであったと考えていいだろう。

また、次に引く『小右記』からは、安倍晴明の息子の吉昌が大納言藤原実資の家人となっていたことが知られるが、吉昌が実資の家人となったのは、一つには、俸給の支給が保障される官職を得るためであったと考えられる。渡辺直彦「藤原実資家「家司」の研究」（一九七二（一九六九））によれば、藤原実資のような上級官人に家人として仕える中級官人が本主に求めたものの一つは、より有利な官職への推挙であった。そして、俸給の支給が保障される官職がそうした官職の一つであったことは言うまでもない。

○天文博士吉昌持㆓来天文奏案㆒月犯㆓太白㆒、依㆓家人㆒密々令㆑見也、
（『小右記』寛仁三年二月五日条）

こうしたことから、安倍晴明についても、俸給の支給が保障される官職に就くことをその目的の一つとして、いずれかの上級官人の家人となっていたと考えていいだろう。そして、晴明が没する寛弘二年の途中までの『御堂関白記』に見る限り、藤原道長の利用した陰陽師はそのほとんどが晴明だったのであり、このことからは、少なくとも晩年の晴明が道長の家人となっていた可能性が想定されるのである。

五　陰陽道第一者

藤原実資がまだ蔵人頭であった永延二年（九八八）の八月十八日のこと、禁中の摂政藤原兼家の宿所に参じた実資は、安倍晴明に「過状」を提出させるべしとの指示を受けた。ここに言う「過状」とは始末書のようなもののことだが、このとき、晴明は天皇のための呪術の遂行を怠るという不始末を起こしていた。すなわち、熒惑星という星が一条天皇にとってよくない位置にあるという天文占を受け、この日、天台座主尋禅による密教修法と晴明による熒惑星祭とが予定されていたにも拘らず、晴明に懈怠があったのである。

○候㆓摂政殿御宿所㆒、被㆑命云、熒惑星御祭事、晴明不㆓奉仕㆒之由、可㆑令㆑進㆓過状㆒者、即仰㆓蔵人景理㆒、先日奉㆓行此事㆒之人也、
（『小右記』永延二年八月十八日条）

右に引いた『小右記』からは、晴明が怠った熒惑星祭のことは蔵人大江景理が取り仕切っていたことがわかる。当時、天皇のための呪術の手配は蔵人所の管轄だったのである。そして、一条天皇のための熒惑星祭が安倍晴明によって行われることになっていたのは、この頃、晴明が蔵人所陰陽師の任を帯びていたためだと考えられる。『朝野群載』所収の長徳元年（九九五）八月一日付「蔵人所月奏」からは、一条天皇の時代に安倍晴明が蔵人所陰陽師の任にあったことが知られるのである（『朝野群載』巻第五朝儀下）。

表1からもわかるように、この頃の諸記録には晴明が一条天皇のための卜占や呪術を行ったことが散見する。例えば、永延元年（九八七）二月十九日、前年六月に即位した一条天皇が東宮時代の凝華舎から清涼殿へと寝所を遷すにあたって反閇を行っており、また、正暦四年（九九三）二月三日、一条天皇の急病に禊祓を行って験を示したことは既に見た通りである。そして、このように天皇のための卜占や呪術を行うことが、蔵人所陰陽師に期待された役割であった。

また、天皇のための呪術が行われたり、天皇が御所を離れたりするような場合、その日時は凶日凶時を避けて慎重に選ばれねばならなかったが、そうした日時の選定も蔵人所陰陽師の役目であった。表1に見えるように、一条天皇の蔵人所陰陽師であった晴明は、さまざまな場合に一条天皇のための日時選びをしている。その実行を怠った永延二年の熒惑星祭も、その行うべき日時を選んだのは晴明自身であった。

このような蔵人所陰陽師について、平安後期の藤原宗忠の日記には「一上臈、候二蔵人所一也」と記されている（『中右記』大治四年七月八日条）。「一上臈」とは最も位階の高い者のことであり、つまり、右の『中右記』によれば、宗忠の時代には、最も位階の高い陰陽師が蔵人所陰陽師になっていたのである。そして、長徳元年の時点では、先に見たように正暦四年（九九三）に正五位上に叙されていた安倍晴明こそが、最も位階の高い陰陽師であった。(3)「一上臈、候二蔵人所一也」という制度あるいは慣習は、既に平安中期には成立していたものと思われる。

また、『朝野群載』所収の長治二年（一一〇五）二月二十一日付「暦道叙爵請奏」（『朝野群載』巻第十五暦道）は、陰陽師が臨時に加階された例として、「陰陽道第二者、臨時預二加階一例」が取り上げられている。そして、ここで「陰陽道第二者」と言われているのは、例えば安倍吉昌という陰陽師で、その吉昌については「長和四年四月叙二正五位下一、其時上臈吉平朝臣」との注記が加えられている。「吉平」とは安倍吉平で、吉昌ともども安倍晴明の息子である。

『小右記』長和五年（一〇一六）正月八日条によれば、この日、安倍吉平は従四位下に叙されており、おそらくは正五位上であった長和四年四月の時点でも、既に「一上臈」であったろう。藤原実資が「陰陽家為レ無二比レ肩レ之者一歟」と評したように、吉平は父の名に恥じぬ優秀な陰陽師であった。そして、長和四年四月に従五位上から正五位下に叙された安倍吉昌は、その時点で二番目に位階の高い陰陽師であり、右の長治二年の「暦道叙爵請奏」に見える「陰陽道第二者」という言葉は、二番目に位階の高い陰陽師を意味したことが察せられる。とすれば、「一上臈」の陰陽師は、当時、「陰陽道第一者」とも呼ばれていたと考えていいだろう。そして、一条天皇の時代に「陰陽道第一者」の立場にあったのが、他ならぬ安倍晴明であった。

ところで、長徳元年の「蔵人所月奏」には、蔵人所陰陽師として安倍晴明とともに賀茂光栄という陰陽師の名が見えるが、『権記』長徳四年（九九八）八月二十七日条に「正五位下大炊権頭賀茂朝臣光栄」とあることから、長徳元年の時点では、正暦四年（九九三）に正五位上に叙された安倍晴明が陰陽道第一者であり、賀茂光栄はそれに次ぐ陰陽道第二者であったと考えられる。[4] したがって、陰陽道第二者の陰陽師もまた、蔵人所陰陽師の任にあったと見ることができる。

ただし、当時、基本的には陰陽道第一者こそが蔵人所陰陽師の役を務めるべきだったのであり、もう一人の蔵人所陰陽師である陰陽道第二者は、陰陽道第一者に何らかの不都合が生じた場合の代役として位置付けられていたと考えられる。賀茂光栄という陰陽師は、安倍晴明の師匠と見做される賀茂保憲の息子であり、彼自身も『権記』寛弘八年五月九日条に「光栄之占如レ指レ掌、可レ謂レ神也」と評される優秀な人材であった。ところが、現存の諸記録に見る限り、光栄は晴明ほどには一条天皇に関わる卜占や呪術を行っていない。そして、光栄が天皇のための卜占や呪術に携わることが目立つようになるのは、寛弘二年（一〇〇五）に晴明が没して後、光栄自身が陰陽道第一者となってからなのである。

とすれば、蔵人所陰陽師として天皇に関わる卜占や呪術をほぼ独占し得た陰陽道第一者は、陰陽道第二者以下の立場の陰陽師と比べて、格段に名声を得る機会に恵まれていた、と言うことができるのではなかろうか。既に見たように、当時の陰陽師は「験」を示すことによって陰陽師としての評価を高めることができたのであり、同じ験を示すにしても、それが天皇のための呪術の験であれば、それだけ評価は高かったはずである。それは、卜占で評判を得る場合でも同じだろう。すなわち、当時の陰陽師にとって、陰陽道第一者という立場は、栄達の結果というより、むしろ、栄達のための条件だったのである。

現に、当時、ひとかたならぬ名声を得た陰陽師は、「陰陽道第一者」の立場にある者ばかりであった。というよりも、「陰陽道第一者」となってはじめて、栄誉を与えられたようなのである。例えば、賀茂光栄が「光栄之占如レ指レ掌、可レ謂レ神也」と讃えられたのは、安倍晴明が没して光栄が「陰陽道第一者」になってからのことであり、また、安倍吉平が「為レ無二比レ肩之者一」と評されたのは、光栄が没した翌年のことで、このときは吉平が「陰陽道第一者」の立場にあった。

では、安倍晴明という陰陽師が栄達の条件をつかんだのはいつのことだったかと言えば、それは、その人生の終盤においてであった。

表1に見えるように、永観二年（九八四）七月二十七日、安倍晴明は円融天皇から花山天皇への譲位が行われるべき日時の選定にあたっており、この時点で既に晴明が蔵人所陰陽師となっていたことが推測できる。ただし、次に引く『小右記』に明らかな如く、このとき、晴明は文道光という陰陽師とともに日時を選んだのであり、しかも、位階上位者から順に名前を記すのが当時の古記録に一般的な表記法であったことからすれば、道光の方が晴明より上臈の陰陽師であった。すなわち、円融天皇・花山天皇の時代には、晴明は陰陽道第二者として蔵人所陰陽師の任にあったのである。

○参内、令レ勘二申譲位・立太子日時等一、道光・晴明等勘申、

（『小右記』永観二年七月二十七日条〈『園太暦』文和元年八月二日条所引〉）

そして、文道光の名が諸記録に現れなくなり、安倍晴明が陰陽道第一者となったと考えられるのは、一条天皇が即位した寛和二年（九八六）の頃からである。『本朝世紀』寛和二年五月十三日条に「子剋許、在下中御門大路南辺与二堀河大路東辺一角上之宅、皆悉焼亡、是前主計権助文宿禰道光宅也」とあることから見て、この頃までには道光も没していたのだろう。そして、このとき、延喜二十一年（九二一）生まれの安倍晴明は、とうに六十歳を過ぎていた。晴明が栄達の条件をつかんだのは、老境に入ってからのことだったのである。かなり遅い栄達だと言えよう。

六　呪詛と陰陽道

『小記目録』第二十には、長保二年（一〇〇〇）五月八日のこととして「左府所レ悩式神所レ致云々事」という一条

がある（『小記目録』第二十御悩事臣下）。この時期の『小右記』そのものが現代に伝わっておらず、この一件についてその詳細を知り得ないのは残念だが、右の見出しだけからでも、当時の貴族層の人々の間で藤原道長（左府）の病気が式神の仕業だと考えられていたことが知られよう。平安貴族にとって、式神は実在するものだったのである。そして、道長が式神に苦しんだことを、当時の人々は何者かによる呪詛として理解していたと考えられる。右の一条と前後して『小記目録』には「長保二年五月九日、左府家中出二厭物一事」と見えており、式神に苦しむ道長の居所で呪詛に用いられる呪物（厭物）が発見されたことが知られるのである。

平安時代の陰陽師が使ったとされるさまざまな呪術の中で現代人が特に関心を寄せるものの一つが、式神を操る術であろう。物語や説話に登場する陰陽師たちは、「式神」あるいは「識神」と呼ばれる神とも鬼ともつかぬものを自在に操る術を体得しており、その術を使った呪詛を行ってもいる。そして、説話や伝承の世界における陰陽師安倍晴明は、式神を操る術の名手であった。『今昔物語集』や『宇治拾遺物語』の諸説話の他、『大鏡』の花山院紀などにも晴明の式神使いとしての姿が描かれている。

しかし、実際には、安倍晴明が式神を操る術を使ったことを証明する確かな記録は何も残されていない。さらに、晴明に限らず、平安時代中期のいかなる陰陽師についても、彼らが式神を操る術を使ったことの、同時代人による記録は全く残されていないのである。また、陰陽師による呪詛について言えば、少なくとも記録のうえでは、安倍晴明のような官人の身分を持つ陰陽師が呪詛を行うことは皆無であった。晴明をはじめとする官人身分の陰陽師たちを本書では「官人陰陽師」と呼ぶとして、平安中期の官人陰陽師が呪詛を行ったという確かな証拠は残されていないのである。

そして、当時の官人陰陽師たちを呪詛への関与から遠ざけていたものの一つに、官人陰陽師たちによる一種の同業者集団である陰陽道の存在があったと考えられる。

平安貴族の用いた「陰陽道」という言葉は、陰陽師の扱う一群の観念や技芸を意味するとともに、官人陰陽師たちの同業者集団を意味した。安倍晴明が「道之傑出者」と評されたときの「道」も、官人陰陽師の同業者集団としての陰陽道を意味していたと考えられる。また、先に見た陰陽道第一者の「陰陽道」も同様であり、陰陽道に属する同業者（＝官人陰陽師）の位階最上位者が「陰陽道第一者」と呼ばれたものと思われる。そして、当時の官人陰陽師たちの陰陽師としての活動は、彼らの同業者集団である陰陽道によって統制されていたのである。

『小右記』および『左経記』によれば、万寿二年（一〇二五）八月五日の晩、藤原道長の娘で東宮敦良親王妃となっていた尚侍嬉子の臨終に際して、中原恒盛（常守）という陰陽師が「魂呼」もしくは「魂喚」という呪術を行っていた。ここで恒盛の行った「魂呼（魂喚）」は、その名称や状況から死者の霊魂を遺体に呼び戻すための呪術であったと見られるが、藤原実資がその日記に「近代不レ聞事也」との所感を書き残している如く、これは当時の陰陽師が用いる呪術として一般的なものではなかった。そして、この異例の呪術を行った恒盛は、後日、「道上臈達」によって処罰されるという憂き目に遭っている。

○昨夜風雨間、陰陽師恒盛・右衛門尉惟孝昇二東対上一尚侍住所、魂呼、近代不レ聞事也、

（『小右記』万寿二年八月七日条）

○陰陽師常守来問云、去五日夜、尚侍殿薨之時、依二播磨守泰通朝臣仰一、上東門院東対上、以二尚侍殿御衣一、修二魂喚一、而道上臈達皆称下不レ見二本条一之由上、可レ負二祓於常守一云々、

（『左経記』万寿二年八月二十三日条）

ここに登場する中原恒盛については、『除目大成抄』所収の治安三年（一〇二三）二月八日付の文書より正六位上の位階を持つ下級官人であったことが知られており（『除目大成抄』第十下成文書生字事）、彼が本書に言う官人陰陽師

の一人であったことは疑いない。また、恒盛の処分を決めた「道上臈達」とは、陰陽道第一者や陰陽道第二者をはじめとする陰陽道の位階上位者たちのことであり、恒盛に下された「可㆑負㆓祓於常守㆒」という処分は、陰陽道としてのものであったと考えられる。官人陰陽師の同業者集団である陰陽道は、その構成員に対して異例の呪術を行う程度の逸脱も許さず、違反者については罰則を以て対処したのであった。

このような陰陽道が官人陰陽師たちに呪詛への関与を禁じていたとしても不思議はない。養老賊盗律が謀殺と同等の犯罪と定めている如く、当時、呪詛は凶悪犯罪の一つと見做されていたことからすれば、むしろ、これが陰陽道の禁じた逸脱行為の中に含まれていなかったと考える方が不自然ではないだろうか。されば、官人陰陽師が呪詛を行ったという記録が今までに見つかっていないことの一因として、その同業者集団である陰陽道が官人陰陽師たちの逸脱を抑制していたことを挙げてもいいだろう。

ただし、陰陽道がその活動を統制し得たのは、あくまで官人の身分を持つ陰陽師だけであった。つまり、官人身分を持たない陰陽師は、陰陽道とは無関係に活動することができたのであり、平安貴族が「法師陰陽師」と呼んだ僧形の陰陽師たちがまさにそうであった。しかも、『枕草子』が「見ぐるしきもの」の一例に「法師陰陽師の紙冠して祓したる」を挙げているように、法師陰陽師は当時の貴族層の人々には見慣れた存在となっていた。平安貴族のもとには法師陰陽師が頻繁に出入りしていたのである。そして、彼ら法師陰陽師は、人々の依頼を請けて呪詛を行うこともあった。

例えば、江戸時代に刊行された『安倍晴明物語』という仮名草子では、道満（芦屋道満）という法師陰陽師が安倍晴明に術比べを挑んで敗れているが、確かな史実として、晴明が生きた時代に道満という名の法師陰陽師が実在し、しかも、貴族層のもとに出入りしていた。すなわち、寛弘六年（一〇〇九）二月のこと、中宮彰子（一条天皇妃）・敦成親王（一条天皇二宮）・左大臣藤原道長の三人の要人を呪詛する陰謀が露見したが、『政事要略』にはこの呪詛事件の罪名勘文が収められており、その罪名勘文から、首謀者の一人で従五位下の位階を持つ高階光子のもとに「僧道満」なる者が出入りしていたこと、さらに、その道満という僧が周囲から「年来召二仕彼宅一之陰陽師」と見做されていたことが知られるのである（『政事要略』巻七十糺弾雑事蠱毒厭魅及巫覡）。

そして、鎌倉時代成立の『宇治拾遺物語』には、藤原道長を呪詛した道摩という法師陰陽師が安倍晴明に打ち負かされたという話が収められているが、この話と符合するように、道満は藤原道長に対する呪詛への関与を疑われたことがあった。右の『政事要略』所収の罪名勘文によれば、高階光子が呪詛を画策したことが発覚した際、以前より光子宅に出入りしていた道満にも共謀の嫌疑がかかったのである。その後の事態の推移から道満は光子の謀略に加担していなかったことが窺われるが、しかし、彼に共謀の容疑がかかったことだけを見ても、当時、法師陰陽師が貴族層の人々の企てた呪詛に加担することが珍しくなかったことは明らかである。

七　天文博士安倍晴明

『日本紀略』天元元年（九七八）七月二十四日条には、「雷震、陰陽博士出雲清明宅致二破損一」という記事が見える。出雲清明の居宅が落雷で破損したというのだが、近年の安倍晴明ブームに乗って刊行された出版物の中には、『日本紀略』の伝える右の一件を晴明の失態として取り沙汰するものも見受けられる（例えば豊嶋泰國『安倍晴明読本』原書房、一九九九年）。安倍晴明を強大な力を持つ異能者として扱いたがる人々からすれば、その晴明が自宅への落雷をも防げなかったことは格好の逸話となるのだろう。

しかし、右の『日本紀略』の記事は、天元元年に陰陽博士の任にあった出雲清明という人物についてのものであり、安倍晴明に関するものではあり得ない。『日本紀略』は「陰陽博士出雲清明」と記しており、「天文博士安倍晴明」とは記していないのである。また、『親信卿記』天禄三年（九七二）十二月六日条にはじめて天文博士として記録された安倍晴明は、『本朝世紀』寛和二年（九八六）二月十六日条にも「天文博士正五位下安倍朝臣晴明」として登場しており、その間の天元年間に陰陽博士の任にあったとは考えられない。そして、管見の限り、晴明が陰陽博士に補されたことはない。さらに、当初は「天文博士安倍晴明」であったものが誤記や誤写によって「陰陽博士出雲清明」になったと見るのも難しく、やはり、右の『日本紀略』の記事は安倍晴明とは無関係だと言わねばなるまい。

さて、安倍晴明という陰陽師は、『今昔物語集』に「今昔、天文博士安倍晴明ト云陰陽師有ケリ」（巻第二十四第十六語）と紹介されているように、平安時代後期の人々の意識において、天文博士という官職と強く結び付けられていた。そして、これは、晴明自身が長く天文博士の任にあったこと以上に、平安後期の貴族社会において晴明流安倍氏が天文道の家系として位置付けられていたことに起因すると考えられる。

天変地異から将来に起こり得る出来事を予測することを職掌とする天文博士は、平安時代中期には陰陽師が補されるべき官職となっていた。そして、官人陰陽師たちが陰陽道という同業者集団を構成していたように、この当時、天文博士とその経験者とを主要な構成員とする天文道という同業者集団が成立していた。例えば『権記』長徳元年（九九五）十月十七日条に「天文道進₂変異勘文₁」と見える「天文道」がそれである。そして、平安中期に晴明が天文博士に任じてより代々に天文博士を輩出した晴明流安倍氏は、『今昔物語集』の成立する平安後期には天文道の主導権を掌握していたのであった。

『本朝世紀』正暦五年（九九三）五月七日条に「前天文博士正五位上安倍朝臣晴明」と見え、遅くとも正暦五年五月には天文博士を辞していたことの知られる晴明だが、既に見たように、彼は少なくとも天禄三年（九七二）十二月から寛和二年（九八六）二月までは天文博士の官を帯びていた。晴明の天文博士在任は、足掛け十五年以上に及んだのである。

そして、平安時代の任官の先例を集成した『除目大成抄』からは、寛和二年九月に安倍吉昌が天文博士に補されたことが確認される（『除目大成抄』第五兼国）。吉昌は晴明の息子の一人であり、晴明が天文博士を辞したのはその地位を息子の吉昌に譲るためであったことも考えられる。史料によって確認できる晴明の天文博士在任は、寛和二年二月までなのである。いずれにせよ、吉昌は天文博士の官を得たのであり、これをはじめとして晴明流安倍氏は代々に天文博士を出すようになる。それは、例えば『尊卑分脈』所収の安倍氏系図などに確認できよう。

ところで、安倍晴明には吉昌の他にも吉平という息子があった。晴明の二人の息子は、その各々が一条朝・三条朝・後一条朝に陰陽道上臈として活躍した陰陽師だが、『尊卑分脈』所収の安倍氏系図をはじめとする通行の諸系図では、普通、吉平が兄、吉昌が弟ということになっており、これが今日まで通説として受け入れられてきた。しかし、二人の経歴を再確認するならば、この兄弟の先後関係についての通説には再検討の余地があることがわかる。

まず、吉昌の兄とされる吉平は、『尊卑分脈』の安倍氏系図によれば、陰陽得業生の出身であり、陰陽師・陰陽博士・陰陽助を歴任した後に主計頭の官に就いている。その生年については、『尊卑分脈』に七十三歳で没したことが記され、『小記目録』第二十の庶人卒項に万寿三年（一〇二六）のこととして「十二月十八日、主計頭吉平卒事」とあることから、天暦八年（九五四）の生まれであったことが知られる。

一方、吉平の弟とされる吉昌は、やはり『尊卑分脈』の安倍氏系図によれば、天文得業生の出身であり、陰陽師・天文博士・陰陽助・陰陽頭を歴任し、主税助にも補されている。吉昌の場合、『尊卑分脈』には生没年や享年についての記載はなく、『小右記』寛仁三年（一〇一九）四月二十八日条に「天文博士安倍吉昌朝臣卒云々」とあることから、その没年が知られるのみである。ただ、「応レ補二天文得業生従八位上安倍朝臣吉昌一事」を命じる天禄元年（九七〇）十一月八日付の太政官符が『類聚符宣抄』に収められており（『類聚符宣抄』第九天文得業生）、吉昌の任天文得業生が天禄元年であったことは判明している。

そして、吉昌が天文得業生に補された天禄元年、天暦八年生まれの吉平は、まだ十七歳に過ぎなかった。したがって、通説に従って吉昌が吉平の弟として天暦八年以降に生まれたと考えるならば、吉昌はさらに弱年であったことになる。しかし、当時の中級官人の任官事情からすれば、十代半ばでの任天文得業生は考え難い。すなわち、吉昌が吉平より後に生まれたと考えることに無理があったのである。

もし、晴明が吉昌・吉平の二人の他には息子を持たなかったとすれば、吉平が長男であるよりも、吉昌が長男である方が、晴明流安倍氏が天文道の家系となったことを無理なく説明することができよう。通行の諸系図においては、陰陽得業生を経て陰陽博士に任じた吉平が天文博士安倍晴明の長男、天文得業生から天文博士に進んだ吉昌が次男とされているが、もし、晴明に自己の家系を天文道の家として長らえさせようとの目論みがあり、かつ、吉平が晴明長男であったならば、吉平こそが天文道に進んでいたはずである。

八 「晴明一家」

長元三年（一〇三〇）九月十七日のこと、さまざまな行事の先例に詳しい藤原実資は、法成寺での塔供養が予定されている翌月の二十九日について、その日が「道虚日（道空日）」と呼ばれる凶日にあたるか否か、関白藤原頼通よりの諮問を受けた。そして、『小右記』同日条からは、頼通の諮問を受けた実資が「晴明一家所レ申」を引き合いに出そうとしたことが知られる。

○抑廿九日関白曰、道空日可レ忌二避一哉否、有レ事次可レ問二下官一者、余云、道空日必不レ可レ忌二仏事一歟、能可レ被レ問歟、弁云、文高云、更不レ可レ被レ忌二道虚日一、就中廿九日非二道空一者、余忘二晴明一家所一レ申也、

（『小右記』長元三年九月十七日条）

日の吉凶を見定めて諸事を行う吉日吉時を選ぶ日時勘申が陰陽師の職能の一つであったことは既に述べたが、何事にも先例が尊重された当時にあっては、諸事の日取りを決定するにあたり、実資のような故実家も重要な役割を担っていた。そして、右の事例において、日の吉凶に関して故実家としての意見を求められた実資が自説の拠り所として選んだのが、晴明流安倍氏の家説（「晴明一家所レ申」）であった。当時の貴族社会においては、晴明流安倍氏の家説が、陰陽師の職掌に関する依拠すべき説として通用していたのである。

長元三年と言えば、安倍晴明が他界してより、既におよそ四半世紀が経過している。また、晴明の二人の息子も、吉昌が十一年前の寛仁三年に、吉平は四年前の万寿三年に没しており、今や晴明の孫にあたる時親・章親が陰陽師として活躍していた。そうした中で晴明流安倍氏の家説（「晴明一家所レ申」）が権威となっていたのであり、このことからは、当時の貴族社会において、晴明流安倍氏（「晴明一家」）が陰陽師の家系として、それも、陰陽道における有力な家系として認知されていたことが窺われる。

そして、陰陽師の家系となった晴明流安倍氏は、平安時代中期以降の貴族社会において、中級貴族の家系として定着した。晴明・吉平の親子がともに従四位下に叙されたことには既に触れたが、例えば『尊卑分脈』あるいは『医陰系図』の安倍氏系図に見えるように、晴明・吉平の後にも、晴明流安倍氏からは代々に従四位下に叙される者が出た。さらに、『尊卑分脈』や『医陰系図』に見る限り、従四位下に届かなかった者であっても、その多くは少なくとも従五位下には叙されている。

また、平安中期以降、代々に四位・五位の中級官人を出す中級貴族の家系として定着し得た安倍氏は、この晴明流安倍氏のみであった。『尊卑分脈』および『医陰系図』の安倍氏系図は安倍晴明を右大臣阿倍御主人の子孫とするが、その御主人の連なる阿倍氏は大彦命の後裔を称する大化前代からの名族であり、この氏族からは幾人もの大臣が輩出した。ところが、奈良時代中期以降、阿倍氏は次第に権力の中枢から遠ざかってしまい、平安中期の史料に登場する安倍氏の多くは下級官人の地位に甘んじている。そのような状況において、陰陽師の家系となった晴明流安倍氏だけが、中級貴族の家系として中央の貴族社会で生き残ったのである。

しかし、平安時代中期に陰陽道に基盤を有していた家系の中では、安倍晴明の家系である晴明流安倍氏は全くの新参者であった。右に触れた右大臣御主人から晴明に至るまでの間、安倍氏から陰陽師が出たという記録はない。そして、陰陽師の家系としては「晴明一家」「晴明流安倍氏」として扱わねばならないように、この家系が陰陽師を出すようになったのは、安倍晴明からのことなのである。

その安倍晴明が陰陽道に入ったのは、『続古事談』所収の説話によれば、賀茂保憲という陰陽師の弟子としてであった。すなわち、相人の助言に従って陰陽師になることを決めた晴明は、まずは秦具瞻という陰陽師に弟子入りを願って断られ、その後に賀茂保憲に弟子入りすることになったというのである（『続古事談』第五諸道）。

ここに名前の見える賀茂保憲は、天喜年間（一〇五三～五八）のものとされる「大宰府政所牒案」（『平安遺文』四六二三号）が「三道博士」と呼ぶように、陰陽・天文・暦に精通して暦博士・天文博士・陰陽頭を歴任した優秀な陰陽師であった。『左経記』長元五年（一〇三二）五月四日条に「当朝以二保憲一為二陰陽基摸一」と見える如く、平安貴族は保憲を陰陽師の規範（陰陽基摸）と見做しさえしたのである。そして、鎌倉時代に成立した説話集の伝える弟子入りの経緯には疑わしい点もあるものの、安倍晴明が賀茂保憲の弟子であったこと自体は史実と考えていい。

『尊卑分脈』所収の賀茂氏系図に見える「掌二天文・暦数一家兼二両道一、而保憲以二暦道一伝二其子光栄一以二天文道一伝二弟子安倍晴明一、自レ此已後両道相分云々」という説の全てを史実と見ることはできないが、『尊卑分脈』所収の安倍氏系図が安倍晴明を「元天文得業生」としており、『扶桑略記』天徳四年（九六〇）四月二十二日条に「陰陽頭賀茂保憲為二天文博士一」と見えることから、晴明が保憲から天文を学んだことは間違いない。また、『親信卿記』天延二年（九七四）五月十四日条は、堂舎を建立する地を選ぶ卜占のため、保憲が陰陽師として比叡山に登った際、晴明が「子姓」の一人として保憲に付き従ったことを伝える。既に天文博士の任にあった晴明がこのような追従をしていたことからは、二人の間に陰陽師としての師弟関係があったことが考えられる。

ただ、『尊卑分脈』の賀茂氏系図に延喜十七年（九一七）の生まれと見える賀茂保憲が当初より安倍晴明の師であったと考えることには無理がある。先述のように、晴明が生まれたのは延喜二十一年であり、保憲と晴明との年齢差はわずか四歳しかない。

平安時代後期に成立した『今昔物語集』は、晴明について「幼ノ時、賀茂忠行ト云ケル陰陽師ニ随テ、昼夜ニ此道ヲ習ケル」としている（『今昔物語集』巻第二十四第十六語）。ここに見える賀茂忠行という陰陽師は保憲の父親であり、『今昔物語集』によれば、保憲に「陰陽ノ道」を教えたのも忠行であった（『今昔物語集』巻第二十四第十五語）。すなわち、『今昔物語集』の言うところを信ずるならば、賀茂保憲と安倍晴明とは、同じく賀茂忠行を師とする兄弟弟子だったのである。こうしたことから、保憲と晴明との師弟関係については、当初は忠行の弟子として陰陽道に入った晴明が、忠行没後に保憲の弟子として扱われるようになった、という事情を想定することができよう。

また、晴明流安倍氏において賀茂保憲を師としたのは晴明だけではない。次に引く天禄元年（九七〇）の太政官符に明らかなように、晴明の息子の吉昌もまた、天文得業生として天文博士賀茂保憲の弟子であった。そして、吉昌を弟子とした保憲は、やはり、天文のみならず陰陽をも教えたものと思われる。

○太政官符式部省

応レ補二天文得業生従八位上安倍朝臣吉昌一事

読書

三家薄讃一部　　晋書志一巻

観星弐拾捌宿

右得二中務省去八月十九日解一偁、陰陽寮解偁、正五位下行主計頭兼天文博士賀茂朝臣保憲牒状偁、件吉昌、情操聡敏、勤学匪レ懈、望請補二得業生竹野親当満九年替一、令レ遂二其業一者、寮依二牒状一申送者、省依二解状一申送如レ件者、従二位行大納言兼皇太子傅侍従源朝臣兼明宣、依レ請者、省宜二承知依レ宣行一レ之、符到奉行、

左中弁　　　　　左少史

天禄元年十一月八日

（『類聚符宣抄』第九天文得業生）

したがって、晴明流安倍氏の陰陽道への進出の事情を明らかにするならば、それは、晴明が保憲を師として陰陽師となったというだけのことではなかった。安倍晴明が師としたのは賀茂忠行・保憲の父子であり、賀茂保憲が弟子としたのは安倍晴明・吉昌の父子だったのである。すなわち、晴明流安倍氏という一つの家系が、忠行流賀茂氏の弟子として陰陽道への新規参入を果たしたのであった。

第三節　本書の課題と構成

一　陰陽師の類型

前節に見たように、平安時代中期の貴族社会には二類型の陰陽師が存在した。一方は、朝廷より官位や官職を与えられた安倍晴明のような陰陽師＝官人陰陽師であり、もう一方は、道満のように官人身分を持たない僧形の陰陽師＝法師陰陽師である。そして、この二つの類型の陰陽師こそが、平安貴族社会の陰陽師であった。

『今昔物語集』に「今昔、天文博士安倍晴明ト云陰陽師有ケリ」（『今昔物語集』巻第二十四第十六語）と紹介され、また、『尊卑分脈』などによってその系図の流布する安倍晴明が官人身分の陰陽師であったことは、おそらく、陰陽道あるいは陰陽道史の研究がはじまる以前から広く世に知られていたのだろう。そして、晴明の家系に属する陰陽師や、晴明の師であった賀茂忠行・保憲の家系に属する陰陽師は、暗黙のうちに官人身分を持つ陰陽師として扱われてきた。平安貴族社会において活動した陰陽師の中に官人身分の者があったことは、おそらく、陰陽道史の研究がはじまる以前からの常識であった。

そして、山下克明「陰陽師考」〔一九八〇〕が簡単に言及し、また、拙稿「平安中期貴族社会における陰陽師」〔一九九二〕が古記録を手がかりとして確認したように、平安貴族社会において陰陽師として扱われた官人は、陰陽寮という官司に属する者および陰陽寮の官職を経験した者であった。安倍晴明が陰陽寮官職の幾つかを歴任したことは、既に見た表2に明らかであろう。したがって、平安時代中期の官人陰陽師として扱われるべきは、当該期の陰陽寮官人およびその経験者なのである。

養老職員令が陰陽寮という官司に課した職務は、陰陽（諸事の吉凶を占う）・暦（暦を造る）・天文（天体や気象の吉凶を判ずる）・漏剋（時刻を計る）の四つであり、また、養老職員令が陰陽寮に置いた長上官の人員は、陰陽部門の陰陽師六人および陰陽博士一人、暦部門の暦博士一人、天文部門の天文博士一人、漏剋部門の漏剋博士二人、および、寮の全体を統括する官としての陰陽頭・陰陽助・陰陽允・陰陽大属・陰陽少属がそれぞれ一人ずつであった。そして、これらの官職にある者およびその経験者の全てが、平安中期の貴族社会においては陰陽師として扱われたのである。

○頭一人掌、天文・暦数・風雲気色、有レ異密封奏聞事　助一人、允一人、大属一人、少属一人、陰陽師六人掌、占筮、相レ地　陰陽博士一人掌、教二陰陽生等一、陰陽生十人掌、習二陰陽一、暦博士一人掌、造レ暦、及、教二暦生等一　暦生十人掌、習レ暦、天文博士一人掌、候二天文気色一、有レ異、密封、及教二天文生等一、天文生十人掌、習レ候二天文気色一、漏剋博士二人掌、率二守辰丁一、伺二漏剋之節一、守辰丁二十人掌、伺二漏剋之節一、以レ時撃二鐘鼓一、使部二十人、直丁三人、（養老職員令陰陽寮条）

ところが、保憲流賀茂氏あるいは晴明流安倍氏に属する陰陽師を除けば、実際に誰が平安中期に官人陰陽師として活動していたかということは、今までほとんど明らかにされてこなかった。これまでのところ、平安中期の官人陰陽師が網羅的に把握されたことはないのである。村山修一『日本陰陽道史総説』（一九八一）において官人身分を持つことを明示されている平安中期の陰陽師は、保憲流賀茂氏あるいは晴明流安倍氏の陰陽師たちを除くと、秦具瞻・秦連茂・秦貞連・秦春材・惟宗文高・巨勢孝秀・縣奉平・笠善任・中原恒盛・出雲清明・大春日栄種・大中臣義昌のわずか十二名を数えるに過ぎない。

言うまでもなく、保憲流賀茂氏および晴明流安倍氏からのみ官人陰陽師が出たわけではない。にも拘らず、これまでのところ、保憲流賀茂氏あるいは晴明流安倍氏に属さない官人陰陽師が研究者の関心を集めることは少なかった。そして、当時の貴族社会において活動した官人陰陽師が網羅されることは、今まで全くなかったのである。

一方、法師陰陽師をめぐる状況を見るならば、『枕草子』のように広く流布した文学作品にも登場する法師陰陽師は、少なくとも研究者の間では以前からよく知られた存在であった。したがって、これまでにも、陰陽道研究あるいは陰陽道史研究の文脈において、法師陰陽師が取り上げられることがなかったわけではない。

例えば、野田幸三郎「陰陽道の一側面」〔一九九一b（一九五五）〕は、平安時代に「僧侶にして、祓を行うもの」が存在したことについて、『今昔物語集』に「川原ニ法師陰陽師ノ有テ、紙冠ヲシテ祓ヲス」として登場する法師陰陽師が自ら「世ヲ過ヌ事ノ難有ケレバ、陰陽ノ道ヲ習テ此クシ侍ル也」（『今昔物語集』巻第十九第三語）と語ったことなどに触れながら、次のように述べている。

祭・祓・呪咀等を行う僧侶は、僧侶であることが、このような儀礼を行い、或いは、その成果を生み出すには、必ずしも、必要にして充分なる条件を充たすものではなく、彼等が、陰陽術、或いは陰陽道を習得してはじめて、その条件が充たされるものとし、且つ、そのような場合、彼等は、法師陰陽師等の名称を以て、よばれていたことが知られる。

また、村山修一『日本陰陽道史総説』〔一九八一〕は、「陰陽師と播磨国が古来深い因縁をもっていた点について注意しておきたい」という文脈で、説話に登場する平安時代の法師陰陽師たちが播磨国の出身であったことに触れる。確かに、野田の言及した法師陰陽師は『今昔物語集』に播磨国の住人として語られており、また、この他にも『今昔物語集』には智徳という播磨国に住む「陰陽師ヲ為ル法師」の話が収められている（巻第二十四第十九語）。

しかしながら、これまでのところ、平安時代の法師陰陽師のために多くの紙数を費やした研究はない。もちろん、平安中期に活動した法師陰陽師が網羅的に把握されたこともない。現状においては、平安時代の法師陰陽師については、概ね、野田や村山が言及した以上のことは判明していないのである。

さて、前節においては、安倍晴明という一人の陰陽師のために多くの紙数を費やしたが、陰陽道（陰陽師の職能）ではなく陰陽師（陰陽師という職能者そのもの）に注目する本書では、以下に平安貴族社会の陰陽師について論述するにあたっても、それを可能な限り個人名の伴ったものにしたいと考えている。

しかし、誰を以て官人陰陽師あるいは法師陰陽師として扱えばいいのだろうか。

この研究においてまず最初に明らかにしなくてはならないのは、〈誰が陰陽師であったか〉ということである。官人社会であった平安貴族社会においてどのような官人が官人陰陽師として活動していたのか。また、どのような僧が法師陰陽師として貴族社会に出入りしていたのか。平安貴族社会の陰陽師に関するその他の問題を取り上げる以前に、こうした点を明らかにしておく必要があるだろう。誰が陰陽師であるかが不明確なままでは、陰陽師についての具体的な考察ができるはずはない。

そこで、本書においては、誰が官人陰陽師であったかということの論究に第一章をあて、また、誰が法師陰陽師であったかということの論究に第二章をあてることにする。そして、この二つの章においては、平安時代中期の官人陰陽師・法師陰陽師のそれぞれについて、その人数やその貴族社会における利用状況などをも明らかにしていきたい。

なお、平安時代中期の法師陰陽師の実態を知るための手がかりは非常に限られており、そのため、この研究では、法師陰陽師については、概ね、第二章において論述する以上のことは明らかにし得ない。そして、本書の第三章以下の各章においては、専ら平安中期の官人陰陽師が取り上げられることになるだろう。

二　陰陽師の職能

安倍晴明の陰陽師としての活動のほとんどは、勘申（日時勘申・方位勘申）・卜占・呪術の三つに大別して捉えられるものであった。このことは、晴明の活動を整理した表1より明らかである。そして、山下克明「陰陽師再考」〔一九九六g〕によれば、晴明と同時代の官人陰陽師である賀茂光栄の場合にも、その陰陽師としての活動の基本は「日時・方角禁忌の勘申」「占術」「呪術（祓・反閇）・祭祀」の三つであった。

右の山下の論考においては、泰山府君祭や五龍祭のような「祭」と呼ばれる呪術が「祭祀」と呼ばれて禊祓や反閇などの「呪術」と区別されているものの、しかし、山下自身が結局は「呪術・祭祀」を一つの分野として扱っているように、そこでの「呪術」と「祭祀」との区別には本質的な意義は認められない。したがって、ここでは、安倍晴明・賀茂光栄という二人の陰陽師のいずれについても、勘申・卜占・呪術の三つこそがその主要な職能であったと考えることができるだろう。

そして、藤原道長の『御堂関白記』に記録された平安時代中期の陰陽師の活動の全てを整理したものが表3であるが、確かに、その表3からは、当時の陰陽師が勘申・卜占・呪術の三つを主要な職能としていたことが確認される。とすれば、やはり、勘申・卜占・呪術の三つは、平安中期の貴族社会に活動した全ての陰陽師に共通して、その主要な職能であったと考えることが可能である。

ここで、特に日時勘申および方位勘申に触れるならば、平安中期以降の貴族社会において、それは、公的・私的な諸々の儀式に際して不可欠なものであった。藤原道長の祖父にあたる九条右大臣藤原師輔がその子孫たちのために記した『九条殿遺誡』に「見₂暦書₁可レ知₂日之吉凶₁」と見えるように、また、『源氏物語』において光源氏が空蟬を見初めるきっかけともなった「方違」の慣行が現実に存在していたように、平安貴族は日時や方位に関する禁忌の遵守に相当に神経を使っていた。そのため、『西宮記』『北山抄』『江家次第』といった平安中期以降に成立した儀式書に明らかな如く、陰陽師による日時勘申・方位勘申は儀式次第の一つとなってさえいたのである。

（表3つづき）

年　月　日	陰陽師	活　動　内　容
		所」を選ぶ
6月 1日	安倍吉平	藤原道長のために「川合」にて禊祓を行う（「従二今日一以二吉平一令レ禊」）
6月 2日	安倍吉平	藤原道長のために禊祓を行う
6月 3日	安倍吉平	藤原道長のために河原にて禊祓を行う
6月 4日	安倍吉平	藤原道長のために河原にて禊祓を行う
6月 5日	安倍吉平	藤原道長のために河原にて禊祓を行う
6月 7日	安倍吉平	藤原道長のために禊祓を行う（「此日七箇日解除了」）
8月 7日	安倍吉平	敦良親王（後の後朱雀天皇）の立太子の吉日を選ぶ
11月14日	「陰陽師」	藤原道長の吉田祭奉幣に際して河原にて禊祓を行う
寛仁 2年（1018） 2月 2日	安倍吉平	尚侍威子（道長女）の入内の吉日を選ぶ
3月 7日	安倍吉平	尚侍威子の入内に際して反閇を行う
4月10日	「陰陽師」	藤原道長の梅宮祭奉幣に際して河原にて禊祓を行う
4月13日	安倍吉平	後一条天皇の新造内裏への遷御の吉日に関する諮問に答える
4月27日	安倍吉平	藤原道長の土御門第への移徙の吉日吉時を選ぶ
4月28日	安倍吉平	後一条天皇の新造内裏への遷御に新宅作法を行う
7月28日	安倍吉平	後一条天皇妃威子の立后の吉日を選ぶ
10月29日	安倍吉平	藤原道長邸での法華八講の吉日を選ぶ
11月 6日	安倍吉平	藤原道長のために東河にて禊祓を行う（「是月来間目不レ明、仍所レ祓也、吉平朝臣従二今日一初也」）
11月 7日	安倍吉平	藤原道長のために河原にて禊祓を行う
11月 8日	安倍吉平	藤原道長のために河原にて禊祓を行う
11月 9日	安倍吉平	藤原道長のために河原にて禊祓を行う
11月12日	安倍吉平	藤原道長のために禊祓を行う（「今日終二日祓一」）
11月26日	安倍吉平	中宮威子の諸社への奉幣に際して禊祓を行う
12月 9日	安倍吉平	偎子内親王誕生後の雑事について勘申する
12月23日	「陰陽師」	藤原道長家の当季読経の吉日を選ぶ
寛仁 3年（1019） 2月 6日	「陰陽師」	藤原道長の病中に肉・魚を食すことを勧める
2月28日	安倍吉平	尚侍嬉子の着裳の吉時を選ぶ

註　○内の数字は閏月を示す．

（表3つづき）

年月日	陰陽師	活動内容
6月 2日	安倍吉昌	日食について奏上する
⑥月10日	安倍吉平	藤原道長邸の庭に立った虹の吉凶を占う
9月26日	安倍吉平	中宮妍子が新造内裏に参入する吉日を選び直す
11月17日	安倍吉平	三条天皇が焼亡した内裏より枇杷殿に遷る吉日を選ぶ
12月27日	安倍吉平	三条天皇から後一条天皇（敦良親王）への譲位の吉日を選ぶ
長和 5年（1016） 2月27日	安倍吉平	藤原道長の二条第への移徙および同第での大饗の吉日を選ぶ
3月 1日	安倍吉平・安倍吉昌・惟宗文高・大中臣実光	藤原道長および源倫子のために禊祓を行う
3月21日	安倍吉平	藤原道長の忌日についての諮問に答える（「見レ暦忌二遠行一者」）
3月23日	安倍吉平	三条院が枇杷第にて北対から寝殿へ遷るに際して反閇を行う
4月 5日	安倍吉平	内裏造作および後一条天皇の新造一条院内裏への遷御の吉日吉時を選ぶ
同　上	賀茂守道	この日までに翌年の暦の草案を造る
6月 2日	安倍吉平	後一条天皇の新造一条院内裏への遷御に反閇を行う
7月 1日	安倍吉平	藤原道長が上表を奉る吉日を選ぶ
7月25日	安倍吉平・惟宗文高	藤原道長のために土御門第造作の吉日吉時を選ぶ
8月 7日	安倍吉平・惟宗文高	藤原道長のために「法興院町」を造るべき地を占う
8月25日	安倍吉平・「陰陽師七」	藤原道長のために「川合」にて禊祓を行う
9月 1日	安倍吉平	藤原道長に禊祓のために召されるが、翌日にすべきことを具申する
9月 2日	安倍吉平	藤原道長のために東河にて禊祓を行う
9月 9日	安倍吉平	後一条天皇のために宮主とともに禊祓を行う
10月20日	安倍吉平	三条院の高倉第から新造三条院への遷御に反閇を行う
寛仁元年（1017） 2月 5日	安倍吉平・惟宗文高	後一条天皇の石清水八幡宮への行幸の吉日を選ぶ（「吉平所レ申有レ理」とされる）
2月11日	安倍吉平	後一条天皇の石清水八幡宮への行幸の吉日を選び直す
2月19日	安倍吉平・「陰陽師六人」	三条院のために「従二二条一至二川合一瀬」にて禊祓を行う
3月27日	安倍吉平	藤原道長に法興院に堂を建立するための方忌について具申する
5月12日	惟宗文高	三条院の葬儀の雑事について勘申し、埋葬の「吉

（表3つづき）

年　月　日		陰陽師	活　動　内　容
	10月25日	安倍吉平	冷泉院の葬儀の雑事について勘申する
	11月13日	安倍吉平	冷泉院を埋葬する吉所を選ぶ
長和元年（1012）	3月14日	「七人陰陽師」	藤原道長のために鴨川にて禊祓を行う
	4月10日	安倍吉平	三条天皇中宮妍子（道長女）の御所で発見された「厭物」について占う
	4月11日	「陰陽師」	中宮妍子のために禊祓を行う（御所にて「厭物」が発見されたため）
	4月27日	「陰陽師」	三条天皇妃娍子（藤原済時女）の立后の吉時を選ぶ
	5月21日	安倍吉平	一条院の法事をめぐる方忌に関する諮問に答える
	⑩月16日	安倍吉平	宇佐奉幣使発遣に際して禊祓を行う
	⑩月18日	賀茂光栄・安倍吉平	積善寺焼亡について占う
	12月 8日	「陰陽師」	荷前使定があるも、陰陽師は呼ばれず（「不レ召二陰陽師一」）
長和 2年（1013）	正月10日	賀茂光栄	東宮敦成親王の枇杷殿への朝覲行啓に際して反閇を行う
	正月16日	「陰陽師」	中宮妍子が焼亡した東三条第より藤原斉信邸に遷る吉時を選ぶ
	4月11日	安倍吉平	藤原道長の病に際して禊祓を行う（「依二竃神祟一也」）
	5月 4日	「陰陽師三人」	中宮妍子のために禊祓を行う（「中宮従二今日一初二御禊一」）
	5月20日	賀茂光栄・安倍吉平	東宮敦成親王の病を占う
	6月 6日	賀茂光栄	藤原道長の本命祭（丙寅）を行う
	6月11日	賀茂光栄	藤原道長のために河原にて除服の禊祓を行う
	6月27日	賀茂光栄	藤原頼通および教通の著陣の吉日を選ぶ
	7月 1日	「陰陽師」	御樋殿転倒の卜占の有無について具申する
	7月 6日	「陰陽師」	中宮妍子の出産（禎子内親王誕生）に伺候する
	同　上	「陰陽師」	禎子内親王誕生後の雑事について勘申する
	7月 7日	賀茂光栄	禎子内親王誕生に絡んで翌日の沐浴の吉凶について問われる
	7月22日	「陰陽師」	三条天皇の土御門第への行幸の吉日吉時を選ぶ
	8月12日	安倍吉昌	地震奏を進める
	11月 8日	「陰陽師」	多武峯が鳴動したことの吉凶を占う
	11月20日	「陰陽師」	藤原道長のために道長邸内にて禊祓を行う（物忌中の賀茂臨時祭奉幣）
	12月 9日	賀茂光栄	藤原道長の本命祭（丙寅）を行う
長和 4年（1015）	2月29日	賀茂光栄・安倍吉平	藤原道長に触穢の際は御燈由祓が無用であることを具申する（却下される）
	3月 2日	賀茂光栄・安倍吉平	興福寺南円堂に鴨がとまったことの吉凶を占う
	5月28日	安倍吉昌	地震奏を進める

(表3つづき)

年　月　日		陰陽師	活　動　内　容
	10月 7日	「陰陽師」	帥宮敦道親王（冷泉院四宮）の葬儀の雑事について勘申する
	12月22日	安倍吉昌・縣奉平	地震奏を進める（吉昌・奉平が論争して「吉昌所レ申有レ理」とされる）
	同　上	賀茂光栄	地震奏をめぐる諮問に答える
寛弘 5年（1008）	3月19日	安倍吉平	藤原頼通の病に禊祓を行う（験あって道長より禄あり）
	4月22日	「陰陽師」	藤原道長の吉田祭使を勤める（前日より道長の物忌に籠る）
	7月 9日	「陰陽師」	藤原道長より中宮彰子が内裏を出るにあたって忌むべき方位を問われる
	9月11日	「陰陽師」	中宮彰子の出産に伺候する
	9月26日	「陰陽師」	一条天皇の土御門第への行幸の吉日を問われる
	9月28日	賀茂光栄・安倍吉平	一条天皇の土御門第への行幸の吉日を選び、行幸雑事について勘申する
寛弘 6年（1009）	11月25日	「陰陽師」	中宮彰子の出産（敦良親王の誕生）に伺候する
寛弘 7年（1010）	正月16日	賀茂光栄・安倍吉平	尚侍妍子（道長女）の東宮居貞親王（後の三条天皇）への入内の吉日を選ぶ
	6月19日	賀茂光栄	藤原道長の本命祭（丙寅）を行う（仁統による本命供とともに）
	8月24日	賀茂光栄・安倍吉平	多武峰の怪異の吉凶を占う
	8月26日	賀茂光栄・安倍吉平	多武峰の怪異の吉凶に関する諮問に答える（「光栄所レ申有レ理」とされる）
寛弘 8年（1011）	2月16日	賀茂光栄	藤原道長のために鴨川にて禊祓を行う（「初下自二今日一七箇所解除上也」）
	2月19日	安倍吉昌	藤原道長のために鳴滝にて禊祓を行う（「七箇所解除」の一つ）
	2月20日	大中臣実光	藤原道長のために「耳聰河」にて禊祓を行う（「七箇所解除」の一つ）
	2月24日	賀茂光栄	藤原道長のために大井川にて禊祓を行う（「七箇所解除」の一つ）
	2月26日	安倍吉昌	藤原道長のために「般若寺滝」にて禊祓を行う（「七箇所解除」の一つ）
	3月12日	「陰陽師」	藤原道長の金峰山使派遣について占い、禊祓を行う
	6月 8日	「陰陽師」	一条天皇から三条天皇（居貞親王）への譲位の吉日吉時を選ぶ
	同　上	「東宮陰陽師」	三条天皇が即位してはじめて内裏に遷る吉日吉時を選ぶ
	6月28日	賀茂光栄	一条院を埋葬する「吉処」を選ぶ
	6月29日	「陰陽師」	三条天皇が内裏に遷る吉日吉時を選び直す
	7月 1日	賀茂光栄・安倍吉平	三条天皇が内裏に遷る吉日吉時を「内々」に選び直す

表３『御堂関白記』に見る陰陽師の活動

年　月　日	陰陽師	活　動　内　容
長保 2年（1000）正月10日	安倍晴明	藤原道長のもとで何らかの雑事（詳細不明）について勘申する
正月28日	安倍晴明	一条天皇妃彰子（道長女）の立后の吉日吉時を選ぶ
2月16日	安倍晴明	中宮彰子の法興院への行啓の吉日吉時を選ぶ
寛弘元年（1004）2月19日	安倍晴明・賀茂光栄	藤原道長が三昧堂を建立する土地を木幡にて選ぶ
3月 9日	賀茂光栄	敦康親王（一条天皇一宮）のために禊祓を行う
3月14日	縣奉平	天文密奏を進める
6月18日	安倍晴明・賀茂光栄	藤原道長宅の死穢の有無を占う
6月20日	安倍晴明	藤原道長に「滅門」の日に造仏を行うことの不都合を具申する
7月14日	安倍晴明	五龍祭を行う
8月14日	賀茂光栄	藤原道長の本命祭（丙寅）を行う
8月22日	安倍晴明・賀茂光栄	中宮彰子の大原野への啓行の是非を占う
9月25日	安倍晴明	多武峯（藤原氏氏祖鎌足墓所）が鳴動したことの吉凶を占う
⑨月15日	賀茂光栄	藤原道長の本命祭（丙寅）を行う
12月 3日	安倍晴明・賀茂光栄・縣奉平	藤原道長宅にて祭（詳細不明）を行う
寛弘 2年（1005）2月10日	安倍晴明	藤原道長の新造東三条第にて新宅作法を行う
10月29日	賀茂光栄	中宮彰子のために八島にて禊祓を行う
同　上	惟宗正邦	藤原道長のために八島にて禊祓を行う
同　上	惟宗文高	源倫子（道長妻）のために八島にて禊祓を行う
寛弘 3年（1006）7月 3日	「陰陽道」	内裏焼亡で焼損した神鏡を改鋳することの是非について勘申する
7月11日	賀茂光栄	藤原道長のために祭（詳細不明）を行う
7月17日	賀茂光栄	敦明親王の元服の吉日を選ぶ
9月 1日	賀茂光栄	藤原道長邸での御前競馬の吉日を選ぶ
10月11日	「陰陽師」	山鶏が御所に闖入したことの吉凶を占う
11月27日	賀茂光栄	藤原道長の忌日に関する諮問に答える
寛弘 4年（1007）正月19日	賀茂光栄	藤原道長の春日社参詣の吉日を選び直す
正月21日	賀茂光栄・安倍吉平	藤原道長の春日社参詣の吉日を選び直す
2月 4日	安倍吉平	藤原道長の春日社参詣の吉日を選ぶ
3月16日	縣奉平	藤原道長邸の南大門の修理のために禊祓を行う（「見レ暦伏竜在レ門者」）
6月10日	「天文博士」	前夜の流星について奏上する
6月30日	賀茂光栄	藤原道長のために河原にて禊祓を行う
7月 1日	縣奉平	藤原道長のために松前にて禊祓を行う

この分野についての先行研究を挙げるならば、陰陽道史研究の出発点となった斎藤励『王朝時代の陰陽道』〔一九一五〕は、まさに陰陽師の携わる日時や方位の禁忌についての詳細な研究であった。そして、日時の禁忌に関しては土田直鎮「衰日管見」〔一九九二b（一九七〇）〕や小坂眞二「具注暦に注記される吉時・凶時注について」〔一九八五〕があり、また、方位の禁忌に関してはベルナール＝フランク『方忌みと方違え』〔一九八九〕の他に金井徳子「金神の忌の発生」〔一九九一（一九五四）〕・加納重文「方忌考」〔一九七三〕・同「方違考」〔一九七九〕・岡本充弘「院政期における方違」〔一九九一（一九八〇）〕があるなど、この方面の研究は斎藤以降にも断続的に登場している。

平安中期の貴族社会の陰陽師が担った職能のうち、平安貴族の習慣としてよく知られる「物忌」と深く関わるのが、卜占である。当時の貴族社会においては、人々の身辺に発生する不可解な現象が怪異と見做されており、かつ、そうした怪異は将来に起きる吉事あるいは凶事の予兆と見做されていた。そして、それぞれの怪異が示す吉凶を読み解く手段の一つが陰陽師の卜占だったのであり、陰陽師の卜占が怪異から凶事の暗示を読み取った場合、その凶事を避けるための方策として物忌が行われたのである。表3に見える卜占の多くも、怪異を占う怪異占であった。

この陰陽師による怪異占について最も詳細かつ濃密な研究を蓄積してきたのは小坂眞二である。小坂の「九世紀段階の怪異変質にみる陰陽道成立の一側面」〔一九八〇〕・「陰陽道の六壬式占について」〔一九八六〕・「物忌と陰陽道の六壬式占」〔一九九〇〕・「古代・中世の占い」〔一九九三b〕といった一連の論考からは、その具体的な方法からそれが用いられた背景に至るまで、陰陽師の怪異占についての詳しい情報を得ることができる。この他、三和礼子「物忌考」〔一九九一（一九五六）〕や鈴木一馨「物忌の軽重について」〔一九九四〕・同「怪異と物忌」〔二〇〇〇〕においても、物忌との関連で怪異占が扱われている。

陰陽師の呪術についてもやはり幾多の先行研究があるが、小柳司気太・岡田荘司・山下克明の論考はその中でも特に優れている。

平安時代の陰陽師がどのような種類の呪術を扱っていたかを網羅的に解説した最初の研究は、小柳司気太「神道と陰陽道との関係」〔一九三〇〕である。この論考は、現在でも陰陽師の呪術に関する概説として用いられるだけの内容を持っている。そして、小柳の論考を補う役割を果たすのが山下克明「陰陽道の典拠」〔一九九六a（一九八二）〕であり、これによって平安時代の陰陽師が扱った呪術のほとんどが網羅的に把握されたと言ってもいいだろう。

また、岡田荘司「陰陽道祭祀の成立と展開」〔一九九四（一九八四）〕は、その用いられた場面や状況に注目することで、それぞれの呪術の持つ性格を明らかにしようとする。陰陽師の扱う呪術の中でも特に「祭」と呼ばれるものを主として取り上げた岡田は、それらの呪術を「年穀・祈雨の祭」「道・堺の祭」「祓と鎮めの祭」「星辰と冥府の祭」の四種に明確に分類したのである。そして、岡田によれば、「現世利益の個人信仰」および「穢意識」の台頭こそが、平安貴族社会に陰陽師の呪術を必要とさせたのであった。

さて、以上が陰陽師の職能に関する研究史の概略であるが、陰陽師の三つの主要な職能の中でも、平安時代中期の貴族層の人々からより大きな関心を寄せられていたのは、勘申や卜占ではなく、呪術だったのではないだろうか。前節においてまとめた安倍晴明の事績に見る限り、平安中期の陰陽師にとっては、呪術を成功させることこそが、陰陽師としての名を上げる絶好の機会であった。既に見たように、晴明の場合には、禊祓によって天皇の急病を癒したことで加階され、また、五龍祭によって雨を呼んだことで勅禄を受けたのである。

そこで、この研究においては、陰陽師という職能者についての理解を深めるため、その職能の中でも特に呪術に注目することにしたい。本書の第三章から第七章までの五つの章では、陰陽師の呪術が話題の中心となるだろう。

ただし、本書では、呪術を取り上げるにしても、陰陽師の扱った数多の呪術の一つ一つに解説を加えていくという取り上げ方はしない。そうした作業は既に小柳や山下の仕事によってほぼ完了しているからである。本書で採用するのは、平安貴族がその日常生活の諸場面において必要とした幾つかの呪術について、その用いられた文脈の中で理解していくという方法である。

そして、この研究で明らかにしたいのは、陰陽師の呪術に大きな関心を寄せていた人々にとって、呪術はどのようなものであったかという点である。平安中期の貴族層の人々は、陰陽師の職能の一つである呪術について、どのような認識を持っていたのか——この点に関する議論はいずれの先行研究にも見られない。だが、平安貴族の眼から見た陰陽師の姿を捉えようとするならば、この点を究明しないわけにはいかないだろう。

ところで、これ以前にも触れたことではあるが、村山修一『日本陰陽道史総説』〔一九八一〕の説くところでは、平安貴族社会の陰陽道は「権力者の権威を示し、政治の無能を糊塗し、社会の固定化をはかるため信条化されたもの」であった。そして、右に見た如き禁忌・卜占・呪術こそが、村山の陰陽道史が平安時代の陰陽道として扱うものの中核である。とすれば、勘申・卜占・呪術を主要な職能とする陰陽師は、〈政治的な装飾〉として位置付けられることになる。

確かに、平安貴族社会の陰陽道に「権力者の権威を示し、政治の無能を糊塗し、社会の固定化をはかるため信条化されたもの」という側面がなかったと見ることはできない。また、陰陽師が〈政治的な装飾〉として扱われることはなかったと断言するのも困難であろう。

しかし、平安貴族社会の陰陽師は、常に〈政治的な装飾〉でしかなかったのだろうか。あるいは、しばしば陰陽師を用いていた当時の貴族層の人々は、陰陽師という職能者に〈政治的な装飾〉としての意味を見出すのみだったのだろうか。

陰陽師の主要な職能であったと考えられる勘申・卜占・呪術については、既に見た如く、数多の先行研究が存在する。だが、これまでの研究の蓄積からだけでは、右の問いに対して明快な答えを与えることは難しい。陰陽師を用いる人々が陰陽師やその職能である勘申・卜占・呪術についてどのような認識を持っていたかという点は、従来の研究では意識されてこなかったためである。

例えば、岡田「陰陽道祭祀の成立と展開」の場合、陰陽師の扱う幾つもの呪術を「年穀・祈雨の祭」「道・堺の祭」「祓と鎮めの祭」「星辰と冥府の祭」の四種に分類しており、それぞれの呪術がどのような目的で用いられたかを明らかにしたかに見える。しかし、例えば「年穀・祈雨の祭」に分類された呪術は、本当に「年穀・祈雨」のために行われていたのだろうか。政治的なパフォーマンスとして行われることもあったとは考えられないだろうか。「年穀・祈雨の祭」などは、いかにも「政治の無能を糊塗」するために用いられそうな呪術の一つである。

もちろん、勘申・卜占・呪術などについてその歴史的な変遷――特にその「成立」や「展開」――を明らかにしようとする研究にとっては、右に挙げた如き問題はほとんど関係のないものである。そして、陰陽師の職能（勘申・卜占・呪術）に関する従来の研究の多くは、そのような問題とは関わりのないものであった。したがって、この問題に対する解答を先行研究の成果より見出すことができなくとも、それは仕方のないことである。

そこで、本書の第三章から第七章までの各章においては、平安貴族が陰陽師の呪術についてどのような認識を持っていたかということとともに、平安貴族が陰陽師という職能者のことをどのように認識していたかということをも見ていくことにする。より具体的に言うならば、第三章以下の五つの章では、平安貴族の日常生活の中で陰陽師の呪術が必要とされた場面の幾つかに視点を据え、それぞれの場面において人々が陰陽師およびその呪術にどのようなことを期待していたのかを探っていくことになるだろう。

官人陰陽師であった安倍晴明が中級貴族の一人でもあったことは前節に見た通りだが、最終的には従四位下という位階にあった晴明は、中級貴族としてはまずまずの境遇にあったと思われる。従四位官人の年俸については既に前節に見たところであり、それは従五位官人の年俸に倍する額であった。そして、大化前代からの名族であった安倍（阿倍）氏の中では、この晴明の家系だけが、代々に四位・五位の中級官人を出す中級貴族の家系として、平安時代中期以降の貴族社会に定着し得たのである。

三　陰陽師の家系

だが、他の安倍（阿倍）氏が中央の貴族社会から姿を消していく流れにあって、どうして晴明流安倍氏のみが平安中期以降にも中級貴族の家系として存続し得たのだろうか。平安中期の貴族社会において「晴明一家」と呼ばれた家系（晴明流安倍氏）は、当時、どのような立場にあったのだろうか。

前節に見たように、安倍晴明が没してから四半世紀を経た頃の貴族社会において、晴明流安倍氏は陰陽師の家系として認知されていた。しかも、その家説（「晴明一家所〻申」）が権威あるものとして受け入れられていたように、当時、晴明流安倍氏は陰陽道における有力な家系と見做されていたのである。

そして、村山修一『日本陰陽道史総説』（一九八一）によれば、平安時代中期には「陰陽道宗家」と呼ばれるべき家系が成立するが、保憲流賀茂氏とともにその陰陽道宗家の一つとなったのが晴明流安倍氏であった。ここに村山の言う陰陽道宗家とは、要するに、陰陽寮という官司の主要な官職を世襲的に独占する家系のことである。すなわち、村山の理解では、平安中期のある時期から、晴明流安倍氏は保憲流賀茂氏とともに陰陽寮の主要官職を世襲的に独占する家系となったのであった。

野田幸三郎「陰陽道の成立」〔一九九一ａ（一九五三）〕あるいは岡田荘司「陰陽道祭祀の成立と展開」〔一九九四（一九八四）〕が明らかにしたように、安倍晴明のような官人陰陽師の職能の中核は、陰陽寮という官司の職掌にあった。また、既に述べたように、陰陽寮官人およびその経験者こそが官人陰陽師であった。そして、村山の見解に従うならば、晴明流安倍氏が中級貴族として生き残り得たのは、陰陽寮主要官職の世襲的独占に成功したため、つまり、陰陽道宗家となり得たためだったのである。

また、陰陽道宗家となることで平安中期以降の貴族社会に中級貴族の家系として定着したのは、晴明流安倍氏だけではない。『尊卑分脈』あるいは『医陰系図』の賀茂氏系図に見る限り、安倍氏とともに陰陽道宗家となった保憲流賀茂氏もまた、平安中期以降、代々に四位・五位の中級官人を出す中級貴族の家系として存続したのである。では、保憲流賀茂氏および晴明流安倍氏は、どのような経緯で陰陽道宗家の地位に就いたのだろうか。平安中期において保憲流賀茂氏や晴明流安倍氏の置かれていた立場を理解するためにも、この点を明らかにする必要があるだろう。

平安中期に保憲流賀茂氏および晴明流安倍氏が陰陽寮の主要な官職を独占するようになったことについては、これを確かな事実として認めることができる。山下克明「陰陽家賀茂・安倍両氏の成立と展開」〔一九九六ｈ〕は、奈良時代から鎌倉時代までのおよそ六〇〇年間における陰陽寮主要官職の補任状況を網羅的に示したうえで、次のように結論付けている。

主要官職の補任状況から言えることは、十世紀後半から賀茂氏は暦博士、安倍氏は天文博士を続けて出すようになり、ついで十一世紀中頃までに両氏は正・権博士を独占し、かつ陰陽頭・助や陰陽博士も順次占めること、執政者でいえば関白藤原頼通のときに他氏を排して陰陽寮の主要官職を独占しはじめ、これを契機として陰陽道世襲氏族として両氏が成立するのである。

ここに山下の言う「陰陽道世襲氏族」は陰陽寮の主要官職を世襲的に独占する家系を意味しており、これを村山の言う「陰陽道宗家」と同義の概念として理解しても差し支えはないだろう。そして、山下によれば、賀茂氏・安倍氏による陰陽寮主要官職の世襲的独占を可能にしたのは、「平安中期から一般化する官職譲与の慣行」であった。主として父親がその息子へと官職を譲った官職譲与の慣行については、本書の前節においても、安倍晴明が息子の吉昌に天文博士の官職を譲った可能性を指摘している。

さらに、山下の見解では、保憲流賀茂氏および晴明流安倍氏が陰陽寮の主要な官職を独占していくうえで、その足がかりとなったものの一つは、官人陰陽師の同業者集団としての陰陽道であった。

十世紀末から十一世紀中葉にかけて両氏は陰陽道及び陰陽寮内で確実な地歩を築き、ここに陰陽寮の主要官職を再生産させる基盤が整い（中略）両氏によって陰陽頭・助の独占が達成されることになるのである。

〔山下　一九九六h〕

山下克明「陰陽師再考」〔一九九六g〕が論じるように、十世紀頃から一般に用いられるようになった「陰陽道」という言葉は、当時においては、卜占や呪術のような陰陽師の職能を意味するとともに、陰陽師という職能者の同業者集団をも意味した。桃裕行『上代学制の研究』〔一九九四（一九四七）〕によれば、九世紀中頃には、特定の学芸とともにその学芸に携わる人々の集団をも意味するものとして、「紀伝道（文章道）」「明経道」「明法道」「算道」といった名称が成立するが、「陰陽道」もまた「紀伝道」などと同列に理解されるべき語だったのである。

そして、前節において見たように、安倍晴明が陰陽道第一者となった頃から、官人陰陽師の同業者集団としての陰陽道の上臈には、常に保憲流賀茂氏あるいは晴明流安倍氏が名を連ねていた。安倍晴明・賀茂光栄・安倍吉平の三人が立て続けに陰陽道第一者の立場を占めたのであり、吉平が陰陽道第一者であった頃には安倍吉昌が陰陽道第二者となってもいる。保憲流賀茂氏および晴明流安倍氏は、陰陽寮の主要官職を独占するに先立ち、陰陽道という官人陰陽師の同業者集団における主導権を掌握していたのであった。

とすれば、保憲流賀茂氏および晴明流安倍氏が陰陽道宗家（陰陽道世襲氏族）としての地位を得ることになった経緯を明らかにするためには、平安時代中期における陰陽寮と陰陽道との関係を解明する必要があるだろう。官人陰陽師の同業者集団としての陰陽道において保憲流賀茂氏および晴明流安倍氏が台頭したことが確かに認められ、かつ、その後に両氏が陰陽寮の主要な官職を独占しはじめたことが動かぬ事実であるとしても、なぜ陰陽道における台頭が陰陽寮主要官職の独占をもたらすことになったのかは、山下の論考においても明らかにされていないのである。

そこで、本書の第八章では、平安中期における陰陽寮と陰陽道との関係を扱うことにする。「晴明一家」と呼ばれた家系（晴明流安倍氏）に中級貴族の家系として存続することを保障したものが陰陽道宗家（陰陽道世襲氏族）の地位であったとすれば、そして、その地位をもたらしたものが陰陽道という同業者集団における台頭であったとすれば、晴明流安倍氏の平安中期における立場を理解するうえでは、当時における陰陽寮と陰陽道との関係を把握することに重要な意味が認められる。

また、本書の第九章においては、十世紀から十一世紀の全ての陰陽寮官職についてその補任状況を見ていくことになるが、これは、平安中期当時にあってどのような氏族がどのように陰陽師を出していたかを網羅的に把握するためである。陰陽道宗家（陰陽道世襲氏族）となったとされる保憲流賀茂氏や晴明流安倍氏であっても、その平安中期当時における立場は、同時期に官人陰陽師を出すことのあった他氏族との関係の中で捉えられなければなるまい。

先に紹介した村山修一の陰陽道史研究は、賀茂保憲や安倍晴明が台頭して以降の他氏族の陰陽師については、ほとんど関心を払っていない。また、前掲の山下克明の研究においても、陰陽寮の非主要官職の補任状況に関心が向けられることはなく、陰陽道宗家（陰陽道世襲氏族）が成立したために非主要官職に就かざるを得なかった賀茂・安倍両氏以外の諸氏について、その動向が具体的に示されることはない。そして、村山や山下の研究においてのみならず、これまでの陰陽道史研究の全般において、平安時代中期以降の賀茂・安倍両氏以外の諸氏族は、ほとんど常に関心の外に置かれてきたのである。

しかし、既に見たように、平安中期に官人陰陽師の同業者集団としての陰陽道を構成していたのは、賀茂・安倍両氏を含むさまざまな氏族に属する全ての官人陰陽師であった。そして、当時の官人陰陽師の全てがその活動を陰陽道によって統制され、かつ、諸々の氏族に属する陰陽師たちが陰陽道を通じて相互に無視し得ない関係に置かれていたはずなのである。とすれば、保憲流賀茂氏や晴明流安倍氏の平安中期当時における立場は、やはり、同時期に官人陰陽師を出すことのあった他氏族との関係の中で捉えられなければならないだろう。

ところで、結果として陰陽道宗家の地位を獲得したものの、保憲流賀茂氏といい、晴明流安倍氏といい、陰陽道に参入した当初は全くの新参の家系であった。安倍晴明が陰陽師の家系の出ではないことは前節でも述べたが、賀茂保憲もまた、代々に陰陽師を出してきた家系に出自を持つわけではない。賀茂保憲や安倍晴明は、賀茂氏や安倍氏の家系の都合によってではなく、自身の都合によって陰陽師となることを選んだのである。

そして、陰陽道に参入した当初において賀茂保憲および安倍晴明が目標としていたのは、従五位下に叙されることであったと考えられる。保憲や晴明でなくとも、当時の貴族社会において、蔭子あるいは蔭孫として元服と同時に叙爵にあずかり得る家系に連ならない者にとっては、まずは従五位下に叙されることこそが最大の目標だったのである。とはいえ、賀茂保憲や安倍晴明の場合、叙爵にあずかる足がかりを得るのに、陰陽師となる以外の選択肢はなかったのだろうか。保憲・晴明の二人は、どうして陰陽道に参入することを選んだのだろうか。

これまでの陰陽道研究あるいは陰陽道史研究では、この点が問題とされることはなかった。従来の研究においては、賀茂保憲および安倍晴明は陰陽師であったという史実を始発点として、その後の保憲流賀茂氏や晴明流安倍氏の動向が問題とされるのが普通であり、保憲・晴明の二人が陰陽道に参入する前後の事情が扱われることはなかったのである。しかし、これは、陰陽師が陰陽師となることを選んだ事情に関する問題であり、陰陽師を扱ううえでは非常に重要な問題の一つであろう。

そのため、本書の最後の章においては、この研究全体の締め括りを兼ねつつ、この問題を扱うことにする。すなわち、本書の最終章において取り上げるのは、平安時代中期の貴族層の一部が陰陽師という職能者として身を立てることを選ぶに至った事情であり、言い換えるならば、陰陽師自身にとっての陰陽師の意味である。そして、より具体的に言えば、そこでは、特に陰陽道に参入した当初の賀茂氏の事情を明らかにしたうえで、第九章までの成果を総合しながら、陰陽師が陰陽師となることを選んだ事情を見ていくことになるだろう。

註

（1）『陰陽道叢書』については筆者による書評（繁田 一九九四a）がある。

（2）平安時代中期の古記録を専門的に扱った研究としては、桃裕行『古記録の研究（桃裕行著作集第四・五巻）』（一九八八・一九八九）・斎木一馬『古記録の研究』（一九八九）・河北騰『歴史物語の新研究』（一九八二）・山中裕『平安時代の古記録と貴族文化』（一九八八）などがある。この他、古記録についての概説書としては、飯倉晴武『古記録（日本史小百科）』（一九九八）・斎木一馬編『古記録学概論』（吉川弘文館、一九九〇年）・山中裕編『古記録と日記（上・下）』（思文閣出版、一九九三年）などがある。

（3）「蔵人所月奏」は安倍晴明の位階を正六位上とするが、これは『朝野群載』の方に誤りがあると考えて問題ない。

（4）「蔵人所月奏」は賀茂光栄の位階をも正六位上としているが、これも『朝野群載』の誤りと見ていいだろう。

第一章　官人陰陽師

この章においては、まず最初に、平安時代中期に生きた人々の中の誰を官人陰陽師として扱うべきかを、古記録をはじめとする諸史料から可能な限り詳細に把握することを試みたい。すなわち、平安中期の官人陰陽師を網羅した名簿を作ろうというのである。

本書の序章で明らかにしたように、平安時代の陰陽師には二つの類型があった。朝廷から位階および官職を与えられた官人身分の陰陽師と、官人の身分を持たない僧形の陰陽師とである。この二つの類型の陰陽師を、本書はそれぞれ「官人陰陽師」「法師陰陽師」として扱うが、序章にその実像の把握を試みた安倍晴明は、前者の官人陰陽師の一人であった。また、しばしば晴明とともに説話に登場する賀茂保憲やその息子の光栄は、晴明に次いでよく名を知られた陰陽師であるが、これも序章に見た如く、彼らもまた平安中期の官人陰陽師であった。

そして、平安時代の陰陽師の中で最も著名なのが安倍晴明であるように、これまでに平安時代の陰陽師として研究者の関心を集めることがあったのは、多くの場合、官人陰陽師であった。現に、これまでの陰陽道研究および陰陽道史研究における平安中期の陰陽道あるいは陰陽師についての考察の多くが、彼ら官人陰陽師の活動を主要な手がかりとしてきたと言っていい。これまで、少なくとも研究者の立場からは、主として官人陰陽師こそが平安中期の陰陽師として扱われてきたのである。

では、平安時代中期には常にどれだけの数の官人陰陽師がいたのだろうか。

実は、今までに少なからず蓄積されてきた平安時代の陰陽道あるいは陰陽師に関する研究の成果を総動員しても、この簡単な問いに答えることができない。これまでのところ、何人の官人陰陽師が同時に存在していたかということが、明確に把握されたことはないのである。従来の陰陽道研究あるいは陰陽道史研究が、官人陰陽師の活動には注目しても、官人陰陽師そのものにはほとんど関心を寄せなかったことの結果である。

同時に存在する官人陰陽師が何人であったかというのは、あまりにも基本的な問いであるが、けっして興味本位の無意味な問いではない。官人陰陽師の人数を把握することには、恒常的に陰陽師を必要とした当時の貴族社会と官人陰陽師との関わりを見ていくうえで重要な意味がある。例えば、平安中期に何人の官人陰陽師がいたのかがわからず、したがって、当時の貴族社会が一度に何人の官人陰陽師を用いることができたかがわからなければ、平安貴族社会による陰陽師の利用状況を正確に把握することはできないだろう。

そして、右の極めて基本的な問いに答えるために最も必要なのは、平安時代中期に誰が官人陰陽師であったかをその個人名を以て把握すること、つまり、当時の官人陰陽師を網羅した名簿を作ることであろう。官人陰陽師の人数が把握できないのは、とりもなおさず、具体的に誰が官人陰陽師であったのかがわかっていないためなのである。研究者の関心が官人陰陽師の活動の内容に集中する傍ら、平安中期に誰が官人陰陽師であったのかを精査するという基礎的な作業は手つかずにされてきた。

されば、本章では、まずは平安時代中期の官人陰陽師を可能な限り網羅した名簿を作成することを試みよう。古記録をはじめとする諸史料をもとに、当該期に生きた人々の中の誰を官人陰陽師として扱うべきかを、できる限り詳細に把握しようというのである。また、その名簿ができた後は、それを手がかりとして、平安貴族による官人陰陽師の利用の状況をも見ていくことにしたい。

なお、平安中期の官人陰陽師の名簿を作ろうとする本章では、当時の多数の官人たちの中でも、特に陰陽寮官人に注目することになる。というのは、現役の陰陽寮官人と陰陽寮官人の経験者とが、当時の官人陰陽師の実体であったと考えられるからである。

周知の如く、陰陽寮は中務省の所管する令制官司の一つであり、その陰陽寮の負った職務は、陰陽（諸事の吉凶を占う）・暦（暦を造る）・天文（天体や気象の吉凶を判ずる）・漏剋（時刻を計る）の四つの部門に分かれていた。そして、陰陽部門に陰陽師六人と陰陽博士一人、暦部門に暦博士一人、天文部門に天文博士一人、漏剋部門に漏剋博士二人がそれぞれ長上官として配置され、かつ、寮の全体を統括する官として陰陽頭・陰陽助・陰陽允・陰陽大属・陰陽少属がそれぞれ一人ずつ置かれた。

ここに、陰陽寮には卜占を職掌とする「陰陽師」という官職（以下、本書ではこの官職を「令制陰陽師」と呼ぶことにする）の置かれていたことが知られ、本書が令制陰陽師の任にあった官人についてこれを官人陰陽師として扱うのはもちろんのことだが、この令制陰陽師だけを平安時代中期の官人陰陽師と見做すわけではない。平安時代中期の人々は、令制陰陽師の任にある者に限らず、陰陽頭以下の寮官人の全てを陰陽師と見做し、さらには、陰陽寮から他官司へと転出した元陰陽寮官人をも陰陽師と見做していた、と考えられるのである。

したがって、陰陽寮官人および陰陽寮官人経験者を官人陰陽師として扱い得るということを示すのが、本章における最初の作業となるだろう。

第一節　官人陰陽師の定義

次に引くのはいずれも『御堂関白記』の記事であり、これらの記事からは、平安時代中期の貴族層を代表する藤原道長が、安倍晴明・賀茂光栄・安倍吉昌・大中臣実光・安倍吉平・惟宗文高（文隆）の六名を陰陽師として認識していたことが知られる。

○戌時渡二東三条一、上卿十人許被レ来、着二西門一後、陰陽師晴明遅来、以二随身一召、時剋内来、有二新宅作法一、
（『御堂関白記』寛弘二年二月十日条）

○出二鴨河一解除、初下自二今日一七箇所解除上也、陰陽師光栄朝臣給レ禄、
（『御堂関白記』寛弘八年二月十六日条）

○到二鳴滝一解除、陰陽師吉昌給レ禄、
（同十九日条）

○出二耳聰河一解除、陰陽師実光朝臣給レ禄、
（同二十日条）

○向二東河一解除、先由、次七瀬、女方同、各有二禊物四前一、陰陽師吉平・吉昌・文隆・実光等、
（『御堂関白記』長和五年三月一日条）

ここに名前の挙がった六人は、いずれもが朝廷から官位と官職とを与えられた官人であり、したがって、藤原道長がそうしたように彼らを陰陽師として扱うとすれば、この六人はいずれも官人陰陽師であったことになる。そして、この中でも安倍吉昌・大中臣実光・惟宗文高の三名については、『御堂関白記』に「陰陽師」と記された寛弘八年（一〇一一）二月あるいは長和五年（一〇一六）三月にそれぞれに現役の陰陽寮官人であったことが判明している。

安倍吉昌が寛和二年（九八六）九月に天文博士に補されたことには既に序章でも触れたが、『小右記』寛仁三年（一

○一九）四月二十八日条に「天文博士安倍吉昌朝臣卒云々」と見える如く、彼は天文博士を終生の官とした。『御堂関白記』長和二年（一〇一三）五月十二日条には辞書（辞表）を進めたことも見えるが、これは受理されなかったのだろう。

また、大中臣実光の場合、寛弘元年（一〇〇四）正月に陰陽允として従五位下に叙されたこと、寛弘八年八月までに陰陽助に昇任したこと、さらに、長元四年（一〇三一）三月に陰陽頭に補されたことなどが古記録に見えており（『権記』寛弘元年正月五日条・同八年八月二十三日条・『小右記』長元四年三月二十九日条）、一貫して陰陽寮官人であったことが知られる。

そして、次に引く『小右記』の二つの記事からは、長和元年（一〇一二）六月の時点で既に陰陽頭の任にあった惟宗文高が長元三年（一〇三〇）六月にも陰陽頭であり続けたことが確認できる。

○左中弁朝経進二陰陽寮大嘗会行事所雑事始日時勘文一、（中略）、大炊頭光栄・陰陽頭文高等署、

（『小右記』長和元年六月四日条）

○今夜公家於五个処被レ行二鬼気祭一羅城門・京極四角云々、陰陽頭文高朝臣所レ申行云々、

（『小右記』長元三年六月九日条）

このように、吉昌・実光・文高の三名は、『御堂関白記』に「陰陽師」と記された時点で現役の陰陽寮官人であった。ただし、吉昌は天文博士、実光は陰陽頭・陰陽助・陰陽允、文高は陰陽頭の官を帯びていたのであって、陰陽寮官人ではあっても令制陰陽師だったわけではない。したがって、藤原道長は、令制陰陽師に限らず、陰陽頭以下の陰陽寮官人を「陰陽師」と見做していた、と考えていいだろう。

また、藤原道長が陰陽師と見做した残りの三人も陰陽寮と関わりを持っていた。すなわち、安倍晴明・賀茂光栄・

安倍吉平の三名は、『御堂関白記』に「陰陽師」と記された時点では現役の陰陽寮官人ではなかったものの、いずれも陰陽寮から他官司に転属した元陰陽寮官人だったのである。そして、このことからは、道長が陰陽寮官人経験者をも陰陽師として扱っていたことが想定できよう。

例えば、惟宗文高の陰陽頭在任を示すために右に引用した『小右記』の記事の一つからは、『御堂関白記』に「陰陽師」と見える頃の賀茂光栄が陰陽寮とは無関係な大炊頭の官を帯びていたことが知られるが、『朝野群載』所収の天延三年（九七五）六月二十三日付陰陽寮解からは、光栄が天延三年正月一日の時点で「従五位下行暦博士賀茂朝臣光栄」として陰陽寮官人の一人であったことが知られる（『朝野群載』巻第十五陰陽道）。

また、『権記』長保四年（一〇〇二）十一月二十八日条に左京権大夫と見える安倍晴明や、『御堂関白記』寛弘八年（一〇一一）十月二十五日条に主計頭と見える安倍吉平も、『御堂関白記』に「陰陽師」として登場する寛弘二年（一〇〇五）二月あるいは長和五年（一〇一六）三月には陰陽寮官人ではなかったと考えられる。しかし、晴明が天文博士をはじめとする陰陽寮の官職を歴任したことは既に序章において述べた通りであり（表2）、また、吉平が陰陽寮官人経験者であることも次に引く『日本紀略』および『権記』に明らかである。

○自二今日一三箇日、令下二陰陽博士安倍吉平一奉中仕雩祭上、　（『日本紀略』正暦二年六月十四日条）

○仰二蔵人永光一、令レ召二陰陽寮助吉平一、参入、令レ勘下申御心喪可二令レ除給一日上、　（『権記』長保三年三月四日条）

こうして、藤原道長が陰陽師と見做したのが現役の陰陽寮官人と陰陽寮官人の経験者とであったことが判明したわけだが、当時の日記の性質を考えるならば、道長のこのような認識は、彼の独創的なものではあり得ず、むしろ、当時の貴族社会の全体に共有されたものであったろう。すなわち、平安時代中期の貴族社会では、陰陽寮官人および陰陽寮官人経験者が陰陽師と見做されていたことが想定されるのである。

ただし、『御堂関白記』以外の平安中期の古記録においては、右の六人の官人陰陽師が「陰陽師」と記されることは皆無である。これまでに引いてきた記事から明らかなように、『小右記』や『権記』では、「天文博士安倍吉昌朝臣」「陰陽助実光朝臣」「大炊頭光栄」「陰陽頭文高」「陰陽寮助吉平」の如く、彼らの名が記される際には官職名が冠されており、「陰陽師」という一種の職業名が冠された例は見られない。

とはいえ、このことから、藤原実資や藤原行成が安倍晴明以下の六名を陰陽師と見做さなかったと結論付けることはできない。律令官人であることを要件とする平安貴族の間では、自身の親兄弟をもその帯びる官職を以て呼ぶことが普通であり、当時の古記録の表記法としては人名に官職名を冠するのが一般的であった。そして、職業名である「陰陽師」を人名に冠したのは、当時の古記録の中ではその表記法の鷹揚さで際立つ『御堂関白記』ならではの逸脱であったろう。

また、平安貴族は陰陽師を指して「陰陽家」という呼称を用いることもあった。『小右記』永祚元年三月二十二日条に「今日春日行幸、（中略）、辰一点陰陽家択ﾆ申卯時ﾆ云々」と見える「陰陽家」がそれであり、『御堂関白記』が「陰陽師」と記す賀茂光栄・安倍吉平・安倍吉昌・惟宗文高の四名のことを、『小右記』は次の如く「陰陽家」と記している。

○来月春日行幸不快之由、光栄朝臣進ニ勘文一、（中略）、但陰陽家進不快勘文、無ニ指期一、

（『小右記』永祚元年二月十三日条）

○刀祢只三人立列四位吉平、五位吉、昌・文高、皆陰陽家

（『小右記』寛仁二年十月十六日条）

『小右記』の「陰陽家」が『御堂関白記』の「陰陽師」を意味したことは明らかであり、平安貴族が陰陽師を指して「陰陽家」という呼称を用いたのは、令制陰陽師の官職名との混同を避けるためであったと考えられる。そして、『小右記』における「陰陽家」の用例は、平安貴族が陰陽寮官人および陰陽寮官人経験者を陰陽師と見做していたこ

との傍証となるだろう。

第二節　官人陰陽師の顔ぶれ

十世紀中葉から十一世紀中葉までの時期に陰陽寮のいずれかの官職に補されたことが判明している官人について、その官歴を整理したのが表4である。本書においては、これまでの考察から平安時代中期の陰陽寮官人および陰陽寮官人経験者の全てを当時の官人陰陽師と見做すこととし、より具体的には、表4に名前の挙がった八十三人の全員を平安中期の官人陰陽師として扱うことにしたい。もちろん、表4は平安中期の官人陰陽師の全員を網羅しているわけではないが、これが現時点で個人名を以て特定することのできる平安中期の官人陰陽師のほとんど全てである。

そして、表4に名前の見える平安中期の官人陰陽師には、後世の人々から優秀な陰陽師として評価される者が少なくなかったようだ。

鎌倉時代中期に成立した編者不明の『二中歴』は、平安時代以来の貴族社会についての百科全書とも言うべき書物だが、同書を構成するさまざまな歴の一つである「一能歴」には、管弦人・武者・陰陽師・医師・絵師・舞人などのさまざまな分野の名手が列挙されている。そして、その「一能歴」の陰陽師条は次の如くであった。

○○陰陽師　吉備大臣　僧正波羅門　弓削法皇　玉成春苑　川人滋岳　猪養志斐　奉平縣*　名高笠
文高惟宗*　具瞻同*　孝秀巨勢*
忠行賀※　保憲忠行子*　光栄忠行子*　守道光栄子*　道平*　道言守道子*　光平道言子　陳経道平弟
道栄道平子*　家栄道栄子

晴明 安倍＊　吉平＊　時親＊　有行＊　国随＊　泰長

（『二中歴』第十三一能歴〈＊印・※印は筆者による〉）

『二中歴』は平安後期に三善為康という文章家が著した『掌中歴』と『懐中歴』とが再編集されたものだが、特に、その冒頭に「掌中不レ立ニ此題一通為ニ芸能歴一」との注記が見える「一能歴」は、『掌中歴』の「芸能歴」からその一部を引き写して成立した。とすれば、平安中期の官人陰陽師たちは、平安後期の貴族層から相当に高く評価されていたと言っていいだろう。「一能歴」の紹介する優秀な陰陽師の半数以上が、平安中期の官人陰陽師なのである。右に名前の挙がった二十七人の「陰陽師」のうち、＊印の付いた十五人は、表4にもその名前を見せている。

ただし、※印の付いた賀茂忠行だけは、平安中期の陰陽師であったにも拘らず、その名前は表4には見られない。天暦三年（九四九）正月二十一日付の「近江国司解」（『別聚符宣抄』）に「正六位上行権少掾賀茂朝臣忠行」という署名があることから、忠行が官人であったことは間違いないのだが、彼の場合、陰陽寮官人であったことを示す史料が見つからないのである。しかし、賀茂保憲（表4―29）の父であり安倍晴明（表4―2）の師でもあった忠行が、陰陽寮官職を経験していないとは考え難い。やはり、賀茂忠行をも陰陽寮官人経験者の一人に数えるべきだろう。

当然のことながら、平安中期に陰陽寮官人であった者でも、そのことを示す史料が現在に伝わっていなければ、表4に取り上げられることはない。表4というのは、あくまで平安中期に陰陽寮官職に補されたことのある官人の一覧表であり、平安中期の官人陰陽師の一覧表ではないのである。そして、表4に名前が見えない平安中期の官人陰陽師を探すならば、右の賀茂忠行の他、氏不明の陳泰および政則の二人がこれに該当する。

永祚元年（九八九）五月七日、急な頭痛と発熱とに見舞われた藤原実資は、その原因を賀茂光栄（表4―31）に占わせたが、その際、陳泰という者にも同じト占をさせたのであった。その氏も官歴も不明ながら、この陳泰が五位の官人であったことは、次に引く『小右記』に「陳泰朝臣」と見えることが示している。そして、現存する『小右記』

（表4 つづき）

天慶 8年（945）正月見	陰陽頭		九条殿記大臣大饗天慶8年例
天暦 3年（949）正月見	近江少掾（陰陽頭兼）	従五上	別聚符宣抄近江国司解
79　文道光			
安和 2年（969）6月見	陰陽博士		日本紀略安和2年6月24日条
天禄 3年（972）11月見	主計権助		親信卿記天禄3年11月10日条
天延 3年（975）4月見	陰陽博士		西宮記臨時一(甲)左近陣御卜事
寛和 2年（986）5月見	（前主計権助）		本朝世紀寛和2年5月13日条
80　布留満樹			
天暦 6年（952）6月見	陰陽師		朝野群載巻第15陰陽道
81　物部公好			
長徳元年（995）秋　任	陰陽師	正六上	除目大成抄第7下連奏道連奏
82　和気久邦			
長徳元年（995）秋　任	陰陽師	正六上	除目大成抄第7下連奏道連奏
寛弘元年（1004）　任	陰陽権少属	正六上	除目大成抄第7下連奏陰陽寮付陰陽道
寛仁 3年（1019）6月見	権天文博士		小右記寛仁3年6月10日条
83　――公理			
長元元年（1028）3月見	暦博士		左経記長元元年3月1日条
○　竹野親当　賀茂保憲弟子			
応和 2年（962）　任	天文得業生		類聚符宣抄第9天文得業生
天禄元年（970）11月解	同　上		同　上
○　（姓名不明）　安倍吉平弟子			
寛弘 8年（1011）9月見	陰陽得業生兼穀倉院蔵人		権記寛弘8年9月29日条
○　錦信理　惟宗文高弟子*			
長保元年（999）秋　任	春宮権少属	正六上	除目大成抄第6替
長保 2年（1000）2月見	春宮属		権記長保2年2月25日条
長和 5年（1016）正月見	内蔵允		小右記長和5年正月29日条
同　上　任	三条院主典代		同　上

*『小右記』万寿4年7月22日条に惟宗文高の弟子であることが見える．

註　○内の数字は閏月を示す．

（表４つづき）

寛弘 7年（1010）　任	天文得業生	正六上	除目大成抄第10下成文書生字事
治安 3年（1023）2月任	陰陽師	正六上	同　上
長元 4年（1031）2月見	陰陽属		小右記長元4年2月29日条
同　上　3月任	陰陽允		小右記長元4年3月29日条
67　中原頼方			
天喜 3年（1055）秋　任	陰陽権允	正六上	除目大成抄第7下連奏陰陽寮付陰陽道
68　錦文保			
寛弘元年（1004）　見	陰陽属		除目大成抄第10下成文書生字事
治安 3年（1023）2月解	陰陽属		同　上
69　秦連茂			
天慶元年（ 938） 7月見	陰陽師		本朝世紀天慶元年7月16日条
天暦 4年（ 950）⑤月見	陰陽権助		九暦逸文天暦4年⑤月2日条
70　秦貞連　春連兄弟カ			
天慶元年（ 938） 7月見	陰陽師		本朝世紀天慶元年7月16日条
71　秦具瞻			
天慶元年（ 938） 7月見	漏剋博士		本朝世紀天慶元年7月16日条
天徳 4年（ 960）11月見	陰陽頭		日本紀略天徳4年11月4日条
72　秦春材　春連兄弟カ			
天慶元年（ 938） 7月見	陰陽大允		本朝世紀天慶元年7月16日条
73　秦春連　春材兄弟カ			
天暦 6年（ 952） 6月見	陰陽少属		朝野群載巻第15陰陽道
74　秦茂忠（忠茂）　連忠兄弟カ			
天延元年（ 973）11月見	陰陽権助		平戸記仁治元年⑩月22日条
長徳元年（ 995）秋　任	陰陽頭	従五下	除目大成抄第7下連奏道連奏
75　秦連忠　茂忠兄弟カ			
天延 3年（ 975） 6月見	陰陽大属カ	正六上	朝野群載巻第15陰陽道
長徳元年（ 995）秋　任	権陰陽博士	正六上	除目大成抄第7下連奏道連奏
76　平野茂樹			
天慶元年（ 938）11月見	陰陽大属		本朝世紀天慶元年11月9日条
天慶 8年（ 945） 2月見	陰陽允		吏部王記天慶8年2月6日条
天暦 4年（ 950） 6月見	陰陽助		九暦逸文天暦4年6月25日条
天暦 8年（ 954） 8月見	陰陽頭		村上天皇御記天暦8年8月20日条
同　上　任	桂院別当		同　上
77　舟木昌成			
長徳元年（ 995）秋　任	陰陽師	正六上	除目大成抄第7上本道挙
78　文武兼			
天慶元年（ 938）11月見	陰陽権助		本朝世紀天慶元年11月7日条

(表 4 つづき)

寛仁 4年（1020）⑫月見	陰陽允		左経記寛仁4年⑫月30日条
52　惟宗行明　行真兄弟ヵ			
治安 3年（1023） 2月見	陰陽少属（「第二属」）	正六上	除目大成抄第10下成文書生字事
同　　上　　　任	陰陽少允	正六上	同　　上
53　惟宗行真　行明兄弟ヵ			
天喜 3年（1055）秋　任	陰陽允	正六上	除目大成抄第7下連奏陰陽寮付陰陽道
54　惟宗光則			
天喜 3年（1055）秋　任	陰陽属	正六上	除目大成抄第7下連奏陰陽寮付陰陽道
55　惟宗則助			
天喜 3年（1055）秋　任	陰陽師	正六上	除目大成抄第7下連奏陰陽寮付陰陽道
治暦元年（1065）12月見	陰陽少属ヵ		朝野群載巻第15陰陽道
56　惟宗清職			
康平元年（1058）秋　任	漏剋博士	正六上	除目大成抄第7下連奏典薬寮付医道
57　惟宗義俊			
治暦元年（1065）12月見	陰陽権少允		朝野群載巻第15陰陽道
58　惟宗忠重			
治暦元年（1065）12月見	陰陽少属		朝野群載巻第15陰陽道
59　惟宗経基			
治暦元年（1065）12月見	陰陽師		朝野群載巻第15陰陽道
治暦 3年（1067）　　任	陰陽権少允	正六上	除目大成抄第7下連奏道連奏
60　佐伯――			
治暦元年（1065）12月見	陰陽師		朝野群載巻第15陰陽道
61　菅野信公（公信）			
長元 4年（1031） 2月見	漏剋博士		左経記長元4年2月29日条
長暦 2年（1038）秋　任	周防介（漏剋博士兼）	従五下	除目大成抄第4雑々
62　菅野親憲			
長元 4年（1031） 3月任	陰陽師		小右記長元4年3月29日条
63　菅野清親			
治暦元年（1065）12月見	陰陽師		朝野群載巻第15陰陽道
治暦 3年（1067）　　任	陰陽少属	正六上	除目大成抄第7下連奏道連奏
64　伴実義			
治暦元年（1065）12月見	陰陽師		朝野群載巻第15陰陽道
65　中原善益			
天暦 6年（ 952） 6月見	陰陽允		朝野群載巻第15陰陽道
66　中原恒盛（常守）			

（表４つづき）

万寿 4年（1027） 7月見	陰陽允		小右記万寿4年7月22日条
長元 4年（1031） 2月見	陰陽博士		小右記長元4年2月12日条
同　上 3月任	陰陽助*		小右記長元4年3月29日条
長元 5年（1032） 7月見	陰陽助兼陰陽博士		類聚符宣抄第3怪異
長元 8年（1035） 10月任	陰陽頭		朝野群載巻第15暦道
長元 9年（1036） 叙		従五上	同　上
同　上 11月見	周防介		範国記長元9年11月8日条
同　上 任	丹波権介		同　上
永承 4年（1049） 正月叙	陰陽頭	正五下	朝野群載巻第15暦道

*『左経記』長元4年8月4日条・7日条には「助則秀」「陰陽助則秀」のことが見えるが，これは「助孝秀」「陰陽助孝秀」の誤記もしくは誤写ではないかと考えられる．同様に，『左経記』長元4年9月14日条に見える「陰陽師則秀」も巨勢孝秀を指していると考えられる．

46　巨勢孝行　孝秀兄弟ヵ			
天喜 3年（1055） 秋　任	陰陽属	正六上	除目大成抄第7下連奏陰陽寮付陰陽道
47　惟宗是邦　正邦兄弟ヵ			
天延元年（ 973） 見	天文得業生		朝野群載巻第15天文道
同　上 任	権天文博士		同　上
永延 2年（ 988） 11月見	権天文博士	「五位」	尾張国郡司百姓等解（平安遺文339号）
48　惟宗正邦（秦正邦）　是邦兄弟ヵ			
長保元年（ 999） 12月見	陰陽博士		小右記長保元年12月2日条
長保 2年（1000） 9月見	陰陽頭		権記長保2年9月26日条
寛弘元年（1004） 正月叙		従五上	権記寛弘元年正月5日条
49　惟宗文高（秦文高・文隆）			
長保元年（ 999） 5月見	陰陽少属		本朝世紀長保元年5月11日条
寛弘元年（1004） 任	陰陽助	正六上	除目大成抄第7下連奏陰陽寮付陰陽道
寛弘 5年（1008） 10月任	権陰陽博士		除目大成抄第5兼国陰陽道人重兼国例
寛弘 7年（1010） 2月任	陰陽頭		同　上
長和 5年（1016） 正月任	長門介（陰陽頭兼）		同　上
寛仁 2年（1018） 10月見		「五位」	小右記寛仁2年10月16日条
治安 3年（1023） 2月見	陰陽博士（陰陽頭兼）	従五上	除目大成抄第10下成文書生字事
同　上 見	備中権介（陰陽頭兼）	従五上	同　上
同　上 任	土佐権守（陰陽頭兼）		除目大成抄第5兼国陰陽道人重兼国例
50　惟宗孝親　正邦男			
	陰陽師		官職秘鈔下陰陽寮少允
寛弘元年（1004） 任	陰陽権少允	正六上	除目大成抄第7下連奏陰陽寮付陰陽道
51　惟宗忠孝			
寛仁 3年（1019） 7月見	陰陽属		小右記寛仁3年7月20日条

（表4つづき）

同　　上　　11月見	暦博士兼安芸介	従五下	康平7年具注暦奥書（水左記）
治暦元年（1065）12月見	陰陽頭兼暦博士安芸介		朝野群載巻第15陰陽道
37　賀茂道言　道平男			
天喜 3年（1055）　叙		従五上	朝野群載巻第15暦道
治暦元年（1065）12月見	陰陽助兼権暦博士		朝野群載巻第15陰陽道
治暦 4年（1068）3月任	陰陽頭	従五上	朝野群載巻第15暦道
承保 2年（1075）　任	某国司（陰陽頭兼）		魚魯愚鈔巻第7兼国勘文
承保 3年（1076）11月見	主計助（陰陽頭暦博士兼）	従五上	承暦元年具注暦奥書（水左記）
承暦 2年（1078）正月叙	陰陽頭	正五下	朝野群載巻第15暦道
承暦 4年（1080）11月見	陰陽頭兼主計助暦博士	正五下	永保元年具注暦奥書（水左記）
永保 3年（1083）11月見	丹後介（陰陽頭主計助暦博士兼）	正五下	応徳元年具注暦奥書（水左記）
寛治 2年（1088）7月見	主計頭兼阿波介		朝野群載巻第15陰陽道
同　　上　　11月叙		従四下	朝野群載巻第15暦道
長治 2年（1105）2月見	備後介（主計頭兼）	従四下	同　上
38　賀茂道栄　守道孫			
治暦元年（1065）12月見	陰陽権少允		朝野群載巻第15陰陽道
延久元年（1069）10月任	権暦博士		魚魯愚鈔巻第7兼国勘文
承保 2年（1075）　任	阿波介（権暦博士兼）		同　上
承保 3年（1076）11月見	陰陽助（権暦博士兼）	従五上	承暦元年具注暦奥書（水左記）
承暦 3年（1079）11月見	主計権助（権暦博士兼）	従五上	承暦4年具注暦奥書（水左記）
39　賀茂道資			
治暦 3年（1067）　任	陰陽師	正六上	除目大成抄第7下連奏道連奏
40　河内遠生			
寛弘元年（1004）　任	陰陽允	正六上	除目大成抄第7下連奏陰陽寮付陰陽道
41　清科行国　行長兄弟ヵ			
寛仁 4年（1020）9月見	陰陽師		小右記寛仁4年9月16日条
長元 4年（1031）3月任	陰陽大属		小右記長元4年3月29日条
42　清科行長　行国兄弟ヵ			
治暦元年（1065）12月見	陰陽少属		朝野群載巻第15陰陽道
治暦 3年（1067）　任	陰陽少允	正六上	除目大成抄第7下連奏道連奏
43　清科光成			
治暦 3年（1067）　任	陰陽師	正六上	除目大成抄第7下連奏道連奏
44　桑原重則（重宣）			
治安 2年（1022）12月見	陰陽允		左経記治安2年12月30日条
治安 3年（1023）2月辞	陰陽允	従五下	除目大成抄第10下成文書生字事
45　巨勢孝秀　孝行兄弟ヵ			
治安 3年（1023）2月見	陰陽師（「第二陰陽師」）	正六上	除目大成抄第10下成文書生字事
同　　上　　任	陰陽少属	正六上	同　上

（表４つづき）

寛和 2年（ 986） 11月見	備中介（暦博士兼）	従五上	永延元年具注暦奥書（九条家本延喜式裏暦）
正暦 4年（ 993） 11月見	大炊権頭		本朝世紀正暦4年11月1日条
長徳 3年（ 997） 11月見	播磨権介（大炊権頭兼）	正五下	長徳4年具注暦奥書（御堂関白記）
長徳 4年（ 998） 8月任	大炊頭	正五下	権記長徳4年8月27日条
長和 2年（1013） 8月見	右京権大夫		小右記長和2年8月10日条
長和 4年（1015） 6月没	右京権大夫		小右記長和4年6月7日条
32　賀茂光国　保憲男			
天延 2年（ 974） 6月見	天文得業生		朝野群載巻第15天文道
同　上　任	天文博士		同　上
長保 2年（1000） 7月見	（前内蔵允）		権記長保2年7月9日条
長和 4年（1015） 10月見	内蔵允		小右記長和4年10月2日条
33　賀茂行義　光栄男			
正暦 4年（ 993）11月見	権暦博士		平戸記仁治元年⑩月22日条
34　賀茂守道（守通）　光栄男			
長保 5年（1003） 11月見	暦博士	正六上	寛弘元年具注暦奥書（御堂関白記）
寛弘 7年（1010） 11月見	暦博士	従五下	寛弘8年具注暦奥書（御堂関白記）
寛弘 8年（1011） 11月見	備後権介（暦博士兼）	従五下	長和元年具注暦奥書（御堂関白記）
寛仁 3年（1019） 11月見	主計権助（暦博士兼）	従五上	寛仁4年具注暦奥書（御堂関白記）
万寿元年（1024） 正月見	主計助		小右記万寿元年正月7日条
万寿 4年（1027） 6月見	主計頭		類聚符宣抄第3怪異
同　上　11月見	暦博士		類聚符宣抄第3怪異
長元元年（1028） 8月見	主計頭ヵ		左経記長元元年8月4日条
長元 2年（1029） 正月見	主計頭	従五上	小右記長元2年正月6日条
35　賀茂道平　守道男			
長元元年（1028） 5月任	暦博士		除目大成抄第5兼国暦博士重兼国例
長元 7年（1034） 正月任	美作介（暦博士兼）		同　上
長久 3年（1042） 正月任	丹波介（暦博士兼）		同　上
永承元年（1046） 正月任	主計助		除目大成抄第5兼国主計助兼国例
永承 4年（1049） 正月任	讃岐権介（主計助兼）		同　上
康平 6年（1063） 11月見	主税頭（讃岐権介兼）	正五下	康平7年具注暦奥書（水左記）
同　上　見	陰陽博士		同　上
延久元年（1069） 11月叙		従四下	朝野群載巻第15暦道
36　賀茂道清　道平男			
天喜 5年（1057） 11月任	権暦博士		魚魯愚鈔巻第7兼国勘文
康平 6年（1063） 2月任	安芸介（権暦博士兼）		同　上

（表 4 つづき）

同　　上　　　任	陰陽少属	正六上	同　　上
長元 4年（1031）　7月見	陰陽允		小右記長元4年7月12日条
長暦 3年（1039）11月見	陰陽助		春記長暦3年11月3日条
長久元年（1040）　8月見	丹波介（陰陽助兼）		春記長久元年8月10日条
永承 7年（1052）12月任	陰陽頭		除目大成抄第5兼国陰陽頭兼国例
天喜 2年（1054）　2月任	阿波権介（陰陽頭兼）		同　　上
24　大中臣貞吉（貞良）			
治安 3年（1023）　2月見	陰陽得業生	正六上	除目大成抄第10下成文書生字事
同　　上　　　任	陰陽師	正六上	同　　上
長久元年（1040）　8月見	陰陽少属		春記長久元年8月10日条
25　大中臣栄親			
長元 4年（1031）　3月任	陰陽少属		小右記長元4年3月29日条
寛徳元年（1044）12月任	権暦博士		魚魯愚鈔巻第7兼国勘文
永承 5年（1050）　2月任	丹波権介（権暦博士兼）		同　　上
26　大中臣公俊　広俊兄弟ヵ			
治暦元年（1065）12月見	陰陽師		朝野群載巻第15陰陽道
27　大中臣広俊　公俊兄弟ヵ			
治暦元年（1065）12月見	陰陽允		朝野群載巻第15陰陽道
28　笠善任			
長和 3年（1014）10月見	陰陽師		小右記長和3年10月2日条
29　賀茂保憲　保遠兄			
天慶 4年（ 941）　7月見	暦生		別聚符宣抄造暦宣旨
天暦 4年（ 950）　　見	暦博士		北山抄巻第4問暦博士検非違使等事
天暦 6年（ 952）　4月叙	暦博士	従五下	朝野群載巻第9功労
天徳元年（ 957）　8月見	陰陽頭		九暦抄天徳元年8月17日条
天徳 4年（ 960）　4月任	天文博士（陰陽頭兼）		扶桑略記天徳4年4月22日条
応和 2年（ 962）12月見	主計権助		甲子革令勘文
天禄元年（ 970）11月見	主計頭（天文博士兼）	正五下	類聚符宣抄第9天文得業生
天延元年（ 973）　5月見	主計頭		朝野群載巻第15陰陽道
天延 2年（ 974）11月叙		従四下	朝野群載巻第15暦道
30　賀茂保遠（慶滋保遠）　保憲弟			
康保元年（ 964）　7月見	陰陽属		西宮記臨時一（乙）御読経裏書
永祚元年（ 989）　4月叙		正五下*	小右記永祚元年4月5日条
*『小右記』には保遠が加階を受けたことのみ見え，具体的な位階は記されていないが，『尊卑分脈』が保遠の極位を正五位下とすることから，ここでは永祚元年の加階で正五位下に叙されたとする．			
31　賀茂光栄　保憲男			
天延元年（ 973）11月見	権暦博士		平戸記仁治元年⑩月22日条
天延 3年（ 975）正月見	暦博士	従五下	朝野群載巻第15陰陽道

（表4つづき）

治暦元年（1065）12月見	陰陽師		朝野群載巻第15陰陽道
12　海守忠			
長徳元年（ 995）秋　任	暦博士	正六上	除目大成抄第7下連奏道連奏
13　出雲惟香			
天慶元年（ 938）11月見	陰陽助		本朝世紀天慶元年11月7日条
14　出雲清明			
康保 2年（ 965） 5月見	権医師		主税寮解（平安遺文1161号）
天元元年（ 978） 7月見	陰陽博士		日本紀略天元元年7月24日条
15　大春日益満			
天暦 4年（ 950）　見	権暦博士		北山抄巻第4問暦博士検非違使等事
天延元年（ 973）11月見	陰陽頭兼暦博士		平戸記仁治元年⑩月22日条
正暦 5年（ 994） 4月見	陰陽頭		本朝世紀正暦5年4月14日条
16　大春日栄業　栄種兄弟ヵ			
寛和 2年（ 986）11月見	陰陽博士		永延元年具注暦奥書（九条家本延喜式裏暦）
正暦 4年（ 993）11月見	暦博士		平戸記仁治元年⑩月22日条
17　大春日栄種　栄業兄弟ヵ			
長徳元年（ 995）秋　任	暦博士	正六上	除目大成抄第7下連奏道連奏
18　大中臣嘉直（中臣嘉直）			
天慶元年（ 938）11月見	陰陽少属		本朝世紀天慶元年11月1日条
19　大中臣実光　義光兄弟ヵ			
長徳元年（ 995）秋　任	陰陽権少允	正六上	除目大成抄第7下連奏道連奏
寛弘元年（1004）正月叙	陰陽允	従五下	権記寛弘元年正月5日条
寛弘 8年（1011） 8月見	陰陽助		権記寛弘8年8月23日条
治安 3年（1023） 2月見	漏剋博士（陰陽助兼）	従五下	除目大成抄第10下成文書生字事
長元 4年（1031） 3月任	陰陽頭		小右記長元4年3月29日条
20　大中臣義昌　義光兄弟ヵ			
長保 5年（1003）11月見	権暦博士	正六上	寛弘元年具注暦奥書（御堂関白記）
寛弘 8年（1011）11月見	権暦博士	正六上	長和元年具注暦奥書（御堂関白記）
21　大中臣義光　実光兄弟ヵ　義昌兄弟ヵ			
寛仁 4年（1020） 9月見	陰陽権助		小右記寛仁4年9月16日条
22　大中臣豊明			
治安 3年（1023） 2月見	陰陽大属（「第一属」）		除目大成抄第10下成文書生字事
23　大中臣為俊（中臣為俊・為利）			
治安 3年（1023） 2月見	陰陽師（「陰陽師之第一」）	正六上	除目大成抄第10下成文書生字事

(表4つづき)

5　安倍時親　吉平男			
治安 3年(1023)　2月見	陰陽権助兼陰陽博士	従五下	除目大成抄第10下成文書生字事
長元元年(1028)　3月見	天文博士		左経記長元元年3月2日条
長久元年(1040)　8月見	主税助(陰陽権助兼)		春記長久元年8月10日条
永承 2年(1047) 正月見	主税助兼陰陽博士丹波権介		造興福寺記永承2年正月22日条
同　　上　　11月見	主税頭		造興福寺記永承2年11月25日条
6　安倍章親　吉平男			
寛仁 3年(1019) 10月見	天文得業生		朝野群載巻第15天文道
同　　上　　任	天文博士		同　　上
長暦 3年(1039)　叙		従五下	朝野群載巻第15暦道
永承 2年(1047) 正月見	陰陽権助(天文博士兼)		造興福寺記永承2年正月22日条
同　　上　　見	伯耆介(天文博士兼)		同　　上
天喜 3年(1055) 秋　任	陰陽頭(天文博士兼)	従五下	除目大成抄第7下連奏陰陽寮付陰陽道
康平 2年(1059) 正月任	安芸介(陰陽頭兼)		魚魯愚鈔巻第7兼国勘文
康平 5年(1062) 正月叙		従五上	朝野群載巻第15暦道
7　安倍奉親　吉平男			
長元 8年(1035) 10月見	天文得業生		朝野群載巻第15天文道
同　　上　　任	権天文博士		除目大成抄第5兼国天文博士重兼国例
長元 9年(1036) 正月任	備後介(権天文博士兼)		同　　上
寛徳 2年(1045) 正月任	伯耆権介(権天文博士兼)		同　　上
8　安倍有行　時親男			
天喜 3年(1055) 秋　任	陰陽権助(権陰陽博士兼)	従五下	除目大成抄第7下連奏陰陽寮付陰陽道
天喜 5年(1057)　叙		従五上	朝野群載巻第15暦道
治暦元年(1065)　4月叙		正五下	同　　上
同　　上　　12月見	主税助(陰陽権助権陰陽博士兼)		朝野群載巻第15陰陽道
9　安倍親宗　奉親男			
康平元年(1058) 秋　見		正六上	除目大成抄第7下連奏典薬寮付医道
康平 3年(1060) 10月見	天文得業生		朝野群載巻第15天文道
同　　上　　任	権天文博士		同　　上
10　安倍国随　時親男			
治暦元年(1065) 12月見	天文得業生		朝野群載巻第15天文道
同　　上　　任	天文博士		同　　上
寛治 2年(1088)　7月見	陰陽頭(天文博士兼)		朝野群載巻第15陰陽道
11　安倍光基			

表4　陰陽寮官人一覧（10世紀中葉～11世紀中葉）

1　縣奉平			
天元 5年（ 982） 4月見	陰陽師		小右記天元5年4月12日条
寛和元年（ 985） 5月見	陰陽允		小右記寛和元年5月7日条
長保 2年（1000） 4月見	権天文博士		権記長保2年4月7日条
2　安倍晴明　賀茂保憲弟子			
康保 4年（ 967） 6月見	陰陽師		本朝世紀康保4年6月23日条
天禄 3年（ 972） 12月見	天文博士		親信卿記天禄3年12月6日条
寛和 2年（ 986） 2月見	天文博士	正五下	本朝世紀寛和2年2月16日条
正暦 4年（ 993） 2月叙		正五上	小右記正暦4年2月3日条
正暦 5年（ 994） 5月見	（前天文博士）	正五上	本朝世紀正暦5年5月7日条
長徳元年（ 995） 8月見	主計権助		朝野群載巻第5朝儀下
長徳 3年（ 997） 正月見	主計権助兼備中介	正五上	除目大成抄第7下連奏主計寮
同　上　任ヵ	大膳大夫	正五上	同　上
長保 2年（1000） 5月見		従四下	主税寮解（平安遺文1161号）
長保 3年（1001） ⑫月見	（散位）	従四下	政事要略巻29年中行事十二月下追儺
長保 4年（1002） 11月見	左京権大夫		権記長保4年11月28日条
3　安倍吉昌（吉正）　晴明男　賀茂保憲弟子			
天禄元年（ 970） 11月任	天文得業生	従八上	類聚符宣抄第9天文得業生
寛和 2年（ 986） 9月任	天文博士		除目大成抄第5兼国天文博士重兼国例
長徳元年（ 995） 8月任	周防権介（天文博士兼）		同　上
長保 3年（1001） 8月見	陰陽助		権記長保3年8月11日条
長保 5年（1003）　叙		従五上	朝野群載巻第15暦道
同　上　2月任	長門介（天文博士兼）		除目大成抄第5兼国天文博士重兼国例
寛弘元年（1004） 正月任	陰陽頭		除目大成抄第5兼国陰陽頭兼国例
寛弘 3年（1006） 正月任	但馬権守（陰陽頭兼）		同　上
長和 4年（1015） 4月叙		正五下	朝野群載巻第15暦道
寛仁 3年（1019） 4月没	天文博士		小右記寛仁3年4月28日条
4　安倍吉平　晴明男			
正暦 2年（ 991） 6月見	陰陽博士*		日本紀略正暦2年6月14日条
正暦 4年（ 993） 11月見	陰陽助		平戸記仁治元年⑩月22日条
長保 4年（1002） 4月見		従五下	主税寮解（平安遺文1161号）
寛弘 8年（1011） 10月見	主計頭		御堂関白記寛弘8年10月25日条
長和 5年（1016） 正月叙		従四下	小右記長和5年正月8日条
治安元年（1021） 正月見	備中介（主計頭兼）	従四下	革暦類・革勘例
万寿 3年（1026） 12月没	主計頭		小記目録第20庶人卒

*『権記』寛弘8年9月29日条に「吉平朝臣弟子」の「陰陽得業生兼穀倉院蔵人」が問題を起こしたことが見え，吉平は寛弘年間にも陰陽得業生を指導する陰陽博士の任にあったと考えられる．惟宗文高が寛弘5年に陰陽博士ではなく権陰陽博士に補されたのもそのためであろう．

に見る限り、この永祚元年の卜占をはじめとして、実資はしばしば卜占や呪術に陳泰を用いるようになる。

○従㆓寅卯時許㆒頭打身熱、苦辛無㆑極、（中略）、以㆓光栄・陳泰朝臣等㆒令㆑占㆓其咎㆒、有㆑事㆑祟、

（『小右記』永祚元年五月七日条）

例えば、正暦四年（九九三）六月四日、家族や使用人に多数の病人が出たことを受けて藤原実資が鬼気祭という呪術を行わせたのが、右の陳泰であった。このとき、特に実資の幼い娘が重く病んでいたといい、鬼気祭の翌々日、実資は陳泰に幼児の病気について占わせてもいた。また、これに先立つ正暦元年（九九〇）七月、実資は幼い娘を病気で亡くしているのだが、この女児が病床にあった際にも実資は陳泰の鬼気祭を用いていた。そして、幼子が夭逝するに及んでその葬送の日時を選んだのも陳泰であった。

○今夜以㆓陳泰朝臣㆒令㆑行㆓鬼気祭㆒、家中上下悩煩者衆、仍所㆑令㆑行、就中小尼重悩煩也、

（『小右記』正暦四年六月四日条）

○以㆓陳泰朝臣㆒令㆑占云、似㆑可㆑経㆑煩、但無㆓巨害㆒歟者、

（同六日条）

○児病□重、失㆓心神㆒、令㆘㆓陳泰朝臣㆒行㆗鬼気祭㆖、

（『小右記』正暦元年七月八日条）

○寅時以㆓昨日陳泰申旨㆒、令㆑裹㆓小児㆒、相㆓副扶義・懐通懐通抱・忠節・雑人両三㆒、令㆑置㆓今八坂東方平山㆒、

（同十三日条）

この他、実資が陳泰に呪術を行わせた例としては、正暦元年の土公祭と長徳二年（九九六）の禊祓とを挙げることができるが、禊祓はもちろん、土公神という神格を祀る土公祭も、『左経記』万寿三年八月三十日条に賀茂守道（表4―34）がそれを行ったことが見える如く、当時の陰陽師が扱う呪術として一般的なものであった。もはや、陳泰が実資のために陰陽師の役割を果たしていたことは明らかであろう[1]。

○今夜以ニ陳泰朝臣一令レ祭ニ土公一、（『小右記』正暦元年十二月十四日条）

○解除如レ例、応レ献ニ用帋二折櫃一四十帖、六月禊禄者、一折櫃賜ニ陳泰朝臣一、余禊人也、（『小右記』長徳二年六月二十九日条）

また、政則という氏不明の陰陽師については、禊祓を行ったこととともに、「陰陽先生」と呼ばれていたことが確認される。この政則を禊祓に用いたのも、彼を「陰陽先生」と呼んだのも、藤原実資の孫にあたる藤原資房であった。

○依レ例解除、以ニ陰陽先生政則一令レ祓也、（『春記』長久元年六月三十日条）

平安中期後半の文章家として知られる藤原明衡は、『新猿楽記』に陰陽師の理想像として登場させた架空の人物を「陰陽先生賀茂道世」と呼んでいるが、賀茂道世という名前が賀茂道平（表4—35）や賀茂道言（表4—37）といった保憲流賀茂氏の官人陰陽師たちを意識したものであることは疑うべくもない。また、後述の如く、実在の官人陰陽師の場合にも、安倍晴明の孫にあたる時親（表4—5）もしくは章親（表4—6）が「陰陽安先生」と呼ばれていた例が確認される（『雲州消息』巻中八十一往状）。「陰陽先生」というのは、平安中期の貴族層が官人陰陽師に対して用いた尊称であったと考えていいだろう。

第三節　官人陰陽師の人数

表4に整理した官人陰陽師たちの官歴からは、平安中期の陰陽寮には養老職員令の定めるよりも多数の人員が置かれていたことが知られる。すなわち、養老職員令の規定では延べ人数で十六人分であった長上官の陰陽寮官職が、平安中期には二十三人分にまで増えているのである。

具体的に言うと、まずは、定員一名の陰陽允が大允と少允とに分けられたことで一人分の官職が増えている。また、陰陽助・陰陽少允・陰陽少属・陰陽博士・暦博士・天文博士にはそれぞれ一名ずつの権官が常置されており、これによってさらに六人分の官職が増えたことになる。そして、これまでに事例が確認されていない陰陽頭・陰陽大属・陰陽師（令制陰陽師）・漏剋博士の権官については考えないとしても、平安時代中期の陰陽寮に置かれていた官職は、養老職員令の規定するより七人分も多かったのである。

したがって、平安中期の陰陽寮には二十三名の官人が所属し得たことになるが、表4に事例が散見するように、しばしば陰陽頭・陰陽助・陰陽権助が陰陽博士・暦博士・天文博士・漏剋博士の正官あるいは権官を兼官したため、二十三名というのは延べ人数に過ぎず、陰陽寮官人が実人数として二十三名を数えることは少なかったものと思われる。ただし、表4に見る限り、陰陽頭や陰陽助が諸博士を兼ねる以外には陰陽寮内での兼官はなかったようで、特別に欠員があった場合を除き、当時の陰陽寮には常に少なくとも二十名の官人が所属していたと考えられる。したがって、最大で二十三名、最少でも二十名というのが、当時の現役の陰陽寮官人の人数である。

ただ、当時の陰陽寮官人は、必ずしもその全員が平安京に常住していたわけではなかった。例えば、永延二年（九八八）十一月八日付の「尾張国郡司百姓等解」によって、その頃、権天文博士の官を帯びる五位官人の惟宗是邦（表4―47）が、尾張守藤原元命の「従類」として尾張国に下向しており、かつ、そのまま同国に居ついていたことが伝えられている如くである（『平安遺文』三三九号）。

『除目大成抄』には陰陽寮の人事異動を申請する治安三年（一〇二三）二月八日付の文書が収められているが、その文書によれば、寛弘元年（一〇〇四）、陰陽属錦文保（表4―68）が筑後守菅野文信とともに下向しており、また、おそらくは治安年間、陰陽属大中臣豊明（表4―22）が肥後守藤原致光の赴任に随行していた。しかも、錦文保の場合、菅野文信が任期を終えて帰洛した後も十余年に亙って筑後に留まり続けたという(『除目大成抄』第十下成文書生字事)。さらに、『小右記』寛仁三年(一〇一九)六月十日条からは、当時、権天文博士和気久邦(表4―82)が伊予国に住んでいたことも知られる。

そして、彼らが地方に下ったのは、そこで財を成すためであった。周知のように、当時の中級官人たちが巨富を築き得る最大の機会は、任国の徴税権を持つ受領国司となることであった。しかし、その機会に恵まれない中級官人やそうした機会を与えられることのない下級官人の場合、受領の地位を得た者の郎等や従者(従類)となって地方に下り、その地で受領の収奪的な徴税に加担しつつ自己の蓄財に励むことがあった。そして、やはり中級官人もしくは下級官人である官人陰陽師の中には、都で陰陽師として活動し続けることよりも、蓄財のために受領に追随することを選ぶ者がいたのである。右に見た惟宗是邦・錦文保・大中臣豊明はまさにそうした選択をしたのであり、また、和気久邦が伊予に下ったのも同様の理由によってであったと考えられる。

しかし、こうした事情から都を離れた惟宗是邦たちであっても、陰陽寮官職を帯びているからにはあくまで陰陽寮官人として扱うとして、表4をもとに寛和年間(九八五~八六)・長徳年間(九九五~九八)・寛弘年間前半(一〇〇四~〇七)・長和年間(一〇一二~一六)・治安年間(一〇二一~二三)・長元年間前半(一〇二八~三一)の六つの時期について、その時点ごとの官人陰陽師の顔ぶれを整理したのが表5である。もちろん、表5に見える者のみがそれぞれの時点で官人陰陽師として活動していたというわけではない。表5に名前が挙がっているのは、表4に示した官歴を根拠として、その時期に官人陰陽師として活動していたことが確実な者たち、および、その時期に陰陽師として活動していた可能性が高い者たちのみである。

また、当時の貴族社会では、他官司へと転任した陰陽寮官人経験者も官人陰陽師として活動していたわけだが、そ

（表5つづき）

大中臣義光	(21)	（前陰陽権助）	正六上	
長元年間前半（1028～1031）				
［陰陽寮官人］				
惟宗文高	(49)	陰陽頭	従五上	陰陽道第二者　長元3年9月以降に死没ヵ
大中臣実光	(19)	陰陽助→陰陽頭	従五下	漏剋博士兼
巨勢孝秀	(45)	陰陽助・陰陽博士	従五下	
安倍時親	(5)	天文博士	従五下	
安倍章親	(6)	天文博士	正六上	
――公理	(83)	暦博士	正六上ヵ	
賀茂道平	(35)	暦博士	正六上ヵ	
菅野信公	(61)	漏剋博士	正六上ヵ	
大中臣為俊	(23)	陰陽少属→陰陽允	正六上	
中原恒盛	(66)	陰陽属→陰陽允	正六上	
清科行国	(41)	陰陽師→陰陽大属	正六上	
大中臣栄親	(25)	陰陽師→陰陽少属	正六上	
大中臣貞吉	(24)	陰陽師	正六上	
菅野親憲	(62)	陰陽師	正六上	
［陰陽寮官人経験者］				
賀茂守道	(34)	主計頭	従五上	陰陽道第一者

註　人名の後の（　）内は表4の番号を示す．

の人数を正確に知ることは難しい。表4を見ての通り、官人陰陽師の官歴はそのほんの一部が判明しているに過ぎない場合が多く、陰陽寮から他官司に転任した者の数を把握することができないのはそのためである。しかし、表4に見えるように、保憲流賀茂氏あるいは晴明流安倍氏には常に陰陽寮を離れて他官司の官職を帯びた者がいたのであり、彼らと現役の陰陽寮官人とを合わせれば、当時の貴族社会には、常に少なくとも二十五名前後の官人陰陽師がいたことになろう。

ところで、『小右記』治安三年（一〇二三）七月十五日条には、藤原実資が私的な事柄の卜占に令制陰陽師の中原恒盛（表4―66）を用いたことが見える。これが史料上にはじめて確認される恒盛の陰陽師としての活動であり、これ以降、恒盛は頻繁に陰陽師として実資宅に出入りするようになる。

この恒盛が天文得業生の身から令制陰陽師に補されたのは、表4に示した如く、これより半年と遡らない同年二月のことであった。しかし、管見の限り、後に恒盛を重用す

(表5つづき)

賀茂守道	(34)	暦博士	正六上	
大中臣義昌	(20)	権暦博士	正六上	
河内遠生	(40)	陰陽允	正六上	
惟宗孝親	(50)	陰陽権少允	正六上	父正邦の致仕により昇任
錦文保	(68)	陰陽属	正六上	筑後国に下向した後に逃亡す
和気久邦	(82)	陰陽権少属	正六上	
[陰陽寮官人経験者]				
安倍晴明	(2)	左京権大夫	従四下	陰陽道第一者（寛弘2年没）
賀茂光栄	(31)	大炊頭	正五下	陰陽道第二者→第一者（晴明没後）
惟宗正邦	(48)	(前陰陽頭)	従五上	致仕（官職秘鈔下）
賀茂光国	(32)	(前内蔵允)	正六上ヵ	
長和年間（1012〜1016）				
[陰陽寮官人]				
安倍吉昌	(3)	天文博士	正五下	陰陽道第三者→第二者（光栄没後）
惟宗文高	(49)	陰陽頭・陰陽博士	従五下	陰陽道第四者→第三者（光栄没後）
大中臣実光	(19)	陰陽助	従五下	
賀茂守道	(34)	暦博士	従五下	
大中臣義昌	(20)	権暦博士	正六上	
和気久邦	(82)	権天文博士	正六上	
錦文保	(68)	陰陽属	正六上	筑後国に下向した後に逃亡す
笠善任	(28)	陰陽師	正六上	
[陰陽寮官人経験者]				
賀茂光栄	(31)	右京権大夫	従四下ヵ	陰陽道第一者（長和4年6月没）
安倍吉平	(4)	主計頭	従四下	陰陽道第二者→第一者（光栄没後）
賀茂光国	(32)	内蔵允	正六上ヵ	
治安年間（1021〜1023）				
[陰陽寮官人]				
惟宗文高	(49)	陰陽頭・陰陽博士	従五上	陰陽道第三者
大中臣実光	(19)	陰陽助・漏剋博士	従五下	
安倍時親	(5)	陰陽権助・陰陽博士	従五下	
安倍章親	(6)	天文博士	正六上	
桑原重則	(44)	陰陽允	正六上	叙爵により治安3年2月に辞す
惟宗忠孝	(51)	陰陽允	正六上	
錦文保	(68)	陰陽属	正六上	逃亡により治安3年2月に解任さる
惟宗行明	(52)	陰陽少属→陰陽少允	正六上	
大中臣豊明	(22)	陰陽大属	正六上	肥後国に下向す
巨勢孝秀	(45)	陰陽師→陰陽少属	正六上	
大中臣為俊	(23)	陰陽師→陰陽少属	正六上	
清科行国	(41)	陰陽師	正六上	
中原恒盛	(66)	天文得業生→陰陽師	正六上	
大中臣貞吉	(24)	陰陽得業生→陰陽師	正六上	
[陰陽寮官人経験者]				
安倍吉平	(4)	主計頭	従四下	陰陽道第一者
賀茂守道	(34)	主計権助→主計助	従五上	陰陽道第二者

表5　官人陰陽師一覧

寛和年間（985〜986）				
［陰陽寮官人］				
安倍晴明	(2)	天文博士	正五下	陰陽道第二者→陰陽道第一者（道光没後）
賀茂光栄	(31)	暦博士	従五上	
大春日益満	(15)	陰陽頭	従五下ヵ	
惟宗是邦	(47)	権天文博士	従五下ヵ	尾張国に下向す
秦茂忠	(74)	陰陽権助	正六上	
大春日栄業	(16)	陰陽博士	正六上	
安倍吉平	(4)	陰陽博士	正六上	
安倍吉昌	(3)	天文博士	正六上	
縣奉平	(1)	陰陽允	正六上	
秦連忠	(75)	陰陽大属ヵ	正六上	
［陰陽寮官人経験者］				
文道光	(79)	（前主計権助）	正五下ヵ	陰陽道第一者　死没ヵ
賀茂保遠	(30)	主計助ヵ	従五上	陰陽道第三者→第二者（道光没後）
賀茂光国	(32)	内蔵允	正六上	
長徳年間（995〜998）				
［陰陽寮官人］				
秦茂忠	(74)	陰陽頭	従五下	
安倍吉平	(4)	陰陽助・陰陽博士	正六上ヵ	
惟宗正邦	(48)	陰陽博士	正六上ヵ	
安倍吉昌	(3)	天文博士	正六上ヵ	
秦連忠	(75)	権陰陽博士	正六上	
海守忠	(12)	暦博士	正六上	
大春日栄種	(17)	暦博士	正六上	
縣奉平	(1)	陰陽允→権天文博士ヵ	正六上	
大中臣実光	(19)	陰陽権少允	正六上	
惟宗文高	(49)	陰陽少属	正六上	
舟木昌成	(77)	陰陽師	正六上	
物部公好	(81)	陰陽師	正六上	
和気久邦	(82)	陰陽師	正六上	
［陰陽寮官人経験者］				
安倍晴明	(2)	主計権助	正五上	陰陽道第一者
賀茂光栄	(31)	大炊権頭→大炊頭	正五下	陰陽道第二者
――陳泰			従五下ヵ	
賀茂光国	(32)	内蔵允ヵ	正六上ヵ	
寛弘年間前半（1004〜1007）				
［陰陽寮官人］				
安倍吉平	(4)	陰陽博士	従五上ヵ	陰陽道第三者→第二者（晴明没後）
安倍吉昌	(3)	陰陽頭・天文博士	従五上ヵ	
大中臣実光	(19)	陰陽権少允→陰陽助	従五下	
惟宗文高	(49)	陰陽助	正六上	
縣奉平	(1)	権天文博士	正六上ヵ	

ることになる藤原実資も、天文得業生であった頃の恒盛を用いることは全くなかった。表4に見えるように、恒盛は足掛け十四年にも亙って天文得業生であったにも拘らずである。実資が恒盛を陰陽師として用いはじめたのは、あくまで恒盛が令制陰陽師として正規の陰陽寮官人となって以降であった。

管見の限り、平安貴族が陰陽寮の諸生あるいは諸得業生を陰陽師として用いたことを示す史料はない。十一世紀前葉には貴族社会から優秀な陰陽師を輩出する家系として認知されていた保憲流賀茂氏あるいは晴明流安倍氏の出身者についてさえ、正規の陰陽寮官人ではない諸生や諸得業生の身で陰陽師として活動したことを示す史料は皆無なのである。そして、右の中原恒盛の事例からは、当時の貴族層が陰陽寮の諸生や諸得業生を陰陽師として用いようとはしなかったことが窺われる。平安貴族にとって、いまだ正規の陰陽寮官人となってもいない諸生や諸得業生は、「陰陽師」と呼ぶべき相手ではなかったと見ていいだろう。

したがって、陰陽博士・暦博士・天文博士の陰陽寮諸博士からそれぞれの技芸を学ぶことになっていた陰陽生・暦生・天文生の陰陽寮諸生については、本書においてこれらを官人陰陽師として扱うことはない。また、この研究では、陰陽寮諸生の中から給費学生として選ばれた陰陽得業生・暦得業生・天文得業生の陰陽寮諸得業生についても、これを官人陰陽師としては扱わないこととする。

第四節　上級貴族と官人陰陽師

既に序章で見たように、一条朝の安倍晴明（表4—2）は頻繁に一条天皇のための卜占・呪術・勘申に携わっていたが、それは彼が陰陽道第一者として蔵人所陰陽師の任を負っていたためであった。これも序章で見たことだが、朝廷より位階を与えられていた官人陰陽師たちは、位階の高下に基づく序列の中にあり、官人陰陽師中の位階最上位者である陰陽道第一者は、それに次ぐ位階を持つ陰陽道第二者とともに、天皇の用を勤める蔵人所陰陽師の任を負うことになっていたのである。

そして、表6からは、安倍晴明に限らず、当時の陰陽道第一者および陰陽道第二者たちが、よく蔵人所陰陽師の責務を果たしていたことが確認できる。表6というのは、一条天皇・三条天皇・後一条天皇をはじめとする皇族たちの用を勤めた陰陽師が誰であったかを、『御堂関白記』に基づいて整理したものだが、この表に見る限り、三代の天皇のための卜占・呪術・勘申には、常に安倍晴明・賀茂光栄（表4―31）・安倍吉平（表4―4）のいずれかが携わっていた。彼らがこの時期に順に陰陽道第一者の地位を占めたことは、表5に示した通りである。

また、表6において氏名が判明している陰陽師は延べ四十三名であるが、その九割五分にあたる四十一名までが晴明・光栄・吉平のいずれかである。とすれば、天皇の場合に限らず、当時の皇族たちのためには、専ら陰陽道第一者あるいは陰陽道第二者の立場にある官人陰陽師が用いられていたと見ていいだろう。当時、陰陽道第一者および陰陽道第二者は、貴族社会の最上層に位置する皇族が用いるにふさわしい陰陽師と見做されていたとも考えられる。

さらに、右の三代の天皇を外甥もしくは外孫に持つ筆頭大臣として最上級貴族の一人であった藤原道長も、主として陰陽道第一者あるいは陰陽道第二者の官人陰陽師を用いた。道長が自身およびその妻子（入内した娘を除く）のために用いた陰陽師が誰であったかを『御堂関白記』に基づいて整理したのが表7であり、ここに氏名が明らかになっている延べ六十五名のうちの五十三名までが、当時の陰陽道第一者あるいは陰陽道第二者であった安倍晴明・賀茂光栄・安倍吉平・安倍吉昌（表4―3）のいずれかなのである。道長の用いた陰陽師は、その八割以上が陰陽道第一者あるいは陰陽道第二者だったことになる。

表6　皇族による陰陽師の利用（『御堂関白記』より）

目　　的	陰　陽　師	年　月　日	受　益　者
勘申	安倍晴明☆	長保 2年（1000）正月28日	中宮彰子（一条天皇妃）
勘申	安倍晴明☆	2月16日	中宮彰子
呪術	賀茂光栄★	寛弘元年（1004）3月 9日	敦康親王（一条天皇一宮）
ト占	安倍晴明☆	8月22日	中宮彰子
	賀茂光栄★		
呪術	賀茂光栄☆	寛弘 2年（1005）11月29日	中宮彰子
勘申	賀茂光栄☆	寛弘 3年（1006）7月17日	敦明親王（東宮一宮）
勘申	賀茂光栄☆	寛弘 5年（1008）9月28日	一条天皇
	安倍吉平★		
勘申	賀茂光栄☆	寛弘 7年（1010）正月16日	尚侍妍子（東宮妃）
	安倍吉平★		
ト占	賀茂光栄☆	寛弘 8年（1011）6月28日	（故一条院）
勘申	賀茂光栄☆	7月 1日	三条天皇
	安倍吉平★		
勘申	安倍吉平★	10月25日	（故冷泉院）
ト占	安倍吉平★	11月13日	（故冷泉院）
ト占	安倍吉平★	長和元年（1012）4月10日	中宮妍子（三条天皇妃）
勘申	安倍吉平★	5月21日	（故一条院）
呪術	賀茂光栄☆	長和 2年（1013）正月10日	東宮敦成親王（一条天皇二宮）
ト占	賀茂光栄☆	5月20日	東宮敦成親王
	安倍吉平★		
答申	賀茂光栄☆	7月 7日	禎子内親王（三条天皇女宮）
勘申	安倍吉平☆	長和 4年（1015）9月26日	中宮妍子
勘申	安倍吉平☆	11月17日	三条天皇
呪術	安倍吉平☆	長和 5年（1016）3月23日	三条院
勘申	安倍吉平☆	4月 5日	後一条天皇
呪術	安倍吉平☆	6月 2日	後一条天皇
呪術	安倍吉平☆	9月 9日	後一条天皇
呪術	安倍吉平☆	10月20日	三条院
勘申	安倍吉平☆	寛仁元年（1017）2月 5日	後一条天皇
	惟宗文高（陰陽頭）		
勘申	安倍吉平☆	2月11日	後一条天皇
呪術	「陰陽師六人」（安倍吉平☆他5名）	2月19日	三条院
勘申・ト占	惟宗文高	5月12日	（故三条院）
勘申	安倍吉平☆	8月 7日	東宮敦良親王（一条院三宮）
勘申	安倍吉平☆	寛仁 2年（1018）2月 2日	尚侍威子（後一条天皇妃）
呪術	安倍吉平☆	3月 7日	尚侍威子
答申	安倍吉平☆	4月13日	後一条天皇
呪術	安倍吉平☆	4月28日	後一条天皇
勘申	安倍吉平☆	7月28日	中宮威子（後一条天皇妃）
呪術	安倍吉平☆	11月26日	中宮威子
勘申	安倍吉平☆	12月 9日	儇子内親王（小一条院女宮）
勘申	安倍吉平☆	寛仁 3年（1019）2月28日	尚侍嬉子（東宮妃）

註　☆は陰陽道第一者，★は陰陽道第二者を示す．

（表７つづき）

目的	陰　陽　師	年　月　日	道長の位階および官職
呪術	安倍吉平☆	6月 1日	同　上
呪術	安倍吉平☆	6月 2日	同　上
呪術	安倍吉平☆	6月 3日	同　上
呪術	安倍吉平☆	6月 4日	同　上
呪術	安倍吉平☆	6月 5日	同　上
呪術	安倍吉平☆	6月 7日	同　上
勘申	安倍吉平☆	寛仁 2年（1018） 4月27日	従一位太政大臣
勘申	安倍吉平☆	10月29日	同　上
呪術	安倍吉平☆	11月 6日	同　上
呪術	安倍吉平☆	11月 7日	同　上
呪術	安倍吉平☆	11月 8日	同　上
呪術	安倍吉平☆	11月 9日	同　上
呪術	安倍吉平☆	11月12日	同　上

註　☆は陰陽道第一者，★は陰陽道第二者を示す．○内の数字は閏月を示す．

ただし、表6によれば、天皇を含む皇族たちのために陰陽道第一者・陰陽道第二者以外の陰陽師が用いられたのは、陰陽道第三者の立場にあった陰陽頭惟宗文高（表4—49）が用いられた二例のみであるのに比して、道長の場合、表7に示す如く、彼が用いた延べ六十五名の陰陽師の二割に近い十二名が陰陽道第三者以下の官人陰陽師であった。臣下の中では最上級の貴族である彼でさえ、皇族ほど専らには陰陽道第一者あるいは陰陽道第二者ばかりを用いるわけにはいかなかったのである。

しかも、皇族のために用いられた最も下位の陰陽師は、陰陽道第三者の官人陰陽師であったが、道長の場合、さらに下位の官人陰陽師を用いることもあった。表7に名前の見える陰陽道第一者・陰陽道第二者以外の延べ十二名のうち、寛弘八年の安倍吉昌の二名および長和五年の惟宗文高の三名については、表5から当時の陰陽道第三者であったことが知られよう。また、表5に致仕の前陰陽頭と示した寛弘二年の惟宗正邦（表4—48）の一名も、陰陽道第三者であったかもしれない。そして、それ以外の延べ六名については、陰陽道第四者以下の官人陰陽師であったと見なければなるまい。その延べ六名のうち、三名が従五位下権天文博士の縣奉平（表4—1）、二名が従五位下陰陽助の大中臣実光（表4—19）であり、残りの一名が寛弘二年に従五位下陰陽助であった惟宗文高

表7　藤原道長による陰陽師の利用（『御堂関白記』より）

目的	陰　陽　師	年　月　日		道長の位階および官職
卜占	安倍晴明☆　賀茂光栄★	寛弘元年（1004）	2月19日	正二位左大臣
卜占	安倍晴明☆　賀茂光栄★		6月18日	同　上
呪術	賀茂光栄★		8月14日	同　上
呪術	賀茂光栄★		⑨月15日	同　上
呪術	安倍晴明☆　賀茂光栄★　縣奉平		12月 3日	同　上
呪術	安倍晴明☆	寛弘 2年（1005）	2月10日	同　上
呪術	惟宗正邦　惟宗文高		10月29日	同　上
呪術	賀茂光栄☆	寛弘 3年（1006）	7月11日	同　上
勘申	賀茂光栄☆		9月 1日	同　上
勘申	賀茂光栄☆		11月27日	同　上
勘申	賀茂光栄☆	寛弘 4年（1007）	正月19日	同　上
勘申	賀茂光栄☆　安倍吉平★		正月21日	同　上
勘申	安倍吉平★		2月 4日	同　上
呪術	縣奉平		3月16日	同　上
呪術	賀茂光栄☆		6月30日	同　上
呪術	縣奉平		7月 1日	同　上
呪術	安倍吉平★	寛弘 5年（1008）	3月19日	同　上
呪術	賀茂光栄☆	寛弘 7年（1010）	6月19日	同　上
呪術	賀茂光栄☆	寛弘 8年（1011）	2月16日	同　上
呪術	安倍吉昌		2月19日	同　上
呪術	大中臣実光		2月20日	同　上
呪術	賀茂光栄☆		2月24日	同　上
呪術	安倍吉昌		2月26日	同　上
呪術	「七人陰陽師」	長和元年（1012）	3月14日	同　上
呪術	安倍吉平★	長和 2年（1013）	4月11日	同　上
呪術	賀茂光栄☆		6月 6日	同　上
呪術	賀茂光栄☆		6月11日	同　上
勘申	賀茂光栄☆		6月27日	同　上
呪術	賀茂光栄☆		12月 9日	同　上
勘申	賀茂光栄☆　安倍吉平★	長和 4年（1014）	2月29日	同　上
卜占	安倍吉平☆		⑥月10日	同　上
勘申	安倍吉平☆	長和 5年（1015）	2月27日	正二位摂政左大臣
呪術	安倍吉平☆　安倍吉昌★ 惟宗文高　大中臣実光		3月 1日	同　上
勘申	安倍吉平☆		3月21日	同　上
勘申	安倍吉平☆		7月 1日	同　上
勘申	安倍吉平☆　惟宗文高		7月25日	同　上
卜占	安倍吉平☆　惟宗文高		8月 7日	同　上
呪術	「陰陽師七」（安倍吉平☆他６名）		8月25日	正二位摂政左大臣
呪術	安倍吉平☆		9月 1日	同　上
呪術	安倍吉平☆		9月 2日	同　上
勘申	安倍吉平☆	寛仁元年（1017）	3月27日	正二位(前摂政前左大臣)

表8　藤原行成による陰陽師の利用（『権記』より）

目　的	陰　陽　師	年　月　日	行成の位階および官職
呪術	縣奉平	長徳 4年（ 998） 8月14日	従四位上蔵人頭左中弁
勘申	賀茂光栄★	10月27日	従四位上蔵人頭右大弁
呪術	縣奉平	長保元年（ 999） 11月 5日	同　上
呪術	縣奉平	長保 2年（1000） 4月 9日	同　上
勘申	縣奉平　安倍吉平	長保 3年（1001） 8月 2日	同　上
呪術	縣奉平	長保 4年（1002） 11月 9日	従三位参議
呪術	安倍晴明☆	11月 9日	同　上
呪術	縣奉平	12月 7日	同　上
呪術	縣奉平	長保 5年（1003） 2月16日	同　上
呪術	縣奉平	寛弘元年（1004） 2月21日	正三位参議
呪術	縣奉平	8月28日	同　上
呪術	縣奉平	寛弘 2年（1005） 4月 7日	同　上
呪術	「光栄以下七人」（賀茂光栄☆他6名）	寛弘 4年（1007） 11月20日	従二位参議
呪術	安倍吉平★	寛弘 5年（1008） 3月24日	同　上
呪術	縣奉平	9月13日	同　上
呪術	「七人陰陽道人」	9月25日	同　上
勘申	縣奉平	寛弘 6年（1009） 3月 6日	従二位権中納言
呪術	大中臣義昌	寛弘 7年（1010） 6月30日	同　上
呪術	賀茂光栄☆	寛弘 8年（1011） 7月11日	同　上
呪術	大中臣実光	8月23日	同　上
勘申・呪術	大中臣実光	寛仁元年（1017） 8月 9日	正二位権中納言

註　☆は陰陽道第一者，★は陰陽道第二者を示す．

であるが、『御堂関白記』に見る限り、彼らが藤原道長の用いた陰陽師の中で最も下位の陰陽師であったということになろう。

しかし、藤原行成にとっては、藤原道長が用いた中では最下位の陰陽師である縣奉平や大中臣実光こそが、最も馴染みのある陰陽師であった。行成が自身およびその妻子のために用いた陰陽師を『権記』に基づいて整理したのが表8だが、ここに氏名の判明している延べ二十一名の陰陽師は、その六割に近い延べ十二名までが縣奉平なのである。これに対して、陰陽道第一者あるいは陰陽道第二者などは、わずか五名を数えるに過ぎない。そして、表8には大中臣実光の名前も一度ならず見えているように、『権記』に見る限り、行成の用いた陰陽師は、主として陰陽道第四者以下の下位の官人陰陽師なのである。

現代に伝わる『権記』は、行成が権中納言

であった頃までで途切れているため、同記から知り得るのは、参議や中納言を本官として上級貴族の下層から中間層に位置した頃の行成についてのみである。そして、『権記』に見える限りの行成が主として陰陽道第四者以下の官人陰陽師を用いたのは、上級貴族といってもその中間層以下の人々には、陰陽道第一者や陰陽道第二者を用いることは難しかったためであろう。表6・表7の示すように、最上級貴族たちは専ら陰陽道第一者あるいは陰陽道第二者ばかりを用いたが、陰陽道第一者や陰陽道第二者の立場にある官人陰陽師を頻繁に用いるなどというのは、上級貴族の中でも特にその上層に位置する人々にしかできないことだったのではないだろうか。

この推測を裏付けるように、藤原実資による官人陰陽師の利用状況は、『小右記』に見る限り、彼が長保三年八月に権大納言に任じる前と後とで大きく異なっている。すなわち、表9に明らかなように、主として陰陽道第四者以下の官人陰陽師を用いていた実資が、権大納言に任じて上級貴族上層の一人となってからは、専ら陰陽道第一者や陰陽道第二者を用いるようになったのである。表9というのは、実資が自身およびその妻子のために用いた官人陰陽師が誰であったかを整理したもので、長保三年を間に挟んだ天元五年から長和五年までの三十六年間の『小右記』に基づいている。

その表9によれば、蔵人頭から中納言に至るまでの藤原実資が用いた官人陰陽師は、延べ十六名のうちの四名のみが陰陽道第一者あるいは陰陽道第二者であり、残りの七名が氏不明の陳泰、五名が縣奉平であった。だが、権大納言実資による陳泰の利用は確認されず、縣奉平の利用もわずか一例に過ぎない。そして、権大納言となった実資が寛弘年間から長和年間にかけて用いた官人陰陽師のほとんどは、当時の陰陽道第一者もしくは陰陽道第二者の立場にあった賀茂光栄か安倍吉平かである。しかも、奉平の他にただ一人だけ例外的に用いられた官人陰陽師も、陰陽道第三者の惟宗文高であった。

表9　藤原実資による陰陽師の利用（『小右記』より）

目　的	陰　陽　師	年　月　日	実資の位階および官職
呪術	縣奉平	天元 5年（ 982） 4月12日	従四位上蔵人頭
呪術	縣奉平	寛和元年（ 985） 5月 7日	従四位上蔵人頭左中将
呪術	安倍晴明☆	永延元年（ 987） 3月21日	正四位下蔵人頭左中将
呪術	安倍晴明☆	永延 2年（ 988） 7月 4日	同　上
卜占	賀茂光栄★　藤原陳泰	永祚元年（ 989） 5月 7日	同　上
呪術	縣奉平	正暦元年（ 990） 7月 7日	正四位下参議
呪術	藤原陳泰	7月 8日	同　上
勘申	藤原陳泰	7月13日	同　上
呪術	藤原陳泰	12月14日	従三位参議
勘申	縣奉平	正暦 4年（ 993） 2月 9日	同　上
呪術	藤原陳泰	6月 4日	同　上
卜占	藤原陳泰	6月 6日	同　上
呪術	藤原陳泰	長徳 2年（ 996） 6月29日	従三位権中納言
卜占・呪術	賀茂光栄★	長保元年（ 999） 9月16日	正三位中納言
呪術	縣奉平	10月10日	同　上
呪術	縣奉平	寛弘 2年（1005） 2月18日	正二位権大納言右大将
勘申	安倍吉平★	寛弘 8年（1011） 3月19日	正二位大納言右大将
勘申	賀茂光栄☆	11月25日	同　上
呪術	安倍吉平★	長和 2年（1013） 2月25日	同　上
勘申	賀茂光栄☆	8月10日	同　上
呪術	惟宗文高	8月13日	同　上
卜占	賀茂光栄☆　安倍吉平★	8月25日	同　上
卜占・呪術	賀茂光栄☆	9月 1日	同　上
卜占	賀茂光栄☆　安倍吉平★	長和 3年（1014） 2月21日	同　上
勘申	賀茂光栄☆　安倍吉平★	3月 6日	同　上
卜占	賀茂光栄☆	3月24日	同　上
卜占	賀茂光栄☆　安倍吉平★	6月28日	同　上
呪術	賀茂光栄☆	10月19日	同　上
卜占	賀茂光栄☆	11月 5日	同　上
勘申	安倍吉平★	長和 4年（1015） 4月 3日	同　上
卜占	安倍吉平☆	7月12日	同　上
卜占	安倍吉平☆	7月13日	同　上
卜占	安倍吉平☆	8月 2日	同　上
呪術	安倍吉平☆	長和 5年（1016） 正月22日	同　上
卜占	安倍吉平☆	5月16日	同　上

註　☆は陰陽道第一者，★は陰陽道第二者を示す．

表9に見る限り、中納言までの実資による官人陰陽師の利用状況が表8に見た藤原行成によるそれと似ているのに対して、権大納言となった実資による官人陰陽師の利用状況は、表7に整理した藤原道長によるそれに近い。そして、藤原実資が専ら陰陽道第一者や陰陽道第二者を用いるようになったのが、権大納言に任じて上級貴族の上層に加わってからであったことは明らかである。

このように、藤原実資による官人陰陽師の利用状況から見ても、陰陽道第一者あるいは陰陽道第二者を専らに用いるというのは、やはり、上級貴族上層の人々にのみ可能なことであった。そして、上級貴族ではあってもその中間層以下に位置する人々は、主に用いる陰陽師として、陰陽道第三者以下の官人陰陽師を選ばざるを得なかったのである。『権記』や初期の『小右記』に縣奉平の名前が多く見受けられるのも、そうした事情があったからに他ならない。

ところが、上級貴族といってもその下層の人々ともなると、主に陰陽道第一者や陰陽道第二者を用いることどころか、常に官人陰陽師を用いることができたかどうかさえもが疑わしい。というのも、上級貴族層の人々の数に比して、官人陰陽師の人数が非常に限られたものだったからである。

試みに寛和元年・長徳元年・寛弘元年・長和元年・治安元年・長元元年の各時点での公卿の人数を見ると、その瞬間最大数はそれぞれ十九人・二十二人・十九人・二十人・二十三人・二十二人であった。これらを平均しても二十人を切ることはなく、そこに常に十人前後はいたと考えられる皇族や公卿たちの妻子をも合わせれば、上級貴族層として扱うべき人々は、数十人を数えることになる。これに対して、本書において想定した平安中期の官人陰陽師の人数は、現役の陰陽寮官人と陰陽寮官人の経験者とを合わせても、常に二十五人前後を下回らないという程度でしかなかった。

しかも、官人陰陽師の人数は上級貴族層の総数の半分にも満たなかったにも拘らず、上級貴族層の中間層以上の人々は、しばしば複数の官人陰陽師を同時に用いるようなこともしていた。表6から表9までの諸表に見える如くである。こうした状況を考えるならば、官人陰陽師が上級貴族層の陰陽師に対する需要の全てを満たすことは不可能であったと見るのが自然であろう。すなわち、全ての上級貴族が常に官人陰陽師を利用し得たわけではなかったということである。そして、官人陰陽師を用いることを諦めざるを得なかったのは、やはり、上級貴族の中でもその下層にいる人々であったと考えられる。

第五節　中級貴族と官人陰陽師

『雲州消息』の名で知られているのは、藤原明衡という文章家が平安時代中期の終わり頃に編纂したとされる書簡文集だが、その『雲州消息』には中級貴族が官人陰陽師に送った書状も収められている。次に引く造酒正某から陰陽頭に宛てられた卜占の依頼状もその一通である。

○巳年男所望成敗如何

月　日　　造酒正

陰陽頭殿

（『雲州消息』巻中七十九往状）

ここで注目したいのは、造酒正某のような中級貴族が卜占のために官人陰陽師を用いている点である。右の消息は日付を欠いており、その宛先を特定するのは難しいが、これが『雲州消息』が編まれた頃のものであるとすれば、造酒正が卜占を依頼した陰陽頭は大中臣実光（表4―19）もしくは巨勢孝秀（表4―45）のいずれかであろう。

本書の表4は、管見に入る限りの平安時代中期の陰陽寮官人についてその官歴を整理したものであり、事実上、これが当時の官人陰陽師の名簿としての機能を果たすことになる。そして、この表4をもとに本章第三節において想定した平安中期の官人陰陽師の人数は、常に二十五人前後を下回らないというものであったが、これは当時の上級貴族層の総数の半分にも満たない。そのため、本章第四節での想定によれば、陰陽師が必要になった場合に専ら官人陰陽師のみを利用するということが可能なのは、当時の上級貴族の上層から中間層までに位置する人々だけであった。すなわち、当時の中級貴族層の人々については、陰陽師が必要となるたびに常に官人陰陽師だけを用いることは不可能だったと考えられるのだ。

しかし、中級貴族であっても、官人陰陽師を利用することが全く無理だったわけではない。造酒正某が陰陽頭に卜占を依頼したように、ある程度は中級貴族にも官人陰陽師を利用する余地があったのである。このことは、次に『雲州消息』より引く、東市正から安倍氏の陰陽師に宛てられた卜占の依頼状からも窺われよう。

○奉上
　占形一枚
右、一日陰陽助占云、始終雖レ吉其卦不レ宜、漏剋博士覆推云、能加二祈禱一可二成就一歟、又改二日時一可レ被レ推也、
諸事自可レ聞也、以状
月　日　東市正
陰陽安先生殿
（『雲州消息』巻中八十一往状）

これもまた『雲州消息』が編纂された頃の書状だとすると、宛先の「陰陽安先生」に比定されるのは安倍晴明の孫の時親（表4—5）あるいは章親（表4—6）であり、表5に示したように、大中臣実光が陰陽頭であった頃、時親は陰陽博士を兼ねた陰陽権助、章親は天文博士であった。そして、東市正某が「陰陽安先生」に卜占を依頼したのは、

それ以前の陰陽助および漏剋博士による卜占では目的を達し得なかったためである。表4に名前のある誰かに比定するならば、その陰陽助および漏剋博士はそれぞれ巨勢孝秀と菅野信公（表4―61）とであったと考えられるが、いずれにせよ、右の書状を差し出した東市正某は、「陰陽安先生」に依頼する以前、既に二人もの官人陰陽師を卜占に用いていた。中級貴族層に属する東市正某が、同じ事柄についての卜占のために、次々と三人もの官人陰陽師を用いようとしたのである。

ただし、東市正某が官人陰陽師を利用するにあたっては、全く障害がなかったわけではない。次に引くのは「陰陽安先生」から東市正某に宛てた返状であるが、それは、内大臣某の用を請けて多忙であるため、東市正某に頼まれた卜占は内大臣の用が済んでからになることを告げている。東市正某が卜占を依頼した安倍某は、中級貴族からの依頼よりも最上級貴族である内大臣某の用を優先したのであった。

〇右、只今依ニ御祭之間事一従ニ内大臣殿一有レ召、仍令ニ参懃一之間、不レ取ニ敢紙筆一、退出之後、可ニ卜申一之状、如レ件

乃剋　　安倍

（『雲州消息』巻中八十二返状）

このように、平安中期の中級貴族たちが官人陰陽師を利用するには、その官人陰陽師が上級貴族の用を請けていないことが前提であった。限られた人数しか存在しない官人陰陽師たちが上級貴族層の人々によって独占されてしまえば、中級貴族には官人陰陽師を用いる余地はなかったのである。先に見た如く、中級貴族でも官人陰陽師を利用し得たとはいえ、それは、あくまでも、ある程度は利用し得たというに過ぎない。

そして、陰陽師が必要になったときに専ら官人陰陽師のみを用いるなど、平安時代中期の貴族層の中でも中級貴族以下に位置付けられる人々には、とうてい不可能なことであった。その意味では、当時の貴族社会の成員の多くが、

さほど官人陰陽師を利用していなかったことになる。とすれば、当時の貴族層の人々の過半が専らに用いたのは、平安時代の陰陽師のもう一つの類型を成す法師陰陽師であったと考えられよう。

註

(1) 左兵衛督の藤原実資が職務怠慢のあった左兵衛府官人の勘問を「尉陳泰」に命じたことが『小右記』正暦四年(九九三)正月十五日条に見え、また、『本朝世紀』正暦四年七月二十一日条に「左兵衛権少尉藤原陳泰」が職務怠慢によって解任されたことが見えることから、実資が自身の「禊人」と呼んだ「陳泰朝臣」が左兵衛官人の藤原陳泰であったことも疑われるが、これは否定されるべきだろう。藤原陳泰という人物は、『権記』長徳三年(九九七)七月十八日条に「右衛門少尉藤原陳泰為二検非違使一之宣旨下」と見える如く、左兵衛権少尉を解任された後に右衛門少尉として復任する。しかし、その位階は、右衛門大尉となってもなお正六位上であった(『除目大成抄』第九春京官四顕官)。したがって、藤原陳泰は永祚元年(九八九)の時点で既に五位官人であった官人陰陽師の陳泰ではあり得ない。

なお、陳泰という名の史料上の初出は、『小右記』天元五年(九八二)六月十八日条である。そこでの陳泰は、蔵人頭藤原実資に前日の石清水宮御願使について報告する蔵人所出納であった。そして、次に『小右記』寛和元年(九八五)正月三十日条に登場した陳泰は、太政官の史として参議藤原実資に左大臣源雅信からの消息を伝えている。これらの陳泰は藤原陳泰であろう。この後に左兵衛権少尉に補された藤原陳泰は、蔵人所出納・史・左兵衛権少尉を歴任する間、一貫して藤原実資の下僚であった。そして、左兵衛権少尉を解任された陳泰が復任したのは、やはり、右衛門督藤原実資を上司とする右衛門少尉としてであった。

第二章　法師陰陽師

『今昔物語集』所収のある説話によれば、平安時代の都には、依頼を請けて呪詛を行う「隠レ陰陽師」と呼ばれる陰陽師がいた。すなわち、小槻糸平という平安時代中期に実在した中級貴族の息子が急逝したのは、彼を妬む同僚が「隠レ陰陽師」を雇って「咀ヒ」をかけさせたためだったというのである。

○今昔、主計頭ニテ小槻ノ糸平ト云者有ケリ。其子ニ算ノ先生ナル者有ケリ。名ヲバ□トナム云ケル。主計頭忠臣ガ父、淡路守大夫ノ史泰親祖父也。（中略）

而ル間、彼ノ□ガ家ニ怪ヲ為シタリケレバ、（中略）、其日ハ門ヲ強ク差シテ、物忌シテ居タリケルニ、彼ノ敵ニ思ヒケル者ハ験シ有ケル隠レ陰陽師ヲ吉ク語ヒテ、彼ガ必ズ可死キ態共ヲ為サセケル。此事為ル陰陽師ノ云ク、「彼ノ人ノ物忌ヲシテ居タルハ、可慎キ日ニコソ有ナレ。然レバ、其日咀ヒ合セバゾ験ハ可有キ也。（中略）」ト。

（『今昔物語集』巻第二十四第十八語〈傍線は筆者による〉）

この説話から、平安中期の貴族層の周囲では「隠レ陰陽師」と呼ばれる陰陽師が活動していたことが知られるわけだが、『今昔物語集』に見える「隠レ陰陽師」は、これまでのところ、「もぐりの陰陽師」として理解されてきた。次に示すのは『今昔物語集』の諸刊本における「隠レ陰陽師」についての注釈であり、「隠レ陰陽師」を「もぐりの陰陽師」とする点で諸注釈は一致している。

〈角川日本古典文庫〉もぐりの陰陽師。

〈岩波日本古典文学大系〉非公認の。もぐりの。
〈岩波新日本古典文学大系〉民間のもぐりの陰陽師。陰陽寮に属さない。
〈小学館日本古典文学全集〉もぐりの陰陽師。官に仕える公認の陰陽師に対して、民間の陰陽師や呪術師をさす。
〈新潮日本古典集成〉もぐりの陰陽師。陰陽師には、陰陽寮に属する官人と、民間の陰陽師とがあった。ここは後者で、その非公式なことを強調してこう言った。

ここで「隠レ陰陽師」が「もぐり」とされるのは、一つにはそれが「民間」の陰陽師と見做されたためであり、二つには「陰陽寮に属さない」ことで「非公認」あるいは「非公式」の陰陽師と見做されたためである。諸注釈に「もぐりの陰陽師」と言われたのは、要するに、「民間の陰陽師」であった。「陰陽寮に属する官人」が「公認の陰陽師」であるのに対して、「民間の陰陽師」は「もぐりの陰陽師」だというのである。

ところで、右の「隠レ陰陽師」についての諸注釈を見るならば、従来から平安時代の陰陽師には二つの類型が見出されていたことが知られるだろう。すなわち、右に並べた『今昔物語集』諸刊本の注釈では、「隠レ陰陽師」というものを説明する前提として、「公認の陰陽師」である「陰陽寮に属する官人」と、「もぐりの陰陽師」である「民間の陰陽師」との、二種類の陰陽師の存在が想定されているのである。陰陽寮という官司に所属する官人であるか否かによって陰陽師を二つに区分するのが、平安時代の陰陽師に関する従来よりの一般的な理解であった、と言ってもいい。

ここで官人身分を持つ陰陽師について補足するならば、現役の陰陽寮官人たちのみならず、陰陽寮から他官司に移った陰陽寮官人経験者たちについても、平安貴族はこれを陰陽師と見做していた。第一章に詳しく見た如く、「陰陽寮に属する官人」だけではなく、陰陽寮に属していた官人も、官人身分の陰陽師だったのである。従来より想定されていた平安時代の陰陽師の二つの類型の一方は、少しばかり修正されるべきであろう。なお、本書では、官人身分を持つ陰陽師を「官人陰陽師」と呼び、陰陽寮官人および陰陽寮官人経験者をその実体と見做すことになる。

そして、これまでに想定されてきた平安時代の陰陽師の二つの類型のもう一方が「民間の陰陽師」であり、序章に見た道満のような法師陰陽師たちこそが、史実として平安時代中期に実在したことの確認できる「民間の陰陽師」なのである。平安時代中期の貴族層の人々は、僧形の非官人身分の陰陽師を「年来召仕」ということがあり、そのような陰陽師を「法師陰陽師」と呼んだのであった。また、法師陰陽師の中には依頼を請けて呪詛を行う者もあったから、『今昔物語集』の「隠レ陰陽師」が法師陰陽師の一人であったことは十分に考えられる。

しかし、法師陰陽師のような「民間の陰陽師」を「もぐりの陰陽師」と位置付けることについては、疑問がないわけではない。現に、「民間の陰陽師」である法師陰陽師は、平安貴族にとって見慣れた存在であったし、さらには、「年来召ヨ仕彼宅ニ之陰陽師」として平安貴族と緊密な関係を築くことさえあった。既に序章に見た如くである。

現状においては、「民間の陰陽師」として唯一その存在が確認されている法師陰陽師についてさえも、その実態が解明されているわけではない。これまでのところ、誰がどのように「民間の陰陽師」として活動していたのかといったことや、どれだけの数の法師陰陽師が貴族層のもとに出入りしていたのかといったことが、史料に基づいて調査されたことはなかったのである。『今昔物語集』の諸注釈が「民間の陰陽師」を「もぐりの陰陽師」としているのも、単に先入観によってであるかもしれない。

そこで、本章においては、古記録をはじめとする平安時代中期の諸史料より、当時の法師陰陽師の実態を可能な限り解明していくことにする。そして、官人身分にはないという意味では、法師陰陽師もまた庶民層の一人であったから、本章の試みは、当時の庶民層についての研究にも多少は資するところがあるかもしれない。

第一節　法師陰陽師の顔ぶれ

寛弘六年（一〇〇九）春に高階光子という貴族層の女性を首謀者とする呪詛事件が発覚したことには既に序章でも触れたが、『政事要略』に「爰奉レ呪二咀皇后一之事、寛弘六年二月発覚、拷二訊陰陽師一、断二定罪名等一」と見える如く、この事件の実行犯として一人の陰陽師が捕縛され、検非違使庁の拷問を受けていた（『政事要略』巻七十糾弾雑事蠱毒厭魅及巫覡）。そして、その陰陽師は、序章に見た法師陰陽師の道満ではなく、『権記』寛弘六年二月四日条に「中宮厭術法師円能捕出、有下所二指申一事等上云々」と見え、『百錬抄』同日条に「捕下呪二咀中宮幷第二皇子・左大臣等一法師円能上勘問、承伏已了」と見えるように、円能という別の法師陰陽師であった。

この呪詛事件の罪名勘文が『政事要略』に収められていることも序章で述べた通りだが、その勘文によれば、円能が呪詛を行ったのは、高階光子や民部大輔源方理といった中級貴族たちからの依頼を請けてのことであった。法師陰陽師円能は、雇われて貴族層の陰謀に加担したのである（『政事要略』巻七十糾弾雑事蠱毒厭魅及巫覡）。

右の円能の例にはっきりと確認できるように、平安時代中期の法師陰陽師は貴族層の人々のために呪詛を行うことがあった。全ての法師陰陽師が呪詛を行ったのではないにしても、法師陰陽師の中には間違いなく平安貴族から呪詛を請け負う者がいたのである。『百錬抄』長徳元年（九九五）八月十日条に見える「呪二咀右大臣一之陰陽師法師」や、『小記目録』に「長保二年五月十一日、拷二訊呪詛者安正一事」あるいは「同年六月五日、呪咀人安正死二去獄中一事」（『小記目録』第十六呪詛事）と見える安正は、そうした法師陰陽師の一人であったろう。この他、『小右記』長元三年（一〇三〇）五月四日条に「呪二咀小一条院御息所一之法師皇延・法師弟子護忠今日捕搦」と見える皇延やその弟子の護忠なども、呪詛を請け負う法師陰陽師であったと考えられる。

また、「今日、於左近馬場、被レ勘下問奉レ呪二詛中宮幷第二親王・左大臣一陰陽法師源念上」という『日本紀略』寛弘六年二月五日条は、高階光子が企てた呪詛の実行犯として源念という法師陰陽師の名前を挙げているが、この源念は円能と親しい間柄にあった源心の間違いであろう。『政事要略』所収の罪名勘文には、検非違使庁が円能やその関係者を拷問した際の記録が「勘二問僧円能等一日記」として引用されて現在に伝わっており、その中の使庁の尋問官と円能との問答からは、次に見る如く、円能を陰謀に引き込んだのが高階光子（宣旨）と源方理とであったことが知られるとともに、源心という法師陰陽師が日頃から円能と親しくしていたことが知られるのである。

○復問云、方理朝臣・宣旨同比ニ件事ヲ相語と弁申、彼二人共相二議件事一テ令レ為歟、又僧源心と円能と常相二語件事一之由、円能ガ弟子妙延ガ所ニ指申一也、又前越後守源朝臣為文親昵召二仕円能一之間、有ニ其縁一テ受ニ方理朝臣夫妻之語一也と昨弁申セリ、若為文モ知ニ此事一歟、一々慥弁申、如何、

円能申云、方理・宣旨住所各異侍レバ、所々ニシテ受ニ此語一侍リキ、相議テヤ件厭符事ヲバ令レ為侍ケム、不ニ知侍一、亦円能モ□不レ令レ知、又源心ハ本自不レ隔ニ雑事一之間、雖レ有ニ親昵之語一非レ知ニ此厭符之事一、又為文朝臣ニハ雖レ語ニ雑事一、件厭符事ハ不レ示、円能依レ罷二通彼宅一テ、方理朝臣ハ招取テ相二語此厭符之事一侍シ也と申、拷畢

（『政事要略』巻七十糾弾雑事蠱毒厭魅及巫覡）

さらに、右の問答からは、円能に妙延という弟子がいたことも知られるのだが、管見の限り、その名前が判明している平安中期の法師陰陽師は、道満・円能・源心（源念）・妙延・安正・皇延・護忠のわずか七名に過ぎず、当時の上級貴族が法師陰陽師には関心を払っていなかったことが窺われる。現代に伝わっている平安中期の史料のほとんどは、上級貴族の手になるものなのである。

ただし、法師陰陽師の個人名を伝える史料の大半が呪詛事件についての記録であるという事実が示すように、上級貴族も呪詛を行った法師陰陽師には関心を向けた。個人名の知れている法師陰陽師の全員が呪詛事件の犯人もしくは容疑者であり、彼らの名が記録に残ったのはそれゆえのことであった。こうした点は、呪詛に関与したことを示す史料が見つからない官人陰陽師とは対照的である。

ところで、官人陰陽師の場合、その再生産は陰陽寮という官司の機構によって保障されていた。安倍晴明や安倍吉昌が天文得業生として天文博士賀茂保憲の弟子であったことは既に序章に見た通りである。また、その同業者集団である陰陽道も、官人陰陽師の再生産に何らかの寄与をしていたものと思われる。

では、法師陰陽師はどのようにして再生産されていたのだろうか。

右に見た「勘問僧円能等日記」によれば、円能には妙延という名の弟子がいた。また、『小右記』長元三年五月四日条からは、皇延に護忠という弟子がいたことが知られる。管見の限り、信頼できる史料より確認できるのは右の二例のみであるが、平安時代中期の法師陰陽師たちは、弟子をとることがあったのである。そして、このことは、法師陰陽師が法師陰陽師を再生産していたことを意味する。

法師陰陽師の場合、その再生産を保障する公的な機構があったわけではない。そして、当時の社会に法師陰陽師を供給した仕組みの一つが、法師陰陽師の一人一人が個人的に弟子をとって次世代の法師陰陽師を育成するというものであった。円能には物部糸丸という者が童子として仕えていたが、この糸丸なども、やがては円能の弟子として法師陰陽師になるつもりでいたのかもしれない。

第二節　平生の法師陰陽師

寛弘六年の呪詛事件の実行犯として捕縛された法師陰陽師円能が検非違使庁による拷問の中で質された事柄の一つは、源為文という中級貴族が陰謀に関与していたか否かであった。そして、円能がこの点を問われたのは、先にも引いた「勘二問僧円能等一日記」に見えるように、使庁が「前越後守源朝臣為文親昵召二仕円能一」という事情を把握していたためである。すなわち、道満が高階光子にとって「年来召二仕彼宅一之陰陽師」であった如く、平生の円能は源為文宅に親しく出入りする陰陽師だったのである。

○復問云、（中略）、又前越後守源朝臣為文親昵召二仕円能一之間、有二其縁一テ受二方理朝臣夫妻之語一也と昨弁申セリ、若為文モ知二此事一歟、一々慥弁申、如何、

円能申云、（中略）、又為文朝臣ニハ雖レ語二雑事一、件厭符事ハ不レ示、円能依レ罷二通彼宅一テ、方理朝臣ハ招取テ相二語此厭符之事一侍シ也と申、栲畢

（『政事要略』巻七十糾弾雑事蠱毒厭魅及巫覡）

そして、為文が本当に光子の企む呪詛に与していたにしても、彼が普段の生活において円能を必要としたのは、何か呪詛以外の用件があったためであったと考えられる。為文による法師陰陽師円能の利用は、第三者から「親昵召仕」と言われるほどに頻繁だったのであり、その全てが呪詛に関係していたとは考え難い。高階光子が日頃より道満を用いていたことが呪詛とは無関係であったことからも、法師陰陽師が呪詛以外の職能を持っていたことは明らかである。

次に引くのは、「勘二問僧円能等一日記」の一部であり、円能に童子として仕えた物部糸丸に対する拷問における問

答を記した部分である。そして、ここに見える糸丸の言葉からは、禊祓こそが円能という法師陰陽師の本来的な職能であったことが窺われる。

○問㆓糸丸㆒云、師僧円能作㆓厭符㆒テ、奉㆑呪㆓咀中宮・若宮幷左大臣㆒之由、汝為㆓彼童子㆒テ、可㆑知㆓件事㆒、依㆑実弁申、如何、
糸丸申云、厭符事ハ又不㆑知、給㆓申祓禄㆒テ、従㆓宣旨宅㆒絹一疋ハ持来侍キ、又紅花染衣女ノ持来テ侍ルを見侍キ、不㆑知㆓何所之物㆒、但去年十二月之間也と申、拷畢

（『政事要略』巻七十糺弾雑事蠱毒厭魅及巫覡）

糸丸の証言によれば、陰謀発覚の一ヵ月から二ヵ月ほど前、円能は高階光子（宣旨）より「絹一疋」を受け取っている。前後の事情を考えれば、これが呪詛に協力する見返りの品であったことは容易に推し量られよう。しかし、糸丸はそれを「祓禄」と見做していた。すなわち、主人が陰謀に加担していることを知らない糸丸は、円能は禊祓の報酬として光子より絹を与えられたと理解したのである。そして、糸丸のこの誤解は、円能が貴族層の人々から絹などを与えられるのは普段ならば禊祓の報酬としてであったこと、さらには、禊祓が円能という法師陰陽師の主要な職能であったことを物語っている。

法師陰陽師が禊祓を行ったことは、『枕草子』が「見ぐるしきもの」の一つに「法師陰陽師の紙冠して祓したる」を挙げていることからも確認できる。また、「紙冠して祓したる」という『枕草子』の記述からは、次に引く『紫式部集』所載の一首に詠まれた「法師」も禊祓を行う法師陰陽師であったことがわかる。円能に限らず、当時の法師陰陽師の多くが、平生は禊祓を職能としていたと考えていいだろう。

○　やよひのついたち、河原に出でたるに、かたはらなる車に、
　法師の紙を冠にて博士だちをるを憎みて

祓戸《はらへど》の　かみのかざりの　みてぐらに　うたてもまがふ　耳はさみかな
（『紫式部集』）

清少納言も紫式部も法師陰陽師に対してあまりいい印象を持たなかったようだが、彼女たちが禊祓を行う法師陰陽師の姿を見知っていたのは、やはり、彼女たち自身が禊祓のために法師陰陽師を使ったことがあったためだろう。そして、清少納言のもの尽くしに引き合いに出されていること、および、紫式部の歌に詠まれていることからは、法師陰陽師の禊祓が平安時代中期の貴族層の人々には相当に見慣れたものとなっていたことが窺われる。平安貴族はしばしば禊祓に法師陰陽師を用いたのだと考えられる。

　また、藤原実資の場合、幾度か卜占のために法師陰陽師を用いたことがあった。その最初の事例は『小右記』長和三年（一〇一四）二月二十一日条に見えるもので、その前日に鹿が自邸に闖入するという騒動に見舞われていた実資は、その出来事の示す吉凶を賀茂光栄・安倍吉平の二人の官人陰陽師に占わせるとともに、法師陰陽師の皇延にも同じことを占わせたのであった。しかも、それからおよそ四ヵ月後の同年六月二十七日の『小右記』には、このときの皇延の卜占が的中して同日に慶事があったとの記述が見られる。そして、これ以降も、賀茂光栄や安倍吉平といった官人陰陽師と併用するかたちでではあるが、実資は幾度か皇延を卜占に用いている。次に引く『小右記』の条々に見える如くである。

○去夜神告聊有二疑慮一、以二光栄幷皇延法師一令レ占二真偽一、皆云、虚言者、
（『小右記』長和三年十一月五日条）

○資平所レ悩非二邪気一、似二時行一、仍今朝以二吉平一重令レ占二其祟幷平愈之期一、（中略）、今朝皇延法師占云、悪治レ身上、有二時行気一、但三箇日許有二悩気一歟、明日有二平復一歟、不レ然、丙丁日平復歟者、
（『小右記』長和四年七月十三日条）

○昨鷺怪吉平占云、可レ慎二病事一者、（中略）、皇延法師推云、甲乙日可レ慎、壬癸日慶賀、期同二吉平一、

（『小右記』長和四年八月二日条）

法師陰陽師の卜占については、禊祓の場合ほどには史料が残されていない。管見の限り、法師陰陽師が卜占を職能としたことを示すのも、平安貴族が卜占のために法師陰陽師を用いたことを示すのも、右に引いた数条の『小右記』のみである。しかし、当時の陰陽師のもう一つの類型である官人陰陽師は、安倍晴明の活動を整理した表1に明らかな如く、禊祓をはじめとする呪術とともに卜占をも主要な職能としていた。とすれば、平安貴族が官人陰陽師と同様に「陰陽師」として扱った法師陰陽師についても、やはり、禊祓とともに卜占をもその職能の一つとしていたと考えるべきだろう。

いまや、平安貴族が呪詛のためだけに法師陰陽師を用いたのではないことは明らかである。そして、その平生の生活の中で源為文や高階光子が円能や道満といった法師陰陽師を必要としたのは、藤原道長や藤原行成が安倍晴明や賀茂光栄といった官人陰陽師を必要とした如くであった。道長や行成がその日常生活の中で陰陽師たちに求めたものの多くは、表7および表8の示す通り、諸事の卜占・禊祓などの呪術・日時や方位の勘申といったところである。

今のところ、法師陰陽師が官人陰陽師のように日時や方位の勘申を行ったか否かは不明だが、この点を別とすれば、平安貴族がその日常生活の中で法師陰陽師に求めたものは、官人陰陽師に求めたのとほぼ同じものであった。源為文が円能を「親昵召仕」の陰陽師としたのも、高階光子が道満を「年来召二仕彼宅一之陰陽師」としたのも、卜占や禊祓を行わせるためだったのである。

第三節　法師陰陽師の利用者

『御堂関白記』あるいは『権記』に見る限り、藤原道長や藤原行成は法師陰陽師を用いたことはない。また、藤原実資が皇延という法師陰陽師を用いたことの見える『小右記』にも、実資以外の誰かが卜占や禊祓のために法師陰陽師を利用したことは記されていない。これまでのところ、平安時代中期の上級貴族層が呪詛と関係のない事柄のために法師陰陽師を用いた例は、藤原実資による皇延の利用の他には確認されていないのである。

そして、呪詛とは無関係に法師陰陽師を用いることがあったと見られる人々は、藤原実資を別とすれば、その全員が中級貴族層に属していた。中級貴族層の中核を成したのは中級官人たちであったが、円能を用いた源為文は越後守に任じた中級官人であり、また、道満を用いた高階光子も、禊祓のために法師陰陽師を用いたことのある清少納言や紫式部も、為文のような中級官人の妻であった。そして、源為文が円能を「親昵召仕」の陰陽師としたように、また、高階光子が道満を「年来召二仕彼宅一之陰陽師」としたように、中級貴族の中には、主として法師陰陽師を用いる者がいたのである。

藤原実資の場合、法師陰陽師を用いることがあったといっても、それは、ごく一時的な利用に過ぎず、また、常に賀茂光栄や安倍吉平といった官人陰陽師と併用しての利用であった。実資による皇延の利用は、おそらく、余興の域を出ない性質のものであったろう。しかし、源為文や高階光子の場合には、法師陰陽師である円能や道満こそを専らに陰陽師として用いていたと考えられる。

もし、為文や光子が円能や道満を用いるのと同程度かそれ以上に官人陰陽師を用いていたならば、件の呪詛が露見した際には、当然、為文や光子が用いた官人陰陽師にも陰謀に加担した嫌疑がかかったはずである。だが、『政事要略』所収の罪名勘文からは、官人陰陽師の誰かしらが容疑者とされた形跡は全く窺われない。つまり、為文および光子が最も頻繁に用いた陰陽師は、法師陰陽師の円能あるいは道満だったということである。

そして、源為文や高階光子が専ら法師陰陽師ばかりを用いたのは、中級貴族層の彼らには官人陰陽師を利用することが難しかったためだと考えられる。『権記』寛弘七年六月二十一日条より中級官人としては高めの従四位上に叙されていたことの知られる為文といい、一条天皇妃であり清少納言の主人であった皇后定子を外姪に持つ光子といい、彼ら二人は中級貴族の中では比較的上層に属する人々であった。その二人が専らに法師陰陽師を用いたとすれば、それはやはり、前章に述べた如く、たとえその上層に位置しようとも、あくまで中級貴族の一人に過ぎない彼らには、人数の限られた官人陰陽師を随意に使うことができなかったからに違いない。

とすれば、当時の貴族社会において専ら法師陰陽師を用いていたのは、為文と光子との両名だけではなかったはずである。当時の中級貴族以下の人々の全てが、専らに法師陰陽師を利用していたと考えるべきだろう。上級貴族層の人々の多くが主に用いた陰陽師が安倍晴明のような官人陰陽師であったのに対して、中級以下の貴族層が主として用いたのは、円能や道満のような法師陰陽師だったのである。

では、平安中期の貴族社会にはどれほどの数の法師陰陽師が出入りしていたのだろうか。中級以下の貴族層の用を勤めた陰陽師が主として法師陰陽師であったとすれば、その数は官人陰陽師の比ではなかったと考えられる。当時の貴族社会には上級貴族よりもはるかに多数の中級貴族と下級貴族とがいたからである。

中級以下に位置付けられた貴族層の人々がどれだけいたかを厳密に把握することは難しいが、中級貴族の中核を成す中級官人だけでも一〇〇人を下ることはなかったと思われる。平安中期に中央諸官司および国々の長官に補されたのは、多くの場合、従五位下以上の位階を持つ中級官人であったが、延喜式段階の官司が寮および司だけでも二十九を数え、国は壱岐島と対馬島とを入れると六十八を数えたから、現役の中級官人だけでも一〇〇人を下ることはない。これに散位官人を加え、さらに彼らの妻子をも加えるならば、中級貴族層だけでも上級貴族層の幾倍かの人数がいたことになる。もちろん、下級貴族層の人数がこれよりも少なかったということはないだろう。

そして、その人数において上級貴族層の数倍にもなる中級以下の貴族層の人々の需要を満たしていたのだとすれば、当時の貴族社会に出入りしていた法師陰陽師の人数は、やはり、官人陰陽師のそれを数倍したものであったと考えなくてはなるまい。その正確な人数を知ることはできないが、二十人ほどの公卿を中核とする上級貴族層が二十五名前後の官人陰陽師を必要としたことからすれば、一〇〇人を下らない現役の中級官人を中核とする中級貴族層の需要を満たすだけでも、一〇〇人以上の法師陰陽師が必要であったろう。

第四節　庶民としての法師陰陽師

円能の弟子であった妙延は、件の呪詛事件のために検非違使庁の拷問を受けた際、呪詛が発覚する前年の冬に円能がどこからか絹一疋を持ち帰ったことがあったと証言している。次に引く「勘二問僧円能等一日記」に見える如くである。師である円能が陰謀に関与していることさえも知らなかった妙延は、それがどこからもたらされたものであったかも知らなかったようだが、先にも触れた如く、円能にとってはこの絹一疋こそが高階光子の陰謀に加担した見返りであった。

○問二妙延一云、師僧円能依二方理朝臣夫妻幷宣旨等語一テ、奉レ呪二咀中宮・若宮幷左大臣一之由、及厭符等ヲ埋置

所々、弁申、如何、

妙延申云、師弟子間ニ侍レとモ、不レ知ニ何事一、去年冬童子物部糸丸ニ絹一疋令レ持テ来テ侍シハ見侍キ、又円能・源心相語事ハ見侍キ、不レ知ニ何事一と申、　栲畢

（『政事要略』巻七十糾弾雑事蠱毒厭魅及巫覡）

ここで呪詛の報酬とされた絹一疋だが、延喜主税式所載の禄物価法に定める畿内での物品交換率によれば、絹一疋は一・五石の玄米と等価であった。序章でも述べた通り、当時の一般的な雑役に従事する庶民の日当は概ね一升から二升ほどの玄米であったから、その七十五倍から一五〇倍にもなる絹一疋というのは、庶民層が請け負う仕事の報酬としては破格のものであったろう。

しかも、前節に見た物部糸丸の証言からは、円能が件の呪詛の報酬として絹一疋の他に紅花染衣一領をも得ていたことが窺われる。貴族層からの呪詛の請け負いは、法師陰陽師にとっては実入りのいい仕事だったようである。

さらに、絹一疋というのは、当時、呪詛の陰謀があった場合だけではなく、日常生活の中で禊祓が行われた場合にも、貴族層の人々が法師陰陽師に支払う報酬として適正範囲内の額であったと考えられる。これも既に見たように、円能の陰謀への関与を知らなかった糸丸は、高階光子が円能に与えた絹一疋を「祓禄」と思い込んだのだが、このような誤解が生じ得たのは、絹一疋が禊祓の報酬として不自然な額ではなかったためだろう。そして、当時の法師陰陽師たちは、その主要な職能である禊祓によって、一般的な雑役に支払われる日当の七十五倍から一五〇倍もの収入を得ることもあったのである。

とすれば、道満や円能のように貴族層のもとに頻繁に出入りしていた法師陰陽師の場合、その生活は庶民層の中では相当に豊かなものであったろう。現に、円能には弟子を抱えたうえに童子を従わせるだけの余裕があったのである。

ことによると、当時の法師陰陽師の中には、下級貴族よりも余裕のある生活を送る者もいたかもしれない。本書に

おいて下級貴族として位置付けた正六位上の位階を持つ下級官人の場合、その俸給の中心は半年ごとに支給される季禄であったが、正六位官人の半期分の季禄は、施三疋・綿三屯・布五端・鍬十五口、玄米に換算して十一石弱であった。下級官人の季禄は一年分を併せても二十二石にも満たなかったのである。

また、庶民層にしては裕福に暮らす法師陰陽師がいたことを示す事柄としては、牛車に乗る法師陰陽師がいたことを見逃してはなるまい。先にも見た『紫式部集』所載の一首――禊祓のために紙冠を付けた法師陰陽師の姿を皮肉って詠んだ歌――に付された詞書に「河原に出でたるに、かたはらなる車に、法師の紙を冠にて」と見える如く、紫式部が禊祓に用いた法師陰陽師は牛車に乗っていたのである。

もし、ここに見える牛車が法師陰陽師自身の所有するものであったとすれば、それは、彼が車と牛とを所有していたことを示すだけではない。すなわち、牛車およびそれを牽く牛を所有していたということは、それらの維持にあたる使用人を雇い得たということであり、さらには、車を収納する車宿や牛を飼う庭を備えた家宅に住んでいたということでもあるのだ。そして、清少納言によれば、そうしたものは、官人身分の者であっても従五位下に叙されてはじめて手に入れられるものであった。やはり、法師陰陽師の中には下級貴族よりも裕福な者がいたと考えていいだろう。

○六位蔵人などは、思ひかくべきことにもあらず。かうぶり得て、何の権の守、大夫などいふ人の、板屋などの狭き家持たりて、また、小檜垣などいふもの新しくして、車宿に車ひき立て、前近く一尺ばかりなる木生して、牛つなぎて草など飼はするこそいとにくけれ。　（『枕草子』六位の蔵人などは）

ところで、紫式部が禊祓に用いた法師陰陽師の乗っていた牛車については、法師陰陽師を迎えるために紫式部が遣わしたものとして理解することも不可能ではない。清少納言が「すさまじきもの」について述べる中で「かならず来べき人のもとに車をやりてまつ」ことに言及しており（『枕草子』）、平安貴族が来訪者を迎えるために牛車を遣わすことがあったことが知られるからである。

もちろん、平安貴族が法師陰陽師のために迎えの車を出すことがあったとしても、法師陰陽師が牛車を所有した可能性を否定する必要はない。平安時代中期には、自家用の牛車を持つ法師陰陽師がいたとともに、貴族層が法師陰陽師を迎えるために牛車を遣わすことがあったと考えても差し支えはないはずである。

そして、主として用いる陰陽師が法師陰陽師であった中級貴族ならば、法師陰陽師に対しても、迎えの車を出すほどに丁重な態度で接することもあったかもしれない。そうだとすれば、平安中期の貴族社会において、庶民層に属する法師陰陽師にも一定の敬意が払われることがあったことになる。

しかし、その反面、当時の貴族層の中には、法師陰陽師を所謂ごろつきと見做す人々もあった。作り物語として平安時代中期の貴族社会に流布した『宇津保物語』からは、法師陰陽師の少なくとも一部がごろつきの類と見做されていたことが窺われるのである。

『宇津保物語』に登場する上野宮という人物は、意中の女性を手に入れるための智恵を得ようとして人を集めたことがあった。そして、上野宮の呼びかけに応じて集まってきたのは、さまざまな階層のさまざまな職業の人々であり、その中には陰陽師も含まれていたのである。

○　この親王、よろづに思ほし騒ぎて、陰陽師・巫・博打・京童部・嫗・翁召し集めてのたまふほに、（後略）

（『宇津保物語』藤原の君）

ただし、上野宮が集めた「巫・博打・京童部・嫗・翁」のいずれもが庶民層に属する人々であることからすれば、ここに見える陰陽師が安倍晴明のような官人陰陽師を意味するとは考え難い。『宇津保物語』の作者や読者が上野宮の召集に応じた陰陽師として想定したのは、法師陰陽師であったと考えるべきだろう。

そして、当時の平安京において京童の起こす騒乱が社会問題となっていたことは周知のことと思われるが、長元八年（一〇三五）十二月二十六日付の「左京五条四坊一保刀禰解」（『平安遺文』五五四号）に見えるように、博徒もまた都の治安を乱す「京中奸濫之輩」として扱われていた。博徒も京童も所謂ごろつきだったのである。とすれば、法師陰陽師が博徒や京童とともに上野宮の召集に応じたことからは、当時の『宇津保物語』の作者および読者が法師陰陽師をもごろつきの類と見做していたことが窺われよう。

第五節　平安貴族と法師陰陽師

平安時代中期の貴族層のもとには一〇〇人を下らない数の法師陰陽師が出入りしていたと考えられるにも拘らず、その名前が判明している当時の法師陰陽師は、わずか七名に過ぎない。平安中期の法師陰陽師のことを語ってくれる史料があまりにも少ないのである。

そして、平安中期の史料の大半が当時の上級貴族の残したものであることからすれば、法師陰陽師についての史料の少なさは、上級貴族層の法師陰陽師への関心の低さを示していると見ていいだろう。官人陰陽師を専らに用いた当時の上級貴族層の人々は、法師陰陽師を用いることはほとんどなく、したがって、法師陰陽師に関心を寄せることがなかったのである。

しかし、法師陰陽師の個人名を伝える史料の大半が呪詛事件についての記録であるという事実が示すように、上級貴族も呪詛を行った法師陰陽師には関心を向けた。法師陰陽師として個人名の判明している道満・円能・源心（源念）・妙延・安正・皇延・護忠のいずれもが、呪詛事件の犯人もしくは容疑者であり、彼らの名が記録に残ったのはそれゆえのことであった。

そして、このような事情から、上級貴族層の人々が法師陰陽師と犯罪とを実態以上に強く結び付けて認識していたことも考えられる。本章の第四節で述べたように、当時の貴族層は法師陰陽師を所謂ごろつきと見做すこともあったが、法師陰陽師をごろつきの類と見做したのは、特に上級貴族層であったかもしれない。そして、このような上級貴族層であれば、法師陰陽師を「もぐりの陰陽師」と見做すこともあっただろう。

本章の冒頭に見たように、平安時代の陰陽師についての従来的な理解では、「陰陽寮に属する官人」こそが「公認の陰陽師」であり、「民間の陰陽師」は「もぐりの陰陽師」であった。そして、従来の見解に従うならば、本章に見てきた法師陰陽師もまた、「民間の陰陽師」である以上は、「もぐりの陰陽師」と見做されることになる。

ところが、法師陰陽師を「もぐりの陰陽師」と見做すならば、平安中期の貴族層が用いた陰陽師の大半が「もぐりの陰陽師」だったことになってしまう。本章第三節に見たように、官人陰陽師の利用が上級貴族層によってほぼ独占されていたために、貴族層の大部分を占める中級貴族および下級貴族は、主として法師陰陽師を利用していた。すなわち、当時の貴族社会においては、その成員の大半が主に法師陰陽師を用いていたのである。

そして、禊祓に用いた法師陰陽師の姿を詠んだ歌が『紫式部集』に見えるように、また、『枕草子』が「見ぐるしきもの」の一つに「法師陰陽師の紙冠して祓したる」を挙げているように、平安貴族にとって、法師陰陽師の利用は、その事実を隠さねばならないようなことではなかった。中級貴族たちは堂々と法師陰陽師を用いていたのである。

また、寛弘六年の呪詛事件の調査を進める中で「前越後守源為文親昵召二仕円能一」という事実を把握した検非違使庁も、源為文が日頃から円能を用いていたことについては、これを問題視することはなかった。平安貴族が禊祓や卜占のために法師陰陽師を利用しても、それは咎められるようなことではなかったのである。法師陰陽師は堂々と陰陽師として活動していたと見ていいだろう。

法師陰陽師は確かに「民間の陰陽師」ではあったが、平安中期当時の事情を見るならば、それは必ずしも「もぐりの陰陽師」ではなかった。少なくとも中級貴族や下級貴族にとっては、法師陰陽師は「もぐりの陰陽師」などではなかった。当時の貴族層が法師陰陽師を「もぐりの陰陽師」と見做すことがあったとしても、それは上級貴族層の人々に限ったことであったと考えられる。これまでに「民間の陰陽師」が「もぐりの陰陽師」として理解されてきたのは、それが「民間の陰陽師」であるがためのようだが、このように「民間の」と「もぐりの」とをただちに同一視することには再考が必要なのではないだろうか。

ただし、平安貴族が官人陰陽師をも法師陰陽師をも等しく「陰陽師」と見做していたとしても、官人陰陽師と法師陰陽師とが同じ系統の呪術的職能者であったとは限らない。というのも、両者の扱う卜占や呪術が同じ系統のものではなかった可能性が指摘できるからである。

次に引用する『今昔物語集』巻第二十第十五語は、引き続き引用する『日本霊異記』中巻第五縁を翻案したものと考えられるが、この翻案に際して、『日本霊異記』に登場する「卜者」という民間の呪術的職能者は、『今昔物語集』において「陰陽」に置き換えられている。

○　今昔、摂国、東生ノ郡、撫凹ノ村ト云フ所ニ住ム人有ケリ。家大キニ富テ、財豊カ也ケリ。而ル間、其人神ノ祟ヲ負テ、其ノ事ヲ遁レムト祈リ祭ケル程ニ、毎年ニ一ノ牛ヲ殺シケレバ、七年ヲ限テ祭ケルニ、七頭ノ牛ヲ殺シテケリ。七年既ニ祭リ畢テ後、其ノ人身ニ重キ病ヲ受テ、又七年ヲ経ル間、医師ニ値テ療治スト云ドモ不癒ズ、陰陽ニ問テ祓祭ルト云ヘドモ不叶ズ。病弥ヨ増リ、形チ漸ク衰テ既ニ死ナムトス。

（『今昔物語集』巻第二十第十五語）

○摂津国東生郡撫凹村、有㆓一富家長公㆒、（中略）、彼家長、依㆓漢神祟㆒而禱之、祀限㆓于七年㆒、毎㆑年殺祀之以㆓一牛㆒、合殺㆓七頭㆒、七年祭畢、忽得㆓重病㆒、又経㆓七年㆒間、医薬方療猶不㆑癒、喚㆓集卜者㆒而祓祈禱、亦弥増㆑病、

（『日本霊異記』中巻第五縁）

右の「陰陽」が陰陽師を意味するとすれば、この翻案においては、平安時代初期に「卜者」と呼ばれていた民間の呪術的職能者が、平安後期には民間陰陽師の一人と見做されたということになろう。そして、次に引く『日本霊異記』に見る限り、平安初期に「卜者」と呼ばれていた民間の呪術的職能者は、官人陰陽師と同系統の呪術的職能者であるとは考え難い。

○放生之人、与㆓使人㆒倶入㆑山、拾㆑薪、登㆓于枯松㆒、脱之落死、託㆓卜者㆒曰、我身莫㆑焼、七日置之、随㆓卜者語㆒、自㆑山荷出、置㆓之於外㆒、唯待㆓期日㆒、

（『日本霊異記』中巻第十六縁）

○是郡部内有㆓大神㆒、名曰㆓伊奈婆㆒、託㆓卜者㆒言（後略）

（『日本霊異記』下巻第三十一縁）

本章の冒頭に見た「隠レ陰陽師」についての諸注釈の一つは、「隠レ陰陽師」を単に「民間の陰陽師」としてではなく「民間の陰陽師や呪術師」として説明するが、右のような事情を踏まえるならば、官人陰陽師が扱うのとは別系統の卜占や呪術を扱う民間の呪術的職能者が「陰陽師」と呼ばれていた可能性が想定されてもいいだろう。そして、「民間の陰陽師」である法師陰陽師の少なくとも一部には、官人陰陽師とは別系統の呪術的職能者が混じっていたかもしれないのである。

なお、平安時代中期の法師陰陽師の実態を知るための手がかりは非常に限られており、そのため、この研究では、法師陰陽師については、概ね、この章において論述した以上のことは明らかにし得ない。そして、本書の次章以下の各章においては、専ら平安中期の官人陰陽師が取り上げられることになるだろう。

第三章　病気と陰陽師

従来的に「陰陽道」という言葉によって捉えられてきたものの中心は、陰陽師の扱う技芸（卜占や呪術など）や観念（陰陽思想や五行思想など）であったが、既に村山修一『日本陰陽道史総説』（一九八一）が明らかにしているように、そうしたものとしての陰陽道が最初に隆盛を迎えたのは、平安時代中期の貴族社会においてであった。事実、平安中期の古記録に見る限り、当時の貴族層の人々は、さまざまな用途で頻繁に陰陽師を用いていた。この点は、これまでに見てきたところからも明らかであろう。

ただ、村山『日本陰陽道史総説』によれば、平安時代中期の貴族社会における陰陽道は、「権力者の権威を示し、政治の無能を糊塗し、社会の固定化をはかるため信条化されたもの」として位置付けられるべきものであった。すなわち、平安時代中期の貴族社会において盛んに用いられた陰陽師の卜占や呪術であるが、それらは、権力を掌握する一部の上級貴族層によって、〈政治的な装飾〉として必要とされたに過ぎないというのである。村山の理解に従う限り、平安貴族社会において陰陽道が隆盛を迎えたのは、あくまで、それが〈政治的な装飾〉として有効に機能したためであった。

既に序章から前章までに示してきたように、平安貴族が陰陽師の卜占や呪術を頻繁に用いていたことは確固たる事実である。そして、平安中期の貴族社会においてしばしば陰陽師を必要としたのは、権力に近い上級貴族層から権力とは無縁の下級貴族層まで、かなり広汎な範囲の人々であった。だからこそ、これも既に見た如く、当時の貴族社会には、官人陰陽師のみならず、法師陰陽師のような非官人身分の陰陽師までもが頻繁に出入りしていたのであろう。とすれば、平安貴族が陰陽師を必要としたのは、必ずしも政治的な理由からではなかったはずである。

筆者としては、権力者たり得る上級貴族層の人々が政治的な目的から陰陽師を必要とした場面もあったであろうことを否定しはしない。しかし、本書においては、そうした場面に着目するよりも、むしろ、平安貴族がその日常生活の中で陰陽師を必要とした場面に関心を払っていきたい。というのも、平安貴族社会にとっての陰陽師の意味を考えるうえでは、平安貴族社会がその日常生活において陰陽師に期待していた役割を把握することが不可欠だと考えるからである。

そして、こうした事情から、この章においては、特に病気と関係した陰陽師の活動に注目していく。ここで殊更に病気の場面を取り上げるのは、平安中期の貴族層にとっても病気は日常生活の中での最重要関心事の一つであったと考えられるからであり、また、『源氏物語』『栄花物語』といった文学作品からも窺われるように、平安貴族は罹病に際してしばしば陰陽師を必要としていたためである。

平安貴族が罹病の折に陰陽師を必要とした事例としては、例えば、『小右記』寛仁三年八月二十一日条には、この日、三人の官人陰陽師に天台座主慶円の病患についての卜占が求められたことが見えている。周知の如く、験者と呼ばれる密教僧が人々の病苦に対処することが平安貴族社会では珍しくなかったが、天台密教の長として自らも著名な験者の一人であるはずの天台座主でさえ、貴族層の他の人々と同様、罹病に際しては陰陽師を必要としたのであった。

第一節　診断の卜占

太政大臣藤原頼忠がにわかに病を得た折、頼忠自身と周囲の人々とがその病気の種類を知り得たのは、卜占によってであった。次の『小右記』に見えるように、卜占が「瘧病」や「時行」[1]などの合併症であることを明らかにしたのである。そして、ここで用いられた卜占は、陰陽師によるものであった可能性が高い。

○今朝太相府悩給之由云々、仍参入、被レ命云、従二昨夕一有レ悩、仍令レ占、瘧病・時行・風熱相剋歟者、

（『小右記』永祚元年六月二十三日条）

平安時代中期の貴族社会においては、人々が病に見舞われた際、それがどのような病気であるかを判ずるため、しばしば陰陽師の卜占が必要とされた。例えば、『小右記』によれば、一条天皇の急変を食中毒（「御膳誤上事」）と判じたのは安倍晴明（表4―2）の卜占であり、藤原公任や藤原実資の「心神不レ例」「心神不レ宜」という症状を卜占によって「時行」「咳病」「風病」など[2]によるものと判じた卜占は安倍吉平（表4―4）によるものであった。

○主上頗有二悩□気一、就□□晴明令レ奉二仕御占一、御膳誤上事□

（『小右記』永祚元年正月六日条）

○自二昨日一心神不レ例、吉平占云、時行、軽者、

（『小右記』長和五年六月十九日条）

○自二去二日一心神不レ宜、夜不レ寝、吉平占云、咳病余気之上風病発動者、

（『小右記』寛仁二年十二月四日条）

また、これも『小右記』に見える事例であるが、円融天皇が足の異常を訴えた際、蔵人頭の任にあった実資が即座に手配したのは、陰陽師による卜占であった（『小右記』天元五年二月四日条）。それが天皇の足の異常についての卜占であったことは疑うべくもなく、以上の諸事例からは、陰陽師の卜占による病種の判定が平安中期の貴族層の人々に

は馴染みのものであったことが見て取れよう。

そして、病気の場面における陰陽師の卜占は、ただ病種を判定するだけのものではなかった。例えば、右に見た『小右記』の事例の一つからは、陰陽師の卜占が病種とともにその病気の軽重を判じることもあったことが知られる。藤原公任の「心神不レ例」という症状を占った陰陽師安倍吉平は、「時行」という病種を指摘するとともに、その病状が「軽」というものであることを公任に告げたのである。

次に引く『小右記』には、安倍吉平が勅禄を受けたことが見えるが、これは、長患いを続ける三条天皇の病状が軽くなる日について占い、その卜占が的中したことに対する褒賞であった。平安中期の貴族層の人々は、長患いの病人が重い症状に悩まされずに済む日を知るのにも、陰陽師の卜占を用いたのである。『小右記』によれば、左大臣藤原道長（左府）が長く病床にあった際にも、賀茂光栄（表4―31）によって同様の卜占が行われている。

○資平自レ内退出云、昨日召二吉平一給二勅禄一、蓋是所二占申一之相当也昨日不三発、給二之故、（『小右記』長和元年七月二十七日条）

○前筑前守永道自二左府一来云、今日不二発給一、光栄占下申不レ可二発給一之由上、（『小右記』長和元年六月十四日条）

もちろん、完全に回復する時期についての卜占にも陰陽師が用いられた。例えば、藤原資房が病んだ際には、賀茂守道（表4―34）によってその平癒の時期が占われている。そして、その一方で、病状が重く回復が絶望視された病人については、その死期を知るために陰陽師の卜占が用いられた。重病の冷泉院が没する時期を知るために賀茂光栄の卜占が用いられた如くである。

○度々訪二資房一、如二日来一者、守通占云、明日明々日平復歟、不レ然甲乙日歟者、（『小右記』治安三年七月九日条）

○入夜主計官人代茂方来、申二冷泉院崩給之由一、（中略）、自二去九月一有二御悩一、万方不レ痊、去□日召二大炊頭光栄朝臣一令レ占、云、不レ可レ過二壬癸日一者、占推指レ掌、可レ謂下優長二於道一者上也、（『権記』寛弘八年十月二十四日条）

このように、平安時代中期の貴族社会では、病種・病状・小康期・平癒期・死期など、病気をめぐるさまざまな事柄を知るために陰陽師の卜占が用いられていた。平安貴族にとって、陰陽師の卜占は病気を診断する手段の一つだったのである。そして、その意味では、病人を前にした陰陽師に期待された役割の一つは、卜占による病気の診断だったのである。

ところで、神仏や霊鬼の霊障による病気を「もののけ」と呼ぶことのあった平安貴族の間では、霊障が人々に病気をもたらすという認識が共有されていた。この点は既に平安貴族に関する常識の一つとなっており、『枕草子』の「病は胸。もののけ。あしのけ」という一節についても、これを平安中期の貴族層によって共有されていた認識を表したものとして理解していいだろう。平安貴族にとっては、霊障による病気（もののけ）も、胸病や脚気などの普通の疾患も、同列に「病」の一種であった。

そして、平安中期の古記録を見る限り、陰陽師の卜占によってその病種を判定された病気の多くは、食中毒や風邪のような普通の疾病ではなく、神仏や霊鬼といったさまざまな霊物の霊障による病気（もののけ）であった。病種の判定に陰陽師の卜占が用いられた場合、食中毒のような普通の病気が指摘されることよりも、霊障による病気が指摘されることの方が多かったのである。

そのため、陰陽師に病気についての卜占を求めた際、平安貴族が最も関心を寄せたのは、その病気が霊障によるものか否かという点であった。例えば、次に引く『小右記』に見えるように、賀茂光栄と藤原陳泰（第一章第二節参照）とが藤原実資の「頭打身熱」という症状について占った際にも、また、賀茂光栄が安倍吉平とともに実資の幼い娘の発熱について占った際にも、実資は専らに「祟」の有無を気にしている。

○従㆓寅卯時許㆒頭打身熱、苦辛無㆑極、（中略）、以㆓光栄・陳泰朝臣等㆒令㆑占㆓其咎㆒、有㆑事㆑祟、

○小児身猶熱、但心性如レ例、光栄・吉平等占云、無二殊祟一、亦非レ重者、

（『小右記』長和二年八月二十五日条）

（『小右記』永祚元年五月七日条）

このように、病気に関する陰陽師の卜占は主として病種を判ずるものでありながら、平安貴族の関心は主としてその病気が霊障であるか否かという点にあった。そして、それは、霊障による病気が他の疾患に比べて殊更に危険なものと見做されていたためではないかと考えられる。このことは、例えば、病床の藤原公任が藤原実資にもらした「今般病似レ不レ可レ存、種々霊物及奇異怪尤可レ慎也」（『小右記』正暦四年六月九日条）という所感から窺われよう。さまざまな「霊物」の霊障による病気に苦しむ公任は、もはや助かるまい（「似レ不レ可レ存」）と感じていたのである。

では、どのような霊物が霊障による病気（もののけ）を引き起こしていたのだろうか。(3)

藤本勝義『源氏物語の〈物の怪〉』（一九九四）が明らかにしたように、『源氏物語』や『栄花物語』に頻繁に登場する「もののけ」のほとんどは死者の霊による霊障である。そして、平安中期の古記録に見る限り、当時の現実の貴族層の人々に霊障による病気をもたらした霊物も、その多くは死者の霊であった。

森正人「モノノケ・モノノサトシ・物怪・怪異」（一九九一）が論じる如く、中古の作り物語に見える「もののけ」の語に相当する古記録語は「邪気」である。平安中期の貴族層の男性は、その日記において「もののけ」を「邪気」と表記したのである。そして、当時の古記録には頻繁に記録されている「邪気」の多くが、死者の霊による霊障であった。

また、次の一覧は、古記録をもとに霊障によって人々に病気をもたらしたとされる霊物を整理したものだが、ここに見えるように、平安貴族が霊障をもたらす霊物として認識していたのは、死者の霊の他、種々の鬼や神祇であり、さらには、妙見菩薩や聖天（歓喜天）のような仏の類までがこれに加えられる。すなわち、平安貴族の認識において

は、神仏や霊鬼といったさまざまな霊物が、霊障によって人々に病気をもたらす霊物であり得たのである。

樹　鬼　小右記治安三年七月十四日条
求食鬼　小右記長保元年九月十六日条＊
稲荷社　小右記寛仁三年三月十八日条
宇佐宮　小右記寛弘二年正月十六日条
日吉社　小右記長和元年六月四日条
春日社　小右記長和四年六月二十日条＊　小右記長和四年九月二十八日条＊
貴布禰社　小右記寛仁二年六月二十四日条　小右記寛仁三年三月十八日条
竈　神　御堂関白記長和二年四月十一日条　御堂関白記長和二年六月八日条＊
小右記長和三年三月二十四日条＊　小右記万寿四年三月五日条＊　小右記長元元年九月二十八日条＊
小右記長元四年七月五日条＊
土公神　小右記長和三年三月二十四日条＊　小右記万寿四年六月五日条　小右記長元四年七月五日条＊
妙見（北君）　権記長保元年十二月九日条＊　小右記長和三年三月二十四日条＊
聖　天　小右記長和四年五月二十七日条
金峰山　小右記寛仁二年六月二十三日条

そして、病気の場面での陰陽師の卜占は、その病気が霊障によるものか否かを判定するためのみならず、霊障によって病気を引き起こした霊物を特定するためにも用いられた。右の一覧中の＊印は、次に示す事例の如く、霊障をもたらす霊物の正体が陰陽師の卜占によって判明した事例に付したものである。

○中将去夜悩煩、今朝頗宜、陰陽属為俊占云、風病上邪気・竈神加㆑祟歟、　（『小右記』長元元年九月二十八日条）

なお、大中臣為俊（表4―23）が藤原資平（中将）の病気を占った右の事例がまさにそうだが、病種の判定に陰陽師の卜占が用いられた場合、普通の疾患と霊障とが並列して指摘されることもあった。右の一覧で＊印を付した事例の幾つかはそうした事例である。

第二節　治療の呪術

清少納言が「にはかにわづらふ人のあるに、験者もとむるに」（『枕草子』にくきもの）と記しているように、平安時代中期の貴族社会では、病人が出た折に験者（密教僧）が必要とされることがしばしばであった。富士川游『日本医学史』（一九〇四）や服部敏良『平安時代医学史の研究』（一九五五）などの医学史の古典的な研究によって既に認められているように、平安貴族が病気の治療に用いたのは、多くの場合、加持や祈禱といった験者による呪術だったのである。その意味では、験者の呪術こそが平安貴族にとって最も一般的な治療手段であったと言ってもいいだろう。

次に引く『小右記』の一連の記事からは、後一条天皇が瘧病を患った際にも、その治療のために心誉・尋円・叡効・証空といった験者たちが加持を行ったことが確認できる。

○早旦前帥示送云、昨日主上瘧病発給、　（『小右記』寛仁四年九月十一日条）

○招㆓頭中将朝任於南殿㆒問㆓案内㆒、只今有㆓発御気色㆒、未二剋前僧都心誉・僧都尋円・律師叡効・阿闍梨証空奉㆓仕加持㆒、他僧等読経、　（同十二日条）

○午終御瘧病発御、（中略）、此間御悩更発、重悩御、或云、吉平占㆓御邪気由㆒、仍僧等奉㆓仕加持㆒、斉信卿密語云、

一昨夜々深令レ叫給、候レ宿侍臣驚起参二御所一、已邪気、
（同十四日条）

また、霊障による病気である「もののけ（邪気）」が平安貴族には馴染みの病気であったことは既に見た通りだが、その「もののけ」の治療――霊障の除去――に用いられたのも、専ら加持や修法といった験者の呪術であった。『枕草子』に「験者の物のけ調ずとて、いみじうしたりがほに」（『枕草子』すさまじきもの）と見える如く、験者の呪術を以て「もののけ」に対処するのは、平安貴族には当然のことだったのである。

そして、右に引いた『小右記』より確認できるように、それが「もののけ（邪気）」であることが陰陽師の卜占によって明かされたような場合でも、その治療に用いられるのは陰陽師ではなく験者の呪術であった。右の事例では、「御邪気由」を指摘したのが安倍吉平の卜占であったにも拘らず、「僧等奉二仕加持一」という措置がとられている。平安中期の貴族社会において、霊障を除去するための呪術は、主として験者に期待されたものだったということになろう。

だが、霊障による病気に対して験者の呪術を用いることが困難である場合もあった。藤原資平が「頭打身熱、心神甚苦」という状態に陥ったときのことになるが、安倍吉平の卜占によってそれが「霊」の仕業であることが判明したものの、資平の養父である藤原実資は、「時疫流行之間」という事情によって「不レ加二加持一」と判断している。すなわち、「もののけ（邪気）」とともに疫病（時行・時疫）をも患っている疑いのある病人に関しては、加持のような験者の呪術を用いることができなかったのである。

○早朝資平言送云、去夕参内、籠二候御物忌一、夜半許心神俄悩、痢病発動、所レ疑霍乱歟、今旦退出者、子細問二案内一、専非二霍乱一、頭打身熱、心神甚苦者、若是時行歟、吉平朝臣占云（来問二時剋一、得レ病時不レ確故也）、付レ所之霊所レ為也者、縦雖二邪気一、時疫流行之間、不レ加二加持一、其由示遣也、
（『小右記』長和四年七月十二日条）

そして、疫病と併発した「もののけ（邪気）」に験者の呪術を以て対処することができなかったのは、当時の貴族社会において、神祇のもたらす災害である疫病に対して加持のような仏法の呪術を用いることが強く忌避されたためだと考えられる。堀一郎「神道と仏教」（一九六七）が指摘した如く、神祇から仏法を遠ざけねばならないという「神仏隔離」の観念は、よく知られた「神仏習合」の観念とともに、平安中期の貴族層に共有されていた。(4) また、『小記目録』に「長元五年二月十二日、疫神定二疫癘一夢事」（『小記目録』第十六夢想事）という一条が見られるように、平安貴族は疫病についてこれを疫神（行疫神）という神祇のもたらす災害として理解することもあったのである。(5)

次に引くのは『栄花物語』の一節であるが、この藤原頼通（大将）の病気をめぐるくだりにおいても、「神の気とあらば、御修法などあるべきにあらず」と、神祇の霊障（神の気）による病気に対しては験者の呪術を用い得ないことが示されている。ここでは、陰陽師（光栄・吉平）の卜占によって「神の気」が指摘されたために、験者（明尊阿闍梨）による修法を用いるわけにはいかない状況になってしまったのである。

○ かかる程に、如何しけん、大将殿日頃御心地いと悩しうおぼさる。（中略）明尊阿闍梨夜ごとに夜居仕うまつりなどするに、御心地さらにおこたらせ給ふさまならず、いとど重らせ給ふ。光栄・吉平など召して、物問はせ給ふ。御物のけや、又畏き神の気や、人の呪詛などさまざまに申せば、「神の気とあらば、御修法などあるべきにあらず。又御物のけなどあるに、まかせたらんもいと恐し」など、さまざまおぼし乱るる程に、ただ御祭・祓などぞ頻りなる。

（『栄花物語』巻第十二たまのむらぎく）

こうした状況において治療――霊障の除去――のために用いられたのが、陰陽師の呪術であった。右の事例にも「ただ御祭・祓などぞ頻りなる」と見えるように、験者の加持や修法を用いることのできない神祇の霊障に対しては、平安貴族は祭や祓といった陰陽師の呪術を用いたのである。

平安時代中期の古記録に見る限り、神祇の霊障を除去するためには、しばしば陰陽師の呪術が用いられていた。例えば、上東門院藤原彰子（女院）が腰を病んだ際には、中原恒盛（表4—66）のト占によってそれが竈神および土公神の祟によるものであることが明らかになると、そのまま恒盛が霊障を除去するための祓を行っている。

○恒盛云、今旦依レ召参二女院一、俄悩二御御腰一、占二申御竈神・土公祟由一、於御竈前奉二仕御祓一、二个度、

（『小右記』長元四年七月五日条）

当時の貴族社会において「もののけ（邪気）」の治療——霊障の除去——にあたったのは、ほとんどの場合に験者であった。特に、霊障をもたらす霊物が死者の霊である場合、験者以外の者による呪術が用いられることは、平安中期の古記録を管見した限りでは皆無である。しかし、霊障をもたらす霊物が仏法を忌む神祇である場合、仏法の呪術を扱う験者は手を出すことができなかった。そして、神祇の霊障に対処するために平安貴族が用いたのが、陰陽師の呪術だったのである。

また、霊障によって「もののけ」を引き起こした霊物が鬼であった場合にも、その治療のために陰陽師の呪術が用いられることがあった。「求食鬼」の霊障によって体調を崩した藤原実資が賀茂光栄に鬼気祭という呪術を行わせた如くである。

○所レ悩自レ暁頗宜、以二光栄朝臣一令レ占二勘一、云、求食鬼之所レ致也者、仍今夜令レ行二鬼気祭一、

（『小右記』長保元年九月十六日条）

右に見た二つの事例において、治療——霊障の除去——のための呪術を行ったのは、ト占によって霊物の正体を突き止めた陰陽師（中原恒盛・賀茂光栄）自身であった。霊障をもたらす霊物が神祇や鬼である場合、このように陰陽師のみによって迅速に対処することも可能であった。

ところで、祟のような霊障について、平安貴族はこれを〈霊物が人々に対して自らの要求を伝える手段〉として認識していたと見られる。拙稿「祟」〔一九九四b〕において詳しく論じたところであるが、平安貴族の認識では、人々に対して何らかの要求を持つ霊物は、その要求に関係する人物に霊障をもたらし、それによって自らの要求を表明したのである。例えば、天台座主の追贈を求める天台僧賀静の亡霊や然るべき供養を求める聖天（歓喜天）が三条天皇に霊障をもたらした如くであり（『小右記』長和四年五月二十二日条・同二十七日条）、また、大納言藤原斉信が娘を苦しめる霊物より辞職を要求された如くである（『小右記』万寿二年八月二十九日条）。

そして、霊障についてこのように認識していたため、平安中期の貴族層の人々が霊障の除去のためにとった手段は、験者や陰陽師の呪術だけではなかった。呪術によって強引に霊障を除去するのではなく、霊障をもたらしている霊物の要求を聞き入れることで、霊物自身に霊障を撤回させようとする場合もあった。例えば、次に引く二つの事例より窺われるところである。

○自ㇾ昨御目悩給、奉平占申、妙見成ㇾ祟者、早遣ㇾ使ニ霊巌寺ㇾ、令ㇾ実ニ検妙見堂ㇾ、（中略）、妙見堂上檜皮等破損、（中略）、令ㇾ仰ニ所司幷国司等ㇾ可ㇾ令ニ修理ㇾ、（『権記』長保元年十二月九日条）

○主上御目未ㇾ御ニ減気ㇾ、吉平朝臣占申云、依ニ旧御願未ㇾ奉ㇾ果給ㇾ、巽方大神祟歟、仍差ニ宰相ㇾ可ㇾ被ㇾ奉ニ春日ㇾ者、（『小右記』長和四年九月二十八日条）

『権記』の事例では、一条天皇が眼を患った際、縣奉平（表4―1）が卜占によって妙見菩薩の祟を指摘したのを受け、霊巌寺妙見堂へと実検使が派遣されており、その実検使より妙見堂の屋根の破損が報告されるや、即座に修理の手配が為されている。また、三条天皇の眼病をめぐる『小右記』の事例では、以前に立てた願を果たしていないために春日社が祟を為しているというのが、安倍吉平の卜占によって明かされたところであり、この卜占を受けて春日社への勅使の派遣が準備されている。

右の二つの事例のいずれの場合にも、陰陽師の卜占を契機として霊物が霊障をもたらす動機が判明し、その結果、それぞれの霊物の要求を聞き入れるというかたちで霊障の除去が行われていた。そして、先に見た霊障についての平安貴族の認識からすれば、このような方法によってこそ、根本的に霊障を除去することが可能であったろう。

そのため、祭や祓といった陰陽師の呪術による霊障の除去は、平安貴族にとっては暫定的な措置に過ぎなかった。例えば、次に引く『御堂関白記』より窺われる如くである。

○悩事猶非レ例、（中略）、以二吉平一令三解除一、依二竈神祟一也、

（『御堂関白記』長和二年四月十一日条）

○行二小南一還来間見二□一、竈神御屋水入来、有レ所レ悩占二竈神祟一、仍令二解除并修補一、

（同六月八日条）

竈神の祟によって風病を患った藤原道長は、まずは陰陽師に祓を行わせていたが、約二ヵ月の後、偶然に竈神の祠の破損を発見したため、再度の祓とともに祠の修理を命じたのである。両度の祓を行った道長も、祠を修理することによって竈神の祟を根本的に解決しようとしたのであった。

なお、平安時代中期の貴族社会においてその治療に陰陽師の呪術が用いられたのは、霊障による病気ばかりではない。当時の古記録には、卜占によって霊障のことが判明しなかった病気に対しても、陰陽師が禊祓を行った事例が見出されるのである。

○晴明朝臣来、触二加級之由一、令レ問二案内一、答云、主上俄有二御悩一、依レ仰奉三仕御禊一、忽有二其験一、仍加二一階一正五位上者、

（『小右記』正暦四年二月三日条）

右の事例において安倍晴明が治療のための禊祓を行った一条天皇の急病は、卜占によって殊更に祟などのことが指摘されたものではなかった。しかし、そのような病気の場合でも、治療には陰陽師の呪術が用いられたのである。平

安時代中期の貴族社会では、霊障とは無関係な病気を治療するのにも、しばしば陰陽師の呪術が用いられていたと見ていいだろう。

第三節　陰陽師の実用性

ここまでの考察によって明らかになったように、平安時代中期の貴族層の人々は、病気の診断に陰陽師の卜占を用いることがあり、また、病気の治療にも陰陽師の呪術を用いることがあった。平安貴族社会の陰陽師は、病気の場面において、診断および治療の役割を果たしていたのである。

そして、診断の卜占や治療の呪術をめぐって平安貴族が陰陽師に寄せた期待は、本章において扱った諸事例に見る限り、真に切実なものであった。就中、「もののけ」あるいは「邪気」などと呼ばれた霊障による病気に直面した場合、霊障による病気を殊更に危険なものと見做した平安貴族は、陰陽師の卜占や呪術に大きな期待をかけざるを得なかった。

また、本章において検討した事例の多くは、藤原道長や藤原実資のような政治権力の中枢にいた上級貴族層の周辺の出来事であった。したがって、当時の貴族社会の権力者であっても、少なくとも病気の場面においては、〈政治的な装飾〉としてではなしに陰陽師の卜占や呪術を必要としていたことは疑うべくもない。平安貴族は陰陽師に実用性を認めていたのである。

ところで、平安貴族社会の陰陽師が病気に関連して果たしていた役割は、卜占による診断と呪術による治療とだけではなかったと考えられる。これら二つが病気の場面における陰陽師の役割の主たるものであったことは間違いないが、病気の場面の陰陽師は、この他にも幾つかの役割を担っていたようなのである。

その一つとして、呪術による予防の役割が数えられる。平安中期の古記録には、陰陽師の呪術が病気を予防する目的で用いられたと見られる事例が幾つか見つかる。例えば、藤原実資の自宅では季節ごとに惟宗文高（表4―49）によって鬼気祭という呪術が行われていたことが『小右記』より窺われるのだが、この鬼気祭は疫病などを予防するために定期的に行われていたのではないかと考えられる。

○今夜当季鬼気祭、文高、西門、　（『小右記』長和二年八月十三日条）

○今夜行二当季鬼気祭一文高、西門、　（『小右記』治安三年七月十七日条）

○当季鬼気祭北門、文高宿禰、　（『小右記』治安三年十二月二日条）

○当季鬼気祭文高、　（『小右記』長元元年十二月二十二日条）

○今夜鬼気祭西門、文高称レ病、仍以二陰陽属恒盛一令レ祭　（『小右記』長元四年二月二十九日条）

また、病み上がりの身体で参内しようとする藤原行成は、陰陽師（縣奉平）に反閇という呪術を行わせている。この反閇についても、病後の弱った身体に起きるかもしれない不測の事態に備えた予防の手段として理解すべきであろう。

○病癒之後、今日参内、（中略）、令下二奉平一反閇上、　（『権記』長徳四年八月十四日条）

さらに、平安貴族の間では、医師の医薬や験者の呪術による治療の有効性および安全性を保証するために陰陽師の卜占が用いられることもあった。

次に引く『小右記』のうち最初の二つは三条天皇が患う眼病の治療に関する記事であるが、これらの事例によれば、「紅雪」という医薬が服用されるに際しても、光源という験者の修法が行われるに際しても、事前に陰陽師（安倍吉平・惟宗文高）の卜占が行われていた。また、残りの二つの記事にも、服薬に際して陰陽師の卜占が用いられたことが見えている。

○又晦日依ニ為信真人申一、可レ服ニ御紅雪一、以ニ吉平一令ニ占申一、申ニ優吉由一者、（『小右記』長和四年四月二十七日条）

○光源法師云、修法奉レ令レ平ニ復御目一、陰陽頭文高占方等到来、奉ニ仕件事一可レ感占云々、（『小右記』長和四年七月二十一日条）

○太宋国医僧所レ送之薬、不レ注ニ其名一、疑慮多端、仍以ニ光栄・吉平等一令レ占ニ善悪一、（『小右記』長和三年六月二十八日条）

○今日服レ韮若可レ率乎、問ニ両三陰陽師一随レ占可レ服、（『小右記』万寿二年八月二十一日条）

右の四つの事例に見える陰陽師の卜占の役割については、治療のために用いられる医薬や呪術の有効性や安全性を確認することにあったと考えるのが妥当であろう。そして、そのように考えるならば、陰陽師の卜占によってその有効性や安全性の確認を受けた医薬や呪術は、平安貴族にとっては有効性や安全性を保証された治療手段であった。また、その意味では、平安貴族社会の陰陽師は治療手段の有効性および安全性を保証する役割を果たしていたことになるだろう。

なお、この役割については、次章および次々章において再論することにしたい。

註

（1） 池田亀鑑『平安朝の生活と文学』（一九五二）によれば、「瘧病（おこりのやまい）」は、別名をワラワヤミともエヤミともいう熱病の一種。また、「時行」は疫病のことであるが、『小右記』長和四年七月十二日条および同十三日条より、別名を「時疫」または「疫気」といったことが知られる。

（2）前掲の池田『平安朝の生活と文学』によれば、「咳病（しわぶきのやまい）」は現代で言う風邪に該当する。また、平安時代に「風病」と呼ばれたものは、慢性の痾または下痢であり、現代に言う風邪とは別のものであった。

（3）公任を苦しめた「種々霊物」の事例の他、『小右記』長和元年七月八日条に「有㆘調㆓伏邪気㆒之声㆖、霊物未㆑去歟」と見えるように、平安貴族は霊障をもたらす神仏や霊鬼を「霊物」と呼ぶことがあった。この「霊物」という語が用いられたのは、霊障をもたらしているのがどのような神仏あるいは霊鬼であるかが判然としない場合であり、平安貴族が神仏や霊鬼を「霊物」と総称していたことが窺われる。そして、本書においては、神仏や霊鬼を一括りに捉える場合には、「霊物」という語を用いることにする。

（4）平安貴族社会における「神仏隔離」の観念と「神仏習合」の観念との関係については、前掲の堀論文の他、堀一郎「神仏習合に関する一考察」（一九六三〔一九五三〕）・佐藤真人「平安時代宮廷の神仏隔離」（一九八六）・同「大嘗祭における神仏隔離」（一九九〇）の諸論考を参照されたい。

（5）平安時代中期の洛中の住人の間には、疫病流行を「疫神」と呼ばれる神格の意図したものとする理解が共有されていたと考えられる。例えば、疫病が猛威を揮った長和四年（一〇一五）、疫神を鎮めるため、西京（右京）の花園寺近辺に同神を祀る社が設けられている。次に引く諸記録に明らかな如くである。

○依㆓疫神託宣㆒立㆓神殿㆒、奉㆓崇重㆒也、　（『日本紀略』長和四年六月二十日条）

○京人花園辺建㆓立神殿㆒祠㆓疫神㆒、依㆓疫神託宣㆒也、今年疫病競起也、　（『百錬抄』同日条）

○西京花園寺坤方帋屋河西頭新卜㆓疫神社㆒、是西洛人夢想云々、或云、託宣云々、今日東西京師凡庶、挙㆑首捧㆓御幣㆒具㆓神馬㆒向㆓社頭㆒云々、慥問可㆑記、　（『小右記』長和四年六月二十五日条）

○花園疫神崇祀之後、病患弥倍云々、　（同二十九日条）

疫神をめぐる右の動きについて、右の諸記録はこれを「京人」「西洛人」「東西京師凡庶」によるものとして記すが、貴族層の手になる記録に残ったこと自体、こうした疫神をめぐる動きが貴族層の人々と無関係なものではなかったことを物語っている。疫病の流行を疫神という神格の所為とする理解は、やはり、平安貴族社会の人々にも共有されたものであったと考えていいだろう。

ただし、平安貴族社会において疫病は疫神のもたらす災害としてのみ理解されていたわけではない。すなわち、『政事要略』には「疫鬼」と名付けられた鬼の図が収められているが（『政事要略』第二十九追儺）、平安貴族の間には「疫鬼」と呼ばれる鬼による霊障こそを疫病と見做す理解も存したのである。次に引くのは三条天皇の病気についての『小右記』の記事であり、ここからは、陰陽師（安倍吉平）の卜占によって疫鬼の祟が指摘されたことに加え、その疫鬼による祟が「鬼気」と呼ばれていたことが知られる。

○吉平占申云、疫鬼・御邪気為レ祟者、（『小右記』長和四年六月十九日条）

○申剋許資平従レ内示送云、御熱気已散殊事不二御坐一、占申云、鬼気之上巽方神社加レ祟歟者、（同二十日条）

第四章　医師・験者・陰陽師

平安時代中期の貴族社会では、「医師（くすし）」と呼ばれる医療技術者が治療者として活躍していた。そのため、次に見る如く、当時の貴族社会を物語風に描く『栄花物語』にも、治療の場面ではしばしば医師が登場する。

○御ありさまを医師に語り聞かすれば、「寸白におはしますなり」とて、その方の療治どもを仕うまつれば、勝るやうにもおはしまさず。（『栄花物語』巻第七とりべ野）

○猶かくて過ぐし給ふ程に、又ものさへ熱して悩み給へば、よもやまの医師を集めて、夜昼つくろはせ給へど、（後略）（『栄花物語』巻第十六もとのしづく）

○しはすの廿日余りの頃、内に御にきみおはしまして、くすしども参りなどして、少しわづらはしう申しけり。（『栄花物語』巻第三十五くものふるまひ）

しかし、平安貴族が自らの治療のために用いたのは、この医師だけではない。『枕草子』にも「にはかにわづらふ人のあるに、験者もとむるに、（中略）、よろこびながら加持せさするに」（『枕草子』にくきもの）と見える如く、「験者」と呼ばれる密教僧が病気治療のために加持などの呪術を行うことがあった。

○その度の御悩には、よき験者どものありしかばこそ、いと頼しかりしか。長谷の観修僧正・観音院の僧正などは、なべてならざりし人々なり。（中略）。陰陽師どもは、晴明・光栄などはいと神さびたりし者どもにて、験ことなりし人々なり。（『栄花物語』巻第十五うたがひ）

『源氏物語』『枕草子』などの中古文学の読者の誰もが知るように、平安中期の貴族層の間では、験者を治療者として用いることが広く行われていた。当時の古記録に治療のための呪術を行ったことの見える「有験僧」（『権記』長保二年十二月十六日条）・「有験師」（『小右記』正暦四年六月六日条）・「有験人」（『小右記』正暦四年六月十五日条、『左経記』寛仁四年七月二十八日条）・「有験者」（『小右記』治安元年八月二十四日条）などは、全て右に言う「験者」の別称であろう。

また、右に引いた『栄花物語』に安倍晴明や賀茂光栄の名前が見えるように、平安時代中期の貴族層の人々は、陰陽師にも治療者としての役割を担わせていた。病人の側に「験ことなりし人々」として居合わせる陰陽師には、病気治療の呪術で「験」を示すことが期待されていたのである。

そして、次に引く『紫式部日記』からは、一条天皇妃の中宮彰子の出産の際、医師・験者・陰陽師の三者が同時に必要とされたことが知られる。無事に皇子が誕生した後、働きを認められた（「しるしあらはれたる」）ことで禄を与えられたのは、修法や読経を行った僧（験者）と医師（くすし）と陰陽師とであった。

○月ごろ御修法・読経にさぶらひ、昨日今日召しにてまゐりつどひつる僧の布施たまひ、くすし・陰陽師など、道々のしるしあらはれたる、禄たまはせ、（後略）

（『紫式部日記』寛弘五年九月十一日条）

このように、平安時代中期の貴族層の人々が自らの治療のために用いたのは、医師・験者・陰陽師であった。医師・験者・陰陽師の三者は、平安貴族にとって最も一般的な治療者であったと考えられる。

そして、これら三者についてその治療のあり方を見るならば、医師の治療が薬物・針・灸・蛭食などの医療によるものであったのに対し、験者や陰陽師の治療は加持祈禱や祭祓などの呪術によるものであった。平安中期の貴族社会においては、医療による治療と呪術による治療とのいずれもが、適切な治療と見做されていたのである。

では、平安貴族が治療手段の一つと見做した呪術は、平安貴族自身にとってどのようなものだったのだろうか。また、それは、もう一つの治療手段である医療とどのように異なっていたのだろうか。

この章においては、平安時代中期の貴族層における治療の事例を通して、験者や陰陽師の扱う呪術が当時の人々にどのように認識されていたのかを、医師の扱う医療と比較するかたちで把握することを試みる。当時の貴族社会の治療の場面を観察することで、平安貴族がどのような認識のもとに医療および呪術を治療手段として用いていたのかを解明すること、さらには、医療と呪術との関係を平安貴族自身がどのように認識していたのかを探ることが可能だと考えるからである。

なお、本章での考察にあたっては、医療人類学的研究の成果を利用することにする。すなわち、伝統的な諸社会における伝統的治療についての文化人類学の議論を手がかりとして、平安貴族の用いた治療手段についての理解を深めようというのである。

第一節　医師の医療

新村拓「古代医療における蛭食治・針灸治・湯治について」（一九七四）は、平安貴族社会における医療について「医家による医療が果たした役割というものは大きなものであった」との評価を下しているが、次に見るように、平安時代中期の貴族社会では、医師の薬物・針・灸・蛭食などによる治療が頻繁に行われていた。

○摂政命云、従二去三月一頻飲二漿水一、就中近日昼夜多飲、口乾無レ力、但食不レ減レ例、医師等云、熱気歟者、雖レ不レ服二丹薬一、年来豆汁・大豆煎・蘇蜜煎・呵梨勒丸等不断服レ之、

（『小右記』長和五年五月十一日条）

○此夜夢、故典薬頭滋秀真人令レ服二紅雪於予一、入二厚朴汁一飲レ之、
（『権記』寛弘六年九月九日条）

○詣二弾正宮一、奉レ謁二入道納言一、為時真人・正世朝臣等祗候、正世針二宮御腫物一、膿汁一升許出、各給二疋綾一、
（『権記』長保四年五月六日条）

○早旦相法来云、至レ今不レ可二灸治一、経二一両日一可二沐浴一者、其後忠明云、今明日猶可レ加二灸治一、以二冷過一不レ可レ為レ善、仍用二灸治一、可レ禁二飲酒幷沐一、其外食物不レ可レ禁者、亦熱気只今明間也、其後可二沐浴一者、
（『小右記』治安二年四月十八日条）

○小瘡太難レ堪、忠明・相成云、可二蛭喰一、
（『小右記』万寿四年三月十九日条）

右に平安中期の貴族層の人々の治療にあたっていたことの見える医師たち――清原滋秀・清原為時・和気正世・和気相法・丹波忠明・和気相成――は、新村拓『古代医療官人制の研究』（一九八三）によれば、いずれも現役の典薬寮官人もしくは典薬寮官人の経験者である。当時の貴族層に「医師（くすし）」と呼ばれたのは、典薬寮官人および典薬寮官人経験者であったと考えられる。そして、第一章にも見た『二中歴』第十三所収の「一能歴」の医師条に名を記された平安中期の医師も、新村の研究に照らせば、その全てが典薬寮官職を経験したことのある官人であった。

罹病あるいは負傷した五位以上の官人は、申請すれば典薬寮による治療を受けられることになっていたように（養老医疾令）、宮内省管下の典薬寮は医療行為を職掌とする官司であった（養老職員令典薬寮条）。新村『古代医療官人制の研究』（一九八三）が詳細に論じるように、幾多の改編の後、平安中期の典薬寮には、典薬頭以下、医師・医博士・針師・針博士・案摩師・案摩博士・侍医・女医博士などの官職が置かれ、平安中期には現役の典薬寮官人およびその経験者の全てが、薬物・針・灸・蛭食などによる治療を行う医師として扱われていた。なお、当時の古記録に見える「医家」（『小右記』天元五年二月四日条、『御堂関白記』寛仁三年二月六日条）は「医師」の別称である。

ところで、清原為信なる医師が三条天皇の眼病を「御目者通二肝臓一、御飢所レ致也、腎臓又可レ令レ補給一」（『小右記』長和三年三月十七日条）と説明した如く、平安貴族は平安貴族なりに人体の構造や機能についての体系的な知識を持っていた。右に見た薬物・針・灸・蛭食などによる治療は、こうした知識に基づくものであったと考えられる。そして、十世紀後半に丹波康頼という医師が隋唐の医書をもとに『医心方』を撰述したことに見られるように、そうした知識は大陸伝来の知識が本朝の貴族層の間で再体系化されたものであった（富士川 一九〇四、新村 一九八五a、服部 一九五五）。

また、例えば「亦背腫物発動、不レ受二医療一、左右多危」（『小右記』万寿四年十一月二十一日条）と見えるように、平安中期の貴族層の間には既に「医療」という概念が存在していたが、右に見た如き、〈人体の構造と機能とについての体系的な知識をもとに直接かつ具体的に身体に働きかける技術〉こそが、平安貴族の所謂「医療」であった。ちなみに、「舌下有二小物一、召二重雅一令レ見、申二重舌一、仍加二療治一」（『御堂関白記』寛弘元年五月十五日条）、あるいは、「侍医相成朝臣不レ離レ身丁寧療治」（『小右記』治安三年九月二十日条）の如く、医療による治療は平安貴族によって「療治」と呼ばれていた。

そして、平安中期の貴族層の人々は、医療というものに対してかなりの信頼を寄せていた。次に引く『小右記』によれば、人臣としての栄華を極め尽くした藤原道長なども、医師の指示には実によく従っていたのである。

○日来摂政被レ食二葛根一、依レ為レ薬云々、一昨日云、口乾頻飲レ水、依二医家申一、服二件葛根一、甚良、暫不レ飲レ水、亦有二気力一者、世間摂政服二葛根一、是飢渇相也、飢渇之百姓無二食物一、掘二葛根一為レ食、未レ聞三上臈食二葛根一、

（『小右記』長和五年五月十三日条）

頻りに喉が渇くという症状に悩まされていた道長が医師の勧めによって葛根を服したことがあったが、葛根という

のは、藤原実資によれば「飢渇之百姓」の救荒食であり、貴族たるものの口にすべきものではなかった。しかし、それが薬として有効であるという医師の指示を信じる道長は、葛根を薬として服用し続けたのである。そして、新村の言うように当時の貴族社会において「医家による医療が果たした役割というものは大きなものであった」〔新村 一九七四〕のも、貴族層の人々が医療に信頼を寄せていたからのことであろう。(1)

第二節　験者・陰陽師の呪術

平安時代中期の貴族社会においては、験者は加持や祈禱や修法を以て、陰陽師は種々の祭や禊祓を以て、その各々が治療者としての役割を果たしていた。次に示すのは、証空という験者の「為二除病一」の修法の事例、一条天皇の急病に際しての安倍晴明（表4―2）による禊祓の事例である。

○自二今日一限二七箇日一、以二証空阿闍梨一、為二女房一、令レ修二不動調伏法一、為二除病一也、
（『小右記』正暦四年五月三日条）

○晴明朝臣来、触二加級之由一、令レ問二案内一、答云、主上俄有二御悩一、依レ仰奉二仕御禊一、忽有二其験一、仍加二一階一
正五位上者、
（『小右記』正暦四年二月三日条）

文化人類学の文脈において平安時代の陰陽師が「呪術師」と見做されるようになって久しいが〔吉田 一九七〇、上杉 一九九四〕、上杉富之「呪術と社会」〔一九九四〕の言うように「善悪にかかわらず何らかの目的のために、超自然的存在（霊魂や精霊など）や超自然的力（呪力）の助けを借りて、種々の現象を起こさせようとする行為」を「呪術」と呼ぶならば、験者の加持祈禱や陰陽師の祭祓を「呪術」と見做すことには、十分な妥当性が認められるだろう。

平安時代中期の貴族層において、験者や陰陽師の治療は、加持祈禱や祭祓により神仏や霊鬼を制御することによって成り立つものとして認識されていたと考えられる。例えば、中宮彰子の出産の場面で験者と陰陽師との用いられたことは先にも触れたが、その際の験者・陰陽師の行為について、紫式部は次の如くに理解していたのである。

○月ごろ、そこらさぶらひつる殿のうちの僧をばさらにもいはず、山々寺々を尋ねて、験者といふかぎりは残るなく参りつどひ、三世《みよ》の仏も、いかに聞き給ふらむと思ひやらる。陰陽師とて、世にあるかぎり召し集めて、やほよろづの神も、耳ふりたてぬはあらじと見え聞こゆ。

（『紫式部日記』寛弘五年九月十日条）

ここに明らかなように、験者や陰陽師の立場からの教義的な理解はともかくとして、一般的な平安貴族の理解では、治療の場面での験者の加持祈禱や陰陽師の祭祓は、「三世の仏」や「やほよろづの神」に働きかけ、その力を制御するものであった。

また、『枕草子』に「病は胸。もののけ。あしのけ」と見えるように、当時の貴族社会には神仏や霊鬼の憑依や祟を原因とする病気もあったが〔繁田 一九九一、谷口 一九九二〕、その治療のためにも験者の加持祈禱や陰陽師の祭祓が用いられており〔速水 一九七五、山折 一九七六〕、こうした場合の加持祈禱や祭祓もまた、一般的な貴族層の人々には憑依したり祟を為したりする神仏や霊鬼を制御するためのものとして了解されていたものと考えられる。

○「神の気とあらば、御修法などあるべきにあらず。又御物のけなどあるに、まかせたらんもいと恐し」など、さまざまおぼし乱るる程に、ただ御祭・祓などぞ頻りなる。

（『栄花物語』巻第十二たまのむらぎく）

○心神太悩起居少臥時多、以㆓恒盛㆒令㆓散供㆒、守道朝臣占云、竈神祟者、仍令㆓解除㆒、招㆓慶真師㆒於枕上転㆓読孔雀経㆒令㆑致㆓祈禱㆒、

（『小右記』万寿四年三月五日条）

そして、験者の加持祈禱にせよ、陰陽師の祭祓にせよ、それらは典籍のかたちで大陸より将来され、平安時代の貴

族層の間で再体系化された一定の専門知識に基づくものであった〔速水 一九七五、村山 一九八一、山下 一九九六a 〔一九八二〕〕。したがって、験者や陰陽師の扱った呪術については、平安貴族がこれを〈一定の専門知識をもとに神仏や霊鬼を制御する技術〉として認識していたと見ることができるだろう。(2)

第三節　技術としての医療と呪術

アフリカの伝統的医療についての医療人類学的研究の動向を整理した宇田川学「伝統医療研究の行方」〔一九九三〕は、「アフリカ大陸を通じて比較的均一な治療者像」として「占い師」「薬草師」「産婆」の「三種のカテゴリーが認められる」ことを指摘する。ここに宇田川の言う「占い師」とは「超自然的な力、多くは神から授けられたとされる能力を拠り所として、占いにより病気の原因について診断し、呪術的な手段もしくは治療儀礼を行うことによって治療する」ような治療者であり、「薬草師」とは「相伝の知識により薬草の調整を行い、専らこれを処方することで病人の治療に当たる」ような治療者、今一つの「産婆」とは「分娩の介助に携わり、また婦人病にも精通した」治療者である。

ここで宇田川の言う「占い師」と前節までに見てきた験者・陰陽師との間に、また、宇田川の「薬草師」と本章の医師との間に、その扱う治療手段における類同性のあることは明らかであろう。しかし、宇田川が「リクルートメント」と呼ぶところの人材の再生産のあり方においては、医師・験者・陰陽師のいずれもが、「占い師」よりもむしろ「薬草師」に近い。

宇田川によると、「占い師」の再生産が「自己の闘病、不幸の経験の最中に神的存在によって召命されることによって治療者となる」というものであるのに対して、「薬草師」のそれは「世襲の場合もあるが、金銭もしくは物的な代価を払うことにより薬草の処方や治療法についての知識を得る」というものである。すなわち、「占い師」の再生産が「神的存在」による「召命」にかかっているのに対して、「薬草師」のそれは専門的な「知識を得る」ことにかかっているのである。

しかし、平安貴族においては、次の諸例に明らかなように、医師の再生産が医療についての専門知識の獲得に拠るものであったのみならず、験者や陰陽師の再生産もまた、呪術についての専門的な「知識を得る」ことをその第一の条件とするものであった。そこでは、験者あるいは陰陽師となるために「受習」ことが必要だったのであり、次代の験者や陰陽師は、「此道ヲ教フル事瓶ノ水ヲ写スガ如シ」というかたちで、「瀉瓶弟子」として再生産されたのである。

○権僧正明救奏云、有下平二愈目病一之密法上、只明救受習、試修二此法一者、
（『小右記』長和四年五月十日条）

○自二今夜一以二阿闍梨文円一令レ行二当季修法一不動息災、助衆四口、件阿闍梨深習二真言一、（中略）、従二阿闍梨慶邪一為二瀉瓶弟子一、彼門徒人云、殊勝真言師也、
（『小右記』治安三年正月十七日条）

○　今昔、天文博士安倍晴明ト云陰陽師有ケリ。古ニモ不恥ヂ止事無リケル者也。幼ノ時、賀茂忠行ト云ケル陰陽師ニ随テ、昼夜ニ此道ヲ習ケルニ、聊モ心モト無キ事無カリケル。（中略）。其後、忠行、晴明ヲ難去ク思テ、此道ヲ教フル事瓶ノ水ヲ写スガ如シ。然レバ、終ニ晴明此道ニ付テ、公・私ニ被仕テ糸止事無カリケリ。
（『今昔物語集』巻第二十四第十六語）

ところで、宇田川の所謂「占い師」は、池田光穂が「〈伝統社会の治療者〉の代表例として」扱う「シャーマン」の範疇に入るものであろう。池田の言う「シャーマン」とは「神や精霊からその能力を授けられ、それらと直接交流することによって、予言、病気治し、占い、儀礼などを行う職能者のことである」（池田　一九九二）。そして、池田に

よれば、「近代医学の医師とシャーマンの共通点」の一つが「その治癒力を修行というプロセスを通して獲得すること」にあるにも拘らず、「要素還元的な近代医療システムでは〈病気のデータ〉が治療者の誰彼にかかわらず共有でき、その知識は体系的に学習することができる」のに対して、「シャーマンの治療知識とその行為は、そのほとんどが経験的・直感的なものである」ため「特定の患者に対する治療行為を他の治療者に代替することはできない」のである。

だが、平安時代中期の貴族社会において治療者の役割を担った験者や陰陽師の場合、既に見たように、「その知識は体系的に学習することができ」、さらには、次に引く『小右記』に「手替師」のことが見える如く、「特定の患者に対する治療行為を他の治療者に代替すること」も可能であった。

○自二今日一限二七箇日一、以二証空阿闍梨一、為二女房一、令レ修二不動調伏法一、為二除病一也、伴僧二口、闍梨依レ有レ所レ労、以二手替師一時々令レ行、

（『小右記』正暦四年五月三日条）

このように、平安貴族社会における治療者は、医療を扱う医師にしても、呪術を扱う験者・陰陽師にしても、池田の言う「近代医学の医師」と同じく、専門知識の学習を前提としていた。そして、このことは、医療と呪術とのいずれもが平安貴族には専門知識に基づく〈技術〉として認識されていたことによるのだろう。先に見たように、平安中期の貴族層の間では、医師の医療は〈人体の構造と機能とについての体系的な知識をもとに直接かつ具体的に身体に働きかける技術〉として、験者・陰陽師の呪術は〈一定の専門知識をもとに神仏や霊鬼を制御する技術〉として認識されていたのであった。

第四節　治療手段の二元性

波平恵美子『病気と治療の文化人類学』〔一九八四〕によれば、医療人類学においては、伝統社会における伝統的治療を扱う場合、それを「民俗医療」と「治療儀礼」とに分類することがある。ここで波平の想定する「民俗医療」とは「『薬』と称されるものを服用させたり、燃してその煙でいぶしたり、煮出した汁を病人にかけたり、それで身体を撫で回したりする」ような「何らかの具体的方法〔身体に直接触れるような方法〕」であり、「治療儀礼」とは「神や祖霊や精霊に祈ったり、それらに供犠を捧げたり、病気を起したと信じられる妖術師や邪術師を攻撃するために用いられる『呪術』と呼ばれる方法」である。そして、こうした概念を本章での考察に持ち込むならば、医師の医療を「民俗医療」の一種として、験者・陰陽師の呪術を「治療儀礼」の一種として位置付けることができるだろう。

ただ、「しかし当の人々は、何らかの具体的方法〔身体に直接触れるような方法〕と『儀礼』とを区別して、二元的な方法で治療効果をあげようと考えてはいない。『治療儀礼』とは人々にとってはいま一方の方法と同じく『治療』なのであり、そこに二分性を見出そうとするのはわれわれ西洋医学を『医療』と考える者の認識によるのである」とする波平は、伝統的治療を用いる伝統社会の人々自身が、その伝統的治療を「民俗医療」と呼び得るものと「治療儀礼」と呼び得るものとに二分する「二元的な」認識を持っているとは考えていない。というよりも、治療手段についての二元的な認識が伝統社会に存在することをはっきりと否定しているのである。

確かに、吉田禎吾の報告するバリ島のbalianという「呪医」が「薬草と呪術によって」治療に携わっているという事例〔吉田　一九八三〕などからは、波平の見解に妥当性を認めることができるだろう。とはいえ、治療手段についての二元的な認識を持つ伝統社会の存在する可能性を全く否定し去ってしまう必要はないように思われる。少なくとも平安時代中期の貴族社会は、治療手段が二元的に認識される社会であった。当時の説話集に見える「乃至守妻沈二重病一、万死一生、仏神祈禱、医方療治、更無二其験一」（『大日本国法華経験記』巻中第六十六）という表現が端的に示すように、当時の貴族層の人々は、自らが治療に用いる医療と呪術とを明確に区別し、治療効果を二元的に求めていたのである。

しかも、治療手段についての二元的な認識は、平安中期の貴族層に限って確認されるものではない。例えば、保延四年（一一三八）三月二十五日の日付を持つ荘園寄進状に「久訪二薬石之療一、旁仰二仏社之助一」と見えることから（『平安遺文』二三八四号）、平安後期の貴族社会にも同様の認識があったことが知られよう。

また、次に引く『日本霊異記』に明らかなように、平安時代初期の、しかも、地方社会においてさえ、治療手段についての二元的な認識を背景として、治療効果が二元的に求められることがあった。ここに見える「医薬方」が医療による治療を、「卜者」が呪術による治療を行う治療者であったことは容易に察せられよう。

○摂津国東生郡撫凹村、有二一富家長公一、姓名未レ詳也、（中略）、忽得二重病一、又経二七年一間、医薬方療猶不レ癒、喚二集卜者一而祓祈禱、亦弥増レ病、　（『日本霊異記』中巻第五縁）

そして、平安中期の貴族社会においては、験者や陰陽師が医療を扱うことはなく、医師が呪術を扱うことはなかった。平安貴族は、験者や陰陽師に医療を期待することはなく、医師に呪術を期待することはなかったのである。

元来、陰陽師は治療のための呪術を職能としてはいなかった。むしろ、養老職員令において治療のための呪術を職掌とすることが定められていたのは、陰陽寮に置かれた令制陰陽師ではなく、典薬寮に設置された呪禁師という官職であった。すなわち、本来、医療による治療のみならず、呪術による治療までもが、典薬寮官人の所管するところだったのである。
しかし、陰陽師が呪術による治療を行うことが一般的となった十世紀、下出積與「呪禁師考」（一九五二）が詳しく論ずる如く、呪禁師という官職は廃絶される。つまり、陰陽師が治療のための呪術を扱うようになると、医師（典薬寮官人およびその経験者）は制度的に呪術から遠ざけられたのである。そして、医療を扱う者と呪術を扱う者とを明確に区別しようとする制度上の措置がとられたのは、平安貴族が医療と呪術とを別個の技術体系に属する治療手段として認識していたためであったと考えられる。[3]

第五節　医療と呪術の関係

二元的な認識のもと、それぞれ別個の技術体系に属する治療手段と見られてはいたが、医療と呪術とは、平安中期の貴族層にとって、相互に排除し合うものではなかった。医師の医療と験者・陰陽師の呪術とのいずれもが、それぞれの資格において治療手段として用いられていたのである。したがって、同一の治療の場面において医師と験者・陰陽師とを用いることは、平安貴族には当然のことであった。

○任二僧綱一、法性寺座主遍救任二少僧都一、依三太政大臣之病悩施二験力一也、典薬頭清原滋秀叙二正五位下一、侍医時原忠信叙二従五位上一、依二療治功一也、
（『日本紀略』天延三年十月十五日条）

○心神如レ常、而目尚不レ見、二三尺相去人顔不レ見、只手取物許見レ之、何況庭前事哉、陰陽師・医家申レ可レ食二魚肉一、
（『御堂関白記』寛仁三年二月六日条）

また、先にも見たように、平安中期の貴族社会には神仏や霊鬼の憑依や祟による病気があったが、こうした病気に

対しても、医療と呪術との双方が用いられていた。例えば、長和三年三月以降数ヵ月間の『小右記』の記事から容易に窺うことができるように、三条天皇の眼病はさまざまの神仏や霊鬼の憑依や祟によるものとされていたため、験者の修法や陰陽師の祭が幾度も行われていたが、それと同時に、幾種類もの薬物が用いられていたのである。

そして、次に引く『小右記』の事例などは、憑依や祟による病気の治療に医療の用いられたことを示す顕著なものであろう。ここでは、仁海という験者の卜占の結果、祟による病気の治療であるにも拘らず、呪術を用いることが否定され、医療を用いることが求められている。たとえ神仏や霊鬼の憑依や祟による病気の治療の場合であっても、医療も呪術もともに有効な治療手段と見做されていたのである。

○仁海律師易筮云、有㆓樹鬼等祟㆒、祈禱不㆑応歟、可㆑経㆑頃、但不㆑及㆓深害㆒歟、移㆓他所㆒可㆑吉、亦有㆓風熱病㆒、可㆑加㆓医療㆒者、

（『小右記』治安三年七月十四日条）

かくの如く、平安貴族には医療と呪術との二通りの有効な治療手段が用意されていたのであり、彼らは迷うことなく二元的な治療を用いていた。そして、平安貴族にとっては、それが波平恵美子の言うところの「治療戦略」（波平一九九二）だったのである。

ところで、既に見たように、平安貴族は医療と呪術とをそれぞれ別個の技術体系に属するものとして認識していたわけであるが、平安貴族社会の治療の場面において、医療という技術があくまで治療手段でしかあり得なかったのに対して、呪術という技術はそれ以外のものでもあり得た。すなわち、平安時代中期の古記録からは、当時の貴族社会において、験者や陰陽師の呪術が、医師の医療の治療手段としての有効性および安全性を保障するものと見做されていたことが窺われるのである。

例えば、眼病を患う三条天皇が清原為信という医師の具申によって「紅雪」という薬を服用した際には、その「紅

雪」に広隆寺僧による加持が加えられていたが、ここでの呪術（加持）は、仏力によって医療（医薬）の有効性および安全性を保障することを期待されたものであったことが予想される。

○又晦日依二為信真人申一、可レ服二御紅雪一、以二吉平一令二占申一、申二優吉由一者、明日差二出納一遣二紅雪於広隆寺一、可レ令二加持一者、
（『小右記』長和四年四月二十七日条）

また、右の「紅雪」の事例では、服薬の是非について安倍吉平という陰陽師の卜占が求められているが、これによって平安貴族が期待したのは、おそらく、卜占を通じて服薬の有効性および安全性についての神による保証を得ることであった。平安貴族にとっての卜占は、「為レ得二神告一」（『小右記』治安三年閏九月一日条）のものだったのである。そして、平安貴族によって「為レ得二神告一」のものとして認識された卜占についても、これを〈一定の専門知識をもとに神仏や霊鬼を制御する技術〉としての呪術の一種に数えるとするならば、平安貴族社会では呪術（卜占）によって医療（服薬）の有効性および安全性が保証されることが期待されていたことになるだろう。

要するに、平安貴族社会の治療の場面においては、呪術という技術は、医療という技術の有効性および安全性を保障・保証するものでもあり得た。あるいは、平安貴族は呪術に医療の有効性および安全性を保障・保証することをも期待していた、と言った方がいいかもしれない――無論、医療が常に呪術による保障・保証を必要としたわけではない――。

しかし、以上に見てきたような医療と呪術との関係は、何も平安時代に固有のものではない。ほとんど同様の関係は、近年の医療人類学的研究の成果によれば、現代日本における近代医療と呪術との間にも見出されるのである。

波平恵美子が一九六〇年代に調査した四国西南部の農山村では、村人が病気になった場合、遠方の「医者」の近代医療と在村の「祈禱師」の呪術とを併用しており、「いくつかの例を除いて、祈禱師のみに治療儀礼を頼み、症状が

悪化しても医者にかからないという事例は見当らない」（波平 一九八二）。近代医療と呪術とをそれぞれ別個の技術体系に属するものと見做すのが現代の日本では一般的な認識だと見ることに異論はないものと思われるが、波平の調査した農山村では、治療手段についての二元的な認識のもとに、近代医療と呪術とが治療手段として併用されているのである。

しかも、波平によれば、この村では、「医者の選択、手術を承諾するか否かまで祈禱師に相談をする」のであり、また、「病人が重篤になった時、あるいは大きな手術を受ける時、村の全戸から一人ずつ出て鎮守の社で祈禱をする」「人祈禱」が行われるという。そして、こうした事例と、『小右記』に見た服薬をめぐる卜占や医薬への加持との間には、明白な類同性が見られよう。すなわち、現代日本においても、呪術が医療の有効性および安全性を保障・保証するものであり得るのである。

そして、波平は「人々にとっては、近代医学に基づく医療体系と、さまざまな治療儀礼を伴う、信仰に基づく医療体系は相互補完的なものであって、決して排他し合うものでも矛盾し合うものでもなく、いうなれば、車の両輪のように、人々の医療体系全体の重要な要素になっている」との見解を示すが、現代日本の農山村における近代医療と呪術との関係について波平の下した評価は、そのまま平安貴族社会における医療と呪術との関係にも当てはまるのではなかろうか。平安貴族の治療の場面において医療は呪術による保障・保証を必要とすることがあったのであり、その限りでは呪術は医療に媒介されて治療に関わり得ることもあったのである。したがって、幾分かの検討の余地はあるものの、一応、医療と呪術との二系統の技術は平安貴族社会の治療の場面において相互補完的な関係にあった、と言うことができるだろう。

さて、この章の目的は、治療の場面において験者や陰陽師が扱った呪術について、平安時代中期の貴族層の人々がそれをどのようなものとして認識していたかを解明することにあった。そして、その解明は医師の扱う医療との対比において進められることになっていたが、本章では、医療人類学的研究の成果をも手がかりとしながら、次の諸点を明らかにすることができた。

・医療は〈人体の構造と機能とについての体系的な知識をもとに直接かつ具体的に身体に働きかける技術〉として、呪術は〈一定の専門知識をもとに神仏や霊鬼を制御する技術〉として、それぞれが専門知識に基づく技術として認識されていた。

・医療と呪術とはそれぞれ別個の技術体系に属するものとして認識されていたため、平安貴族社会における治療手段は医療と呪術とによる二元的なものであった。

・医療と呪術とは、相互に排除し合う関係にあったわけではなく、各々が有効な治療手段として認識されていた。

・医療には呪術による保障・保証を必要とする場合があったように、また、呪術には治療の場面に関わり得るために医療による媒介を必要とする場合があったように、医療と呪術との関係は相互補完的なものであった。

以上の諸点は、平安中期の古記録から得られた断片的な情報を手がかりに、少なくともこれだけは言い得るであろうと考えられることを述べたに過ぎない。しかし、ここまでの考察において、一応は所期の目的は達成されたものと考える。(4)

註

（1）谷口美樹「平安貴族の疾病認識と治療法」（一九九二）には、「治療行為とは、身体に生じた異常を癒し、正常な状態に回復させる過程全般であり、平安貴族社会において医療はその過程の一部の、限定された役割を担っていたにすぎなかった」との見解が示されているが、本章に見てきたところからすれば、平安貴族における医療の役割についての谷口による評価があまりに過小なものであることは明らかであろう。そして、この不当に過小な評価は、偏に谷口の認識不足に起因するものであるように思われる。「平安貴族社会、それ自体の疾病認識に注目しつつ、認識のあり方と治療法との相関関係を検討したい」とは言うものの、平安貴族自身の「疾病認識」に気をとられ過ぎた谷口は、「治療法」の一つとしての〈平安貴族なりの医療〉についての平安貴族自身による認識にはほとんど留意していないのである。

（2） 平安時代中期に源高明の編んだ儀式書として知られる『西宮記』には、天徳四年十一月に村上天皇が冷泉院へと遷った際のこととして、「十一月四日、移二冷泉院一云々、入レ自二西門一、陰陽頭具瞻前行、（中略）、入二西中門一、具瞻先到二南殿一及二中殿一、施二呪術一退出」（『西宮記』臨時五行幸）と記されており、このとき陰陽師（陰陽頭具瞻）が何らかの「呪術」を行ったことが知られる。そして、村上天皇の冷泉院への遷御については『新儀式』にも記述があるが、そこでは具瞻は散供を行ったことになっており（『新儀式』第四遷御事）、既に平安時代中期の貴族社会において、散供のような陰陽師の扱う技術が「呪術」と呼ばれていたことが窺われる。つまり、陰陽師の扱う〈一定の専門知識をもとに神仏や霊鬼を制御する技術〉が、平安貴族自身によっても「呪術」と呼ばれていたと考えられるのである。

ただし、平安貴族の言う「呪術」は、呪文あるいは呪文の詠唱を意味したとも考えられる。鎌倉時代中期に成立した『二中歴』の「呪術歴」には、「悪夢相時誦」「雷鳴時誦」「人魂見時誦」「産婦易生呪」「難産時呪」「馬腹病時誦」など、さまざまな場面で唱えられるべき数々の呪文が列挙される（『二中歴』第九呪術歴）。『二中歴』は平安時代後期に文章家の三善為康が著した『掌中歴』と『懐中歴』とを再編集したものであるから、右の諸々の呪文は遅くとも平安後期には貴族層の人々に知られていたことになるが、平安中期の貴族層が「呪術」と呼んだのも、こうした呪文や呪文の詠唱であったことは十分に考えられよう。先に見た『西宮記』の「呪術」も、秦具瞻が散供を行いながら唱えた呪文のことを意味するのかもしれない。

また、平安貴族自身が〈一定の専門知識をもとに神仏や霊鬼を制御する技術〉を指し示すのに「厭術」という語を用いたことも確認されるが（『小右記』長和元年六月十二日条）、この研究においては、これまでに引き続き、験者の加持や陰陽師の禊祓を「呪術」と呼ぶことにする。そして、験者の加持や陰陽師の禊祓といった本書に言う「呪術」は、平安貴族にとっては〈一定の専門知識をもとに神仏や霊鬼を制御する技術〉だったのである。

（3） ただし、「医僧」と呼ばれる医療を扱う僧たちが平安中期の貴族社会に出入りしていたことから、平安貴族は医療と呪術とを明確に区別してはいなかったのではないか、という疑義の提起されることも予想される。例えば、『小右記』に「又命云、服二豆汁・葛根等一、服二柿汁一、定延法師云、柿者熱物不レ可レ服者、仍不レ服」（長和五年五月十一日条）、「今日石清水臨時祭、称二寸白発由一不二参入一、背聊有レ熱、招二定延一令レ見、可下付二雄黄一又以レ石充上者、即加二件治等一」（寛仁三年三月十三日条）と見える定延法師や、同じく『小右記』に「太宋国医僧所レ送之薬」（長和三年六月二十八日条）と見える「太宋国医僧」の如く、当時の貴族社会には医療を扱う僧の存在が確認されるが、そうした僧は平安貴族によって「医僧」と呼ばれていたのである。

ただ、当時の古記録に見る限り、医僧が治療に関与するのは、あくまで医療を以てのことであり、医僧が医療による治療と呪術による治療とを併用することはなく、ましてや、専ら呪術による治療を行うことはなかった。平安中期の貴族社会では、医療を扱う僧としての医僧と呪術を扱う僧としての験者との間に明確な役割分担があったと考えられる。やはり、平安貴族は医療と呪術とをそれぞれ別個の技術体系に属する治療手段として認識していたものと見做すべきであろう。そして、以下に引く新村拓の論述〔一九七四〕も、やや明快さに欠けるものの、こうした事情を説明している。

> 「石屋聖人」、「鎮西医僧」、「筑紫医僧」と呼ばれる僧医が公家に出入するようになる。しかし、彼等による医療も医家によるそれと全く同じであり、仏呪等を併用するといった、また特殊な方法を用いての医療ではない。医家と僧との違いはあるが、医療内容は全く同じであり、仏教医学などと名づくべきものではない。

（4）なお、本章において平安貴族の用いる治療者として扱ったのが医師・験者・陰陽師の三者のみであったのは、彼らこそが平安時代中期の貴族層が最も一般的に利用した治療者であったと考えられるからであるが、次に引く『小右記』および『御堂関白記』に見えるように、平安貴族が治療者として利用したのは右の三者のみではない。

○昨日中宮大夫云、主上御歯以下住二京極辺一之嫗上令レ取給、先年以二此嫗一令レ取給、

（『小右記』長和三年正月八日条）

○資平朝臣云、有下申レ奉レ令レ平二復御目一者上、令二奉仕一如何云々、申下可二奉仕一間様上云、賜二少物一、於北野辺奉二仕御祭一者、令レ申レ可二奉仕一者、即参二大内一、問二案内一、男巫云々、令レ給レ物、

（『御堂関白記』長和四年閏六月十三日条）

右に引いた『小右記』によれば、三条天皇が歯痛に苦しんだ際に抜歯に用いられたのは、京極辺りに住む庶民層の老女（「住二京極辺一之嫗」）であった。しかも、この老女が天皇の抜歯に用いられたのは、これがはじめてではなかったという。また、右の『御堂関白記』によれば、三条天皇が眼を病んだ際には、「男巫」と呼ばれる呪術的職能者が治療のための呪術（御祭）を行ったことがあった。彼もまた庶民層の一人であろう。

この二つの事例のいずれもが極めて稀なものとして扱われねばならないように、少なくとも現代に伝わっている古記録の記録者である上級貴族層の場合には、右に見た如き治療者を用いるのは珍しいことであった。しかし、もし中級貴族や下級貴族の治療の場面を観察することができたならば、庶民層の老婆や巫がより頻繁に治療者として活動するところを見ることができるかもしれない。

第五章　医療の役割・呪術の役割

平安時代中期の貴族社会における医療の状況を扱う古典的研究としては、富士川游『日本医学史』〔一九〇四〕とともに、服部敏良『平安時代医学史の研究』〔一九五五〕を挙げることができるだろう。富士川医学史が古代から近代までの日本の医学について通時的な考察を試みるのに対し、服部医学史は限定された一時代の医学（というよりも医療）についての共時的な考察を試みる。また、富士川医学史は主に医学そのものの発展を跡付けようとするが、服部医学史は特定の時代の文化的状況全体のうちに医療を位置付けようとするのである。

その服部『平安時代医学史の研究』における「平安時代文化の医学的検討」によると、平安中期の貴族層の人々は、医療をめぐっては絶望的な状況に置かれていた。服部に言わせれば、彼らは医療というものをほとんど用いようとせずに「疾病の治癒を加持祈禱に頼つた」のであり、そうした「加持祈禱の隆昌」がさらに彼らの間での「正しい医療の普及を妨げ」ていたのである。

「栄花物語」、元暦《ママ》元年から治安三年までの八十三年間のうち疾病のため医薬を用いた例は、風のために朴を服用した四例（見はてぬ夢・玉の村菊・若水・鶴の林の巻）に過ぎない。如何に疾病の治癒を加持祈禱に頼つたかを知り得るであろう。（中略）

疾病のある所、悪疫の流行する所、個人と国家を問わずすべて加持祈禱によつてその治癒を願い、鎮遏を図つたのは当代の特色と云うべきであつて、いかに加持祈禱が深く民心に浸み込んでいたかを知り得るであろう。

これを医学的に批判すれば当代に於ける加持祈禱の隆昌は、それだけ正しい医療の普及を妨げ、医学の発達を阻止したとも云い得るのであつて、平安時代貴族の虚弱な体質が、かかる条件の下に醸成されたと云うも過言ではあるまい。

しかも、服部の見解では、平安貴族が信頼を寄せていた加持は、病気の治療のために用いられた場合、かえって病人の生命を危うくするものでさえあった。

また時には病人の枕頭或は几帳の外でも加持が行われたこともあり、（中略）、道長の女尚侍藤原嬉子が出産後麻疹に罹り、重篤にてまさに息もたえんとするとき、その枕頭に、大勢の僧侶の声もきれよとばかりの大声の読経が行われたのであつて、瀕死の病人にとつてはこれが如何に耐え難いものであつたか、むしろ加持が嬉子の生命を奪つたとさへ云い得るのであつて、その状況は想像するだに戦慄を覚えしむるものがある。

もちろん、平安貴族社会における医療をめぐる状況についての服部の見解を、そのまま是とすることはできない。まず、平安貴族が加持を頼んで医療を用いようとしなかったという点だが、これは単純な事実誤認だと言っていい。既に新村拓「古代医療における蛭食治・針灸治・湯治について」（一九七四）が示しているように、平安時代中期の古記録には、医師が蛭食・針・灸・薬物などの手段を以て治療にあたっていたことが散見する。新村の言う如く、平安貴族社会において「医家による医療（ここではとりあげなかった薬物療法も含めて）が果たした役割というものは大きなものであった」。蛭食・針・灸・薬物など、医師（医家）の扱う〈人体の構造と機能とについての体系的な知識をもとに直接かつ具体的に身体に働きかける技術〉を「医療」と呼ぶとして（本書第四章参照）、平安中期の古記録からは、当時の貴族層の人々が頻繁に医師の医療を用いていたことが知られるのである。そして、平安貴族の間に医療があまり普及していなかったとする服部の見解には、『源氏物語』『栄花物語』といった作り物語を考察の材料にしたという、史料上の制約からくる誤解が含まれていると考えられる。

また、服部の「加持が嬉子の生命を奪った」といった類の理解については、これを悪しき合理主義と評する他ないだろう。治療の場面において験者の加持を用いることを選んだのは、他ならぬ平安貴族自身であった。例えば『小右記』を主要な史料とする谷口美樹「平安貴族の疾病認識と治療法」〔一九九二〕に明らかなように、平安貴族は治療のために自ら積極的に加持を用いていたのである。とすれば、験者の加持のような〈一定の専門知識をもとに神仏や霊鬼を制御する技術〉を「呪術」と呼ぶとして（本書第四章参照）、それを用いた平安貴族自身が呪術を治療に益するものと考えていたことは明白であろう。

このように、服部の「平安時代文化の医学的検討」による平安時代の治療手段についての評価は、全面的に見直されなければならない。

しかし、服部以降の研究——例えば右に見た新村や谷口の論考——においても、服部説の誤謬が根本的に克服されているとは言い難い。というのも、そうした研究において、平安貴族社会の治療の場面における医療および呪術の役割についての、包括的かつ整合的な評価が為されてはいないからである。

例えば、平安中期の貴族社会における治療が主として医師（医家）の医療によって担われていたと見る新村は、験者や陰陽師の呪術に治療手段としての役割を認めようとはせず、それとは反対に、加持を「加持治療」という治療手段と見做す谷口は、医療が平安貴族の治療に果たした役割を積極的に評価しようとはしない。新村によれば、平安貴族社会における治療の「主体はあくまでも医家であり、その効果を補完する形において仏呪、道呪が参共している」のであり〔新村　一九七四〕、谷口によれば、「治療行為とは、身体に生じた異常を癒し、正常な状態に回復させる過程全般であり、平安貴族社会において医療はその過程の一部分の、限定された役割を担っていたにすぎなかった」〔谷

ロ 一九九二〕。

すなわち、医療の役割を高く評価する研究者は呪術の役割を評価することがなく、呪術の役割を高く評価する研究者は医療の役割を評価することがないのである。とすれば、立場を異にする両者のいずれについても、平安貴族社会の治療の場面における医療および呪術に関して、十分な議論を展開していると見做すことはできまい。だが、このような混迷した事態の生じた原因は明白である。

一般に、何かについてその役割を評価しようとする場合、どのような評価を下すかということ以前に、どのような視点から役割評価を下すのかということが明らかでなければならない。治療の場面における医療および呪術の役割を評価するにしても、両者の役割を評価するための視点が明確でなければならず、しかも、医療の役割についても、呪術の役割についても、同一の視点からの評価が為されねばならないのである。

ところが、これまでの研究では、こうした役割評価の視点など、全く考慮されていないか（新村説）、あるいは、不十分にしか考慮されていないか（谷口説）、であった。実のところ、従来の研究では視点が曖昧にされたままに評価だけが為されてきたのであり、そして、そうした評価の視点に関する議論の不備こそが、これまで治療の場面における医療の役割および呪術の役割についての評価を混迷させてきた最大の原因である。

かように見るならば、もはや本章の目的について多くを語る必要はあるまい。平安貴族社会の治療の場面における医療の役割および呪術の役割を、その評価の視点を明確に設定したうえで包括的かつ整合的に評価することこそが、本章の狙うところである。そして、そうした考察を以て、本書の主題である平安貴族社会の陰陽師についての考察を補足することにしたい。

第一節　「役割」評価の視点

身体的不調の除去を「治療」と呼ぶとして、少なくとも今の時点では、平安貴族の治療の場面において〈一定の専門知識をもとに神仏や霊鬼を制御する技術〉としての呪術が治療の役割を果たしていたか否かを、学術的に評価することはできない。神仏や霊鬼の存在を自然科学的に評価することの困難な現状では、それは評価を下す個々の研究者の信仰告白になりかねないからである。それゆえ、現状においては、平安貴族の用いた呪術に関して学術的に評価することができるのは、それが治療の役割を果たしていたか否かという点ではなく、それが治療の役割を期待されていたか否かという点であろう。要するに、呪術の役割についての平安貴族自身の認識を問題とするしかないのである。

また、新村や谷口の依拠した古記録のような史料を根拠とする限り、平安貴族の用いた医療に関しても、それが物理的に治療の役割を果たしていたか否かを学術的に評価することは難しい。古記録のような史料から知られるのは、平安貴族が医療をどれだけの頻度で用いていたかということでしかなく、また、仮に古記録を手がかりとして平安貴族が頻繁に医療を用いていたことが明らかになったとしても、そこから医療が物理的に治療の役割を果たしていたという結論を導き出すことはできない。医療の場合にも、学術的に評価することができるのは、物理的に治療の役割を果たしていたか否かという点ではなく、それが治療の役割を期待されていたか否かという点なのではなかろうか。

ところで、平安貴族社会の治療の場面における医療および呪術の役割を評価するにあたっての二つの視点――治療の役割を果たしていたか否かという視点、および、治療の役割を期待されていたか否かという視点――は、必ずしも択一的な関係にあるわけではない。それらは密接な関係にあり、双方の視点からの評価が同時に為されることも十分に考えられる。

例えば、医療または呪術が治療の役割を果たしていたという評価が下される場合（そもそも評価すること自体が可能であればの話ではあるが）、それと同時に、それが治療の役割を期待されていたという評価が下されることになるだろう。そして、その反対に、医療または呪術が治療の役割を期待されてはいなかったという評価が下される場合、それと同時に、それが治療の役割を果たしていなかったという評価が下されることになるのではなかろうか。というのも、仮に医療あるいは呪術に十分に治療の役割を果たす可能性があったとしても、その役割が期待されていない状況――身体的不調を除去するのに有効な手段と見做されていない状況――では、その効力を発揮する機会に恵まれないからである。

要するに、治療の役割を果たしていたという評価は、治療の役割を期待されていたという評価を前提とするのである。とすれば、平安貴族の治療の場面における医療や呪術の役割を評価するにあたって採用されるべきは、やはり、それが治療の役割を果たしていたか否かという視点ではなく、それが治療の役割を期待されていたか否かという視点であろう。端的に言えば、文献史料を手がかりとして学術的に問題とすることが可能なのは、医療の役割および呪術の役割についての、平安貴族自身による評価でしかないのである。

第二節　医療の役割

本章の冒頭にも触れた新村拓「古代医療における蛭食治・針灸治・湯治について」〔一九七四〕は、平安時代中期の古記録を史料として、当時の貴族層の人々が蛭食・針・灸といった医師の扱う医療を頻繁に用いていたことを明らかにする。そして、新村によれば、平安貴族の間では「医家による医療（ここではとりあげなかった薬物療法も含めて）が果たした役割というものは大きなものであった」。なお、薬物療法について言えば、平安時代中期の文章家として知られる源順の撰述した『和名類聚抄』という古辞書には数多くの薬物の名が見えており、また、新村「藤原実資の病気とその対応行動」〔一九八五b〕が明らかにしているように、平安貴族の病気および怪我の治療にはさまざまの内服薬や塗布薬が用いられていた。

しかしながら、平安貴族にとって「医家による医療が果たした役割というものは大きなものであった」という評価を下すには、新村の示す論拠では不十分なのではなかろうか。右の二つの論考において新村が示したのは、平安貴族の間で医療が頻繁に用いられていたことの論拠に過ぎず、また、頻繁に用いられていたということは、治療の役割を果たしていたということとも、治療の役割を期待されていたということとも、必ずしも同義ではない。

とすれば、本章においては、まずは平安貴族の治療の場面における医療の役割について、これを適正に評価しておく必要があるだろう。だが、先にも述べたように、文献史料に依拠する限り、かつての医療が治療の役割を果たしていたか否かを問題にすることには無理がある。ここでは、平安中期の古記録などを手がかりに、当時の医療が貴族層の人々によって治療の役割を期待されていたか否かを問題にするしかあるまい。

その結論から言うならば、平安中期の古記録に見る限り、当時の貴族社会において、医療には治療の役割が期待されていた。しかも、平安貴族は医療に対して相当な信頼を寄せていた。

例えば、「この世をばわが世とぞ思ふ」という藤原道長でさえも、医師の指示には実によく従っている。当時、「飢渇之百姓」の救荒食と見做された葛根は貴族層の人々が口にすべきものではなかったが（「未レ聞三上臈食二葛根一」）、しかし、頻りに喉が渇くという症状に悩まされた道長は、それが治療に有効であるという医師（医家）の指示を信じて葛根の服用を受け入れたのである。

○日来摂政被レ食二葛根一、依レ為レ薬云々、一昨日云、口乾頻飲レ水、依二医家申一、服二件葛根一、甚良、暫不レ飲レ水、亦有二気力一者、世間摂政服二葛根一、是飢渇相也、飢渇之百姓無二食物一、掘二葛根一為レ食、未レ聞三上臈食二葛根一、

（『小右記』長和五年五月十三日条）

そして、その信頼は医療の「験」に対する信頼であったろう。平安貴族の言う「験」とは概ね効果のことであるが、例えば次に引く『小右記』に見える如く、平安貴族はその「験」を認めたうえで医療を用いていたのである。

○早朝宰相来、訪二小恙一歟、所レ労得二紫金膏験一似二平癒一、

（『小右記』治安二年四月十七日条）

○宰相云、資房今日服レ韮、似レ有レ験、所レ労頗減者、

（『小右記』万寿二年八月二十三日条）

○今暁小女左方人指々鼠嚙血出、依二侍医相成申一煮二甘草一傅二其汁一、又云、猫矢焼灰傅良者、甘草有レ験、仍不レ傅二猫矢一、痛苦平癒、

（『小右記』万寿二年十一月二十八日条）

なお、次に引用する『雲州消息』所収の書簡は、駿河権守が医薬の「験」を認めたうえで医師（典薬頭）に「石決明」「麻子散」の二種の医薬の薬法を問い合わせたものであり、ここにも平安貴族が医療に治療の役割を期待していたことが見て取れよう。

○　石決明　麻子散

右其方如何、可二注給一也、薬験不レ疑、可レ試二長生久視之術一也、須レ用二扁鵲之方一将レ期二松子之齢一也、言上如レ件

月　日　　駿河権守

典薬頭殿

（『雲州消息』巻中八十五往状）

かように、〈人体の構造と機能とについての体系的な知識をもとに直接かつ具体的に身体に働きかける技術〉としての医療は、平安中期の貴族社会において、治療の役割を期待され、また、かなりの信頼を寄せられていた。そして、こうした期待や信頼を前提として、平安貴族は頻繁に医療を用いていたのである。されば、谷口のように「平安貴族社会において医療はその（＝治療の〈筆者注〉）過程の一部分の、限定された役割を担っていたにすぎなかった」（谷口一九九二）と考える必要はないだろう。むしろ、新村の言葉を借りて「医家による医療が果たした役割というものは大きなものであった」（新村一九七四）と言うべきではなかろうか。

ちなみに、平安貴族の所謂「病」には神仏や霊鬼といった霊物の霊障を原因とするものもあり、こうした病気の治療のために験者や陰陽師の呪術が用いられていたことは第三章にも見たが、医師の扱う医療もまた、そうした霊障としての病気を治療するために用いられていた。つまり、神仏や霊鬼の憑依や祟が病因であることが確認された場合にも、身体的不調が見られる限り、医療には治療の役割が期待されていたのである。

例えば、長和三年三月以降の数ヵ月間の『小右記』の記事に見えるように、三条天皇の眼病はさまざまの霊物による霊障と見做され、その治療のために験者の修法や陰陽師の祭が幾度も行われたが、それと同時に、幾種類もの医薬も用いられた。また、『栄花物語』によれば、長和四年十二月の藤原頼通の罹病に際しても、霊障としての病気である「もののけ」に対して、験者の加持や陰陽師の祭祓が用いられると同時に、湯茹・朴などの医療による治療が用いられていた（『栄花物語』巻第十二たまのむらぎく）。

第三節　呪術の役割(1)

新村拓「古代医療における蛭食治・針灸治・湯治について」〔一九七四〕は、それ以前の医学史の常識に対して、「古代医療即呪的医療と通常いわれていたことを、そのまま素直に受けとることはできない」という極めて正当な批判を展開する。

例えば石原明『日本の医学』〔一九五九〕が平安時代の「人々は加持祈禱を先とし、医家を招くことを後にした」とするように、また、富士川游『日本医学史』〔一九〇四〕や服部敏良『平安時代医学史の研究』〔一九五五〕にも同様の見解が示されているように、主として呪術に頼っていた平安貴族は医療をほとんど用いなかったというのが、新村以前の医学史研究における常識的な理解であった。しかし、既に述べたように、平安貴族は期待と信頼とを寄せたうえで頻繁に医師の医療を用いていたのである。したがって、旧来の通説に対する新村の批判は、基本的には正鵠を射ていると言えよう。

そして、新村「古代医療における蛭食治・針灸治・湯治について」によれば、治療の「主体はあくまでも医家であり、その効果を補完する形において仏呪、道呪が参共している」というのが、平安時代中期の貴族社会における治療の実態であった。また、新村「藤原実資の病気とその対応行動」〔一九八五b〕も、平安貴族社会の治療の場面で用いられた験者の加持や陰陽師の祭祓について、それらが「医師が行なう医療を補完する従属的な立場におかれている」とする。新村の理解では、当時の貴族社会における治療の「主体」は医療に限られており、呪術はあくまで「従属的な立場におかれて」いたのであった。

しかし、当時の貴族社会の治療の場面において、呪術は医療に従属するに過ぎなかったのだろうか。新村説における医療および呪術の役割の評価は、端的に言って、新村以前の医学史における常識的な理解を逆転させたものである。その旧説をそのまま逆転させたような見解は、医療および呪術の役割を整合的かつ包括的に評価しているのだろうか。

少なくとも平安時代中期の古記録に見る限り、当時の貴族層の人々は、験者の加持や陰陽師の祭祓には治療の「験」（効果）を認めていた。平安貴族は呪術に治療の役割を期待していたのである。『栄花物語』にも、藤原道長が重く患った際に験者と陰陽師とが召されたことが記されているが、それは人々が呪術の「験」を期待したためであった。

○亦主上・太子御病之時因二座主験一度々平癒、（『小右記』寛仁三年八月二十五日条）

○早朝資房来云、御心地已宜御、今日僧正深覚退出、依レ有二其験一殊被レ聴二輦車一、誠雖二末世一猶似レ有二仏法之験一、弥可レ奉レ帰二依三宝一者也、（『小右記』万寿三年五月十一日条）

○晴明朝臣来、触二加級之由一、令レ問二案内一、答云、主上俄有二御悩一、依レ仰奉二仕御禊一、忽有二其験一、仍加二一階一正五位上者、（『小右記』正暦四年二月三日条）

○その度の御悩には、よき験者どものありしかばこそ、いと頼しかりしか。長谷の観修僧正・観音院の僧正などは、なべてならざりし人々なり。（中略）。陰陽師どもは、晴明・光栄などはいと神さびたりし者どもにて、験ことなりし人々なり。（『栄花物語』巻第十五うたがひ）

しかも、平安貴族の認識では、治療が万全であるためには医療と呪術との二つの治療手段が双方ともに必要であった。既に第四章でも論じたところだが、医療と呪術との双方を有効な治療手段と見做していた彼らにしてみれば、適切な治療が十分に為されるためには、医療による治療と呪術による治療とのいずれもが必要だったのである。したがって、同一の治療の場面において医師の他に験者や陰陽師を用いるのは、平安貴族には当然のことであった。

○召二御前一被レ仰云、（中略）、去月晦間御足留レ非二尋常一、召二陰陽師一可レ令二占申一、又召二医家一可レ令レ問二其由一、又可レ令レ奉二仕御祈一者、（『小右記』天元五年二月四日条）

○任二僧綱一、法性寺座主遍救任二少僧都一、依三太政大臣之病悩施二験力一也、典薬頭清原滋秀叙二正五位下一、侍医時原忠信叙二従五位上一、依二療治功一也、

（『日本紀略』天延三年十月十五日条）

○月ごろ御修法・読経にさぶらひ、昨日今日召しにてまゐりつどひつる僧の布施たまひ、くすし・陰陽師など、道々のしるしあらはれたる、禄たまはせ、（後略）

（『紫式部日記』寛弘五年九月十一日条）

このように、平安貴族の間では、験者や陰陽師の扱う呪術もまた、治療の役割を期待されていた。平安貴族社会の治療の場面においては、医療も呪術もともに治療の主体だったのである。

ところで、先に見た如く医療にかなりの期待と信頼とを寄せていたにしても、平安貴族は医療による治療に限界のあることを承知してもいた。そして、「侍医忠明宿禰云、医療無レ術、可レ祈二申仏神一者」（『小右記』万寿二年八月二十八日条）という、医療の限界に直面した医師の言から知られるように、「医療無レ術」という状況で有効性が認められたのは、「祈二申仏神一」ことであった。平安貴族の認識では、医療の手に余る治療の場面においても、呪術は治療の役割を果たし得たのである。

また、「侍医相成至二西殿一、帰来云、已不レ治、至レ今可レ在二三宝冥助一、医療不レ可レ及者」（『小右記』寛仁二年三月二十二日条）という、やはり医療の限界に直面した医師の言によれば、「医療不レ可レ及」という事態に臨んだ人々が期待すべきは、神や仏の「冥助」であった。拙稿「冥助と祟咎」（一九九五b）において詳しく論じたように、平安貴族の所謂「冥助」とは、神仏のもたらす人知を越えた救援のことであり、平安貴族はそうしたものとしての冥助を日常生活のさまざまな場面で期待していたのである。

そして、「医療無レ術」という状況で有効性を認められたのが呪術であり、「医療不レ可レ及」という状況で平安貴族の期待すべきは神仏の冥助であったということから、呪術が神仏の冥助を引き出すものとして認識されていたことが

確かめられよう。〈一定の専門知識をもとに神仏や霊鬼を制御する技術〉としての呪術は、治療の場面においては、より限定的に〈神仏の冥助を引き出す技術〉だったのである。そして、治療の場面において神仏の冥助を期待することが平安貴族に一般的なことであったとすれば、彼らが呪術に治療の役割を期待していたのも、呪術を〈神仏の冥助を引き出す技術〉と見做していたことによるのだろう。

第四節　呪術の役割(2)

平安時代をも含む古代日本において医師の医療こそが治療の「主体」であったと考える新村拓「古代医療における蛭食治・針灸治・湯治について」〔一九七四〕は、呪術が「医師が行なう医療を補完する従属的な立場におかれていたことを主張する。しかし、平安貴族にとって医療・呪術ともに治療の主体であったことは前節に見た通りであり、その点について再び論ずるつもりはない。ただ、ここでは、新村が呪術を「医師が行なう医療を補完する」ものとして理解している点に留意したい。

右の新村の論考は、次に引く『小右記』に見えるような医師による蛭食治をめぐる事例に即して、平安貴族の間には「医・僧・陰陽の諸家による医療の分業体制をみることができるが、医療の主体はあくまでも医家であり、その効果を補完する形において仏呪、道呪が参共しているのである」との見解を示す。ここで新村の言う「医療」は概ね筆者の言う「治療」のことである。

○修二諷誦三箇寺一東寺・広隆寺・清水寺、（中略）、今日許奉レ令レ転二読薬師経一、小瘡未レ愈、仍蛭喰尻・耳、秉燭後喰了、心神乖違已以不覚、小時蘇息、蛭喰之所レ致也、日来精進、無力殊甚、良円下山令二加持一、中将来、以二恒盛一令レ占、占云、

無レ有レ下レ咎、自然事也者、　（『小右記』万寿四年五月二日条）

○一日蛭喰之間心神不覚、仍今夜令二守道朝臣一令レ行二招魂祭一、　（同十日条）

そして、新村は同様の見解を次のようなかたちで繰り返す。

　古代医療の担い手は、広義にみるならば、医・神・仏・陰陽の諸家であったということができるが、しかし、実際の医療の場においては医家が主体となり、他のものは医家による医療の効果を補完するという位置を与えられているにすぎないものであった。　〔新村　一九七四〕

既に見たように、呪術は平安貴族によって治療の役割を期待されていた。したがって、平安貴族社会の治療の場面において呪術に期待された役割を「医療の効果を補完する」ことに限定することは誤りとしなければなるまい。しかし、それでもなお、呪術が医療を「補完する」という見方は示唆的である。

ただ、新村が呪術の「医療の効果を補完する」役割を評価するのは、どのような視点からなのだろうか。ここで新村が問題としているのは、呪術が医療の効果を補完する役割を果たしていたことなのか、それとも、呪術が医療の効果を補完する役割を期待されていたことなのか――新村の議論には、こうした点についての考察が欠落している。また、そもそも新村の言う「補完」とはどういうものなのか。どのような意味で呪術が「医療の効果を補完する」というのだろうか。総じて、呪術が医療を「補完する」ということをめぐる新村の議論は、いま一つ明晰さを欠いている。

本書においてこれまでに見てきたところからすれば、平安時代中期の貴族社会における呪術は、平安貴族自身の認識において、医療の有効性および安全性を保障・保証するものであった。第四章において「平安貴族社会の治療の場面においては、呪術という技術は、医療という技術の有効性および安全性を保障・保証するものでもあり得た。あるいは、平安貴族は呪術に医療の有効性および安全性を保障・保証することをも期待していた」と述べた如くである。

例えば、眼病を患う三条天皇が清原為信という医師の具申によって「紅雪」という薬を服用した際には、次に引く『小右記』に見えるように、その医薬に広隆寺の僧による加持が加えられていたが、ここでの呪術（加持）は、医療（医薬）の有効性および安全性を保障することを期待されたものであったと考えられる。

○又晦日依二為信真人申一、可レ服二御紅雪一、以二吉平一令二占申一、申二優吉由一者、明日差二出納一遣二紅雪於広隆寺一、可レ令二加持一者、

（『小右記』長和四年四月二十七日条）

そして、新村が「医家による医療の効果を補完する」に過ぎないものと見做した、蛭食に前後する諷誦・読経・加持・招魂祭などについても、これを医療（蛭食）の有効性および安全性を保障することを期待された呪術と見做した方が、事例解釈として適切であろう。そもそも、新村の言う医療の効果の補完は、筆者の言う医療の有効性および安全性の保障の一部として理解され得る。

また、右の「紅雪」の事例では、服薬の是非について安倍吉平（表4―4）の卜占が求められているが、平安貴族は卜占というものを「為レ得二神告一」の手段として認識していたのであり（『小右記』治安三年閏九月一日条）、右の事例では、卜占を通じて、服薬の有効性および安全性についての神による保証を得ることが期待されていたと考えられる。すなわち、「為レ得二神告一」の手段である卜占をも呪術の一種に数えるとして、ここにおいて呪術（卜占）による医療（医薬）の有効性および安全性についての保証を見ることができるのである。

そして、医療の有効性および安全性についての保証を呪術（卜占）に求めることは、平安貴族の間ではかなり一般的であったらしく、服薬に際して何らかの不安を感じる場合、彼らはしばしば陰陽師の卜占によって神意を伺っていた。藤原実資の『小右記』に「太宋国医僧所レ送之薬、不レ注二其名一、疑慮多端、仍以二光栄・吉平等一令レ占二善悪一」（長和三年六月二十八日条）、「答云、昨熱気散、今日服レ韮若可レ率乎、問二両三陰陽師一随レ占可レ服」（万寿二年八月二十

一日条）と見える如くである。

既に見たように、平安貴族が医療に期待と信頼とを寄せていたことは確かである。しかし、われわれ現代日本人の常識におけると同様、平安貴族の認識においても、医療は必ずしも常に有効かつ安全なものではなかった。例えば、「呵梨勒丸」という医薬は当時の貴族層の間で最も普及していた万能薬であるが、次に引く『小右記』には、藤原道長がその「呵梨勒丸」の服用を原因として体調を崩したことが見える。

○今朝服ヨ給呵梨勒丸一悩給云々、以ニ左大将一教通、被ニ消息一云、服ニ呵梨勒丸一心地乖乱、不レ能ニ相逢一者、

（『小右記』寛仁二年五月七日条）

この「心地乖乱」が実際に服薬に起因するものであったか否かを確かめる術はない。しかし、少なくとも当時の貴族層の人々は、道長の変調を服薬によるものと見做したのであった。そして、そうしたことが起きるからこそ、平安貴族は医療の有効性および安全性についての呪術による保障・保証を必要としたのである。

また、先に見た如く平安貴族にとっての呪術が〈神仏の冥助を引き出す技術〉であったならば、平安貴族が医療の保障・保証のために呪術を用いたのは、医療の保障・保証のために神仏の冥助を期待していたからであろう。拙稿「冥助と祟咎」〔一九九五b〕において述べたように、平安貴族はその日常生活のさまざまな場面で神仏の冥助を期待していたのである。平安貴族の認識において、医療はそれ自体が治療の役割を果たすものであったが、その医療に依存することの有効性および安全性をより確実なものにするために、平安貴族は神仏の冥助を求めたのであった。

さて、治療の場面における呪術は、平安貴族によって医療の有効性および安全性を保障・保証する役割をも期待されていたわけだが、呪術が医療を保障・保証するものであり得たのは、平安貴族が呪術を〈神仏の冥助を引き出す技術〉と見做していたからであった。そして、おそらく、平安貴族の認識においては、〈神仏の冥助を引き出す技術〉

としての呪術による保障・保証があってこそ、医療はより確実にその治療の役割を果たし得たのである。

第六章　新宅移徙と陰陽師

藤原実資が祖父で養父の藤原実頼より伝領した小野宮第は、条坊制における左京二条三坊十一町の丸一町を敷地とする寝殿造の邸宅であり、清少納言によれば当代の名第の一つであった。平安貴族の邸宅の様式を表す「寝殿造」という名称は江戸時代の沢田名垂の考案したものであるが、その著『家屋雑考』において名垂は寝殿造の邸宅を次のような構えをとるものとして描いている。

> 南面した寝殿を中心にその左右に東対と西対とが置かれ、寝殿と対屋とは渡殿（廊）によって結ばれる。寝殿の前には池と小山とを備えた南庭（中庭）が広がるが、東西の対屋からは南方に廊を設けて南庭を囲む。この廊の先には釣殿や泉殿が置かれ、途中には中門が開かれる。

そして、吉田早苗「藤原実資と小野宮第」（一九七七）によれば、小野宮第の構えは下図の如くであった。同第は寝殿造の邸宅としてほぼ完備したものだったのであり、『枕草子』の「家は」の段に「をのの宮」の名が見えるのも、それゆえのことと思われる。

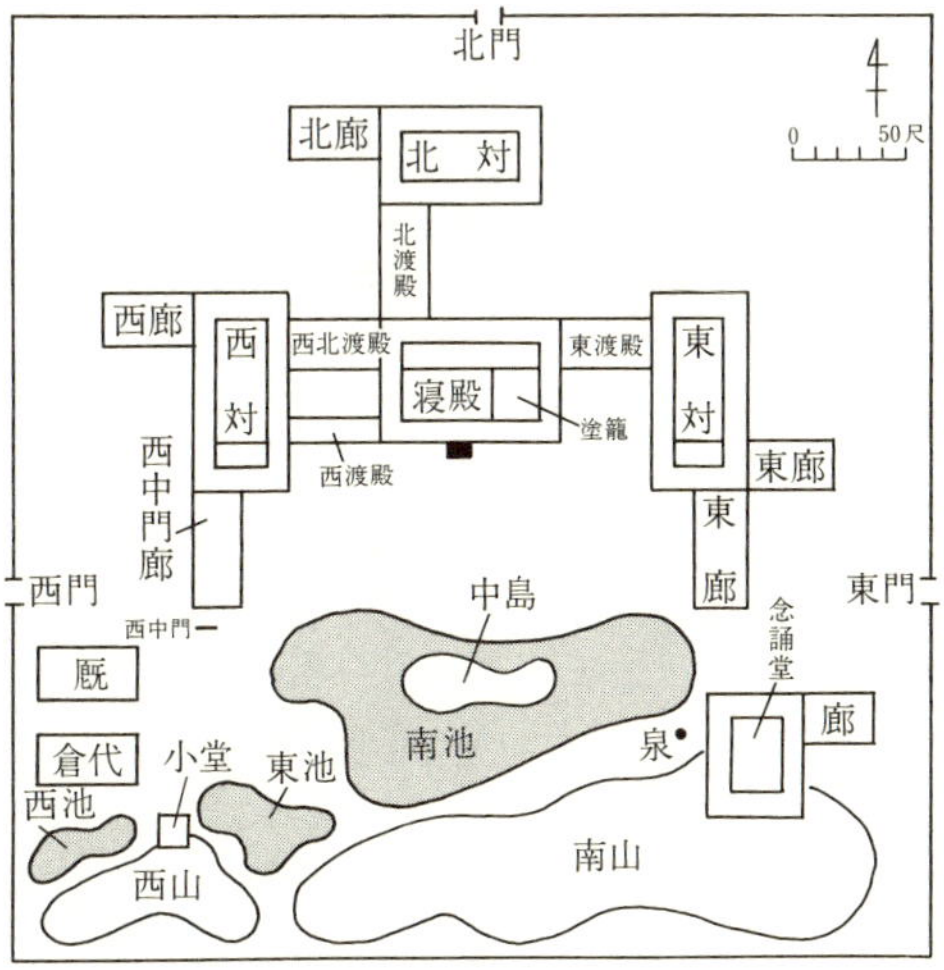

図　小野宮第推定復元図（[吉田 1977]より一部改変）

その小野宮第が大きな火事に見舞われたのは、長徳二年（九九六）の十二月のことであった。『小記目録』に同月五日のこととして「小野宮焼亡事」と見える如くである（『小記目録』第十九所所焼亡事）。

前掲の吉田の論考によれば、この火事では寝殿・北対・西対などが焼亡したが、その再建は長保元年（九九九）頃から本格的にはじめられ、寛弘年間（一〇〇四〜一一）に北対、長和二年（一〇一三）には西対が完成し、それまで婉子女王の染殿を居所としていた藤原実資は、まずは小野宮第北対へ、次いで西対へと順次に移り住んだと考えられる。そして、正殿である寝殿が完成して小野宮第の寝殿造としての体裁が整った寛仁三年（一〇一九）の十二月、実資は同第への本格的な新宅移徙を行ったのであった。

ここに言う「新宅移徙」とは新宅への移徙のことであり、平安時代中期の古記録に見える言葉としての「移徙」は、居所を移すことについて用いられる語である。しかし、平安貴族の新宅移徙は単なる転居ではない。平安貴族社会についての百科全書とも言うべき『二中歴』の新宅移徙条には以下のような記述が見られるが、これを見る限り、平安貴族の新宅移徙が単なる転居以上のものであったことは明らかであろう。

○先水火次牛　宝器釜容レ穀　家長次馬鞍　男児次錦帛　次瓶納二五穀飯一　家母及女児

謂、先童女二人一人捧レ水左、一人捧レ火右、次一人引二黄牛一、次二人捧三案上着二金宝器一、

次二人持三釜内着二五穀一、次家長、次一人捧二馬鞍一、次子孫男児、次持三箱盛二絵錦採帛一、

次持三瓶内盛二五穀飯一、次家母帯二鏡於心前一、次子孫女児、

今案、凡至二門下一次第入、即二母家一上レ堂南面坐、食二五菓一飲レ酒無二五菓一者、レ以二美名菓一用、

其明旦祀二諸神一謂二門・戸・井・竈・堂・庭・厠等一也、以三瓶内盛二五穀飯一祀レ之、

三日亦祀以二童女捧火水一炊二釜内五穀一祀レ之、

凡入レ宅之後三日、不二殺生一、不レ歌レ歎、不レ上レ厠、不二悪言一、不レ作レ楽、不二刑罰一、不レ登レ高、不レ臨レ深、不レ見二不孝子一、不レ入二僧尼一云々、

（『二中歴』第八儀式歴新宅移徙）

『二中歴』が編纂されたのは十二世紀末、鎌倉時代初頭のことであったが、そこに記された新宅移徙については、それが既に平安時代中期の貴族社会において行われていたものであることが確認される。藤原道長の『御堂関白記』や藤原実資の『小右記』には、『二中歴』に見える如き新宅移徙が既に平安時代中期の貴族社会に行われていたことの証拠が幾つも見られるのである。

そして、平安貴族社会における生活の諸場面の中でも、特に陰陽師の働きが目立つのが、この新宅移徙である。例えば、寛仁三年十二月に行われた藤原実資の小野宮第への新宅移徙の場合にも、安倍吉平という官人陰陽師がこれに深く関与していた。『小右記』に見る限り、実資の小野宮第移徙に最も重要な役割を果たしたのは陰陽師の安倍吉平であったと言ってもいいだろう。

ところで、紫式部や清少納言の生きた平安時代中期の貴族社会における生活については、池田亀鑑『平安朝の生活と文学』（一九五二）や同じく『平安時代の文学と生活』（一九六六）をはじめとして、これまでにも膨大な数の研究が重ねられてきた。そして、池田亀鑑が「中古国文学環境論」の名のもとに試みた如くに『源氏物語』や『枕草子』の時代の貴族社会の生活を再現しようとするならば、新宅移徙をも視野に入れるべきであることは言うまでもないだろう。しかし、これまでのところ、平安貴族あるいは平安貴族社会についての研究において新宅移徙が扱われたことはない。

そして、このことは、平安貴族社会の生活についての従来の研究の多くが、女流文学を主要史料としたものであったことと関係しているように思われる。管見の限り、旺盛な好奇心と鋭敏な観察眼とを持つ中古の才媛たちも、どう

したわけか、移徙についてはほとんど何も記していないのである。とすれば、彼女らの書き物を材料として用いる限り、平安貴族の移徙が研究の俎上にのぼらないのも道理と言えよう。

もちろん、平安貴族の新宅移徙への論究がこれまで本当に皆無だったわけではない。陰陽道研究の文脈での論究ではあるが、小坂眞二「陰陽道の反閇について」〔一九九三a（一九七九・一九八〇）〕は、陰陽師が反閇という呪術を行った場面の一つとして平安貴族の新宅移徙を取り上げ、古記録や儀式書を手がかりに、平安時代から鎌倉時代にかけての貴族社会に行われた新宅移徙についてその概略を示している。

ただし、新宅移徙を「移徙法」という陰陽道作法の一つとして捉える小坂は、陰陽師と直接の関係を持たない事柄にはほとんど言及していない。したがって、陰陽道研究を志す小坂の立場からすれば当然のことながら、小坂論文においては、平安貴族の新宅移徙——平安貴族社会における生活の一場面としての新宅移徙——について、その全体像が把握されているとは言い難いのである。

だが、平安貴族社会において陰陽師が果たした役割を理解しようとするのであれば、新宅移徙における陰陽師の働きを見るにしても、やはり、その前提として新宅移徙の全体像を把握しておく必要があるように思われる。新宅移徙の全体像からそれが平安貴族社会においてどのような意味を持っていたのかを解明しなければ、新宅移徙の場面において陰陽師の果たした役割を理解することはできないだろう。

そこで、本章においては、平安時代中期の古記録を主要な手がかりに、まずは、平安中期当時の貴族社会における生活場面の一つである新宅移徙についてその次第を再現することを試み、さらに、その試みの中で陰陽師の活動を見ていくことにしたい。なお、本章において特に中心的に扱うことになるのは、寛仁三年十二月に行われた藤原実資の小野宮第への新宅移徙の事例である。

第一節　新宅移徙の準備

読経・密教修法

新宅移徙に先立つ寛仁三年十二月八日、小野宮第新造寝殿では五口の僧による仁王経転読があった。

○今日午剋於寝殿請二五口僧一文算阿闍梨・叡義・増暹・念賢・運好、一日二時転二読仁王経一、依四来廿一日可三渡二寝殿一所レ修也、（『小右記』寛仁三年十二月八日条）

この仁王経読経が新宅移徙のためのものであったことは右の引用から明らかであるが、移徙以前の新宅では験者による読経もしくは密教修法が行われるものであったらしい。藤原道長の二条第移徙の前には、「又於二条以二十二口僧一初二読経一、以二心誉僧都一修二修善一、是為レ渡二彼家一」（『御堂関白記』寛仁元年十月二十九日条）の如く、新宅二条第にて、十二口の僧による読経と天台僧心誉による密教修法とが行われていたし、また、同じく道長の東三条第移徙の数日前にも、「初二東三条修善一、慶円大僧都」（『御堂関白記』寛弘二年二月二日条）の如く、新宅東三条第にて天台座主慶円による密教修法が修されていた。

そして、『小右記』の事例から移徙以前の新宅にて読まれた経典としては仁王経が一般的であったものと思われるが、同じく移徙以前の新宅にて修された密教修法については、これが不動安鎮家国法であったことが予想される。『阿娑縛抄』所収の[1]『安鎮法日記』によれば、天禄三年（九七二）に藤原伊尹の新造桃園第にて修されたのが不動安鎮家国法だったのである。

吉日勘申

藤原実資による新造小野宮第への新宅移徙が行われたのは十二月二十一日であった。当時の貴族社会においては万事につけて日の吉凶が問題とされ、吉日の勘考のために頻繁に陰陽師の用いられていたことは周知のことと思われる。そして、件の小野宮第移徙の場合に吉日を勘考したのは官人陰陽師の安倍吉平であり、同月十六日には既に吉日の勘考は済んでいた。

ところが、同月十六日、新宅移徙の日程に関して問題が生じた。すなわち、寛仁三年十二月二十一日は暦では土用にあたっていたが、博識で知られる清原頼隆が「土用間移徙事如何」ということを実資家家司を通じて伝えてきたのである。そして、『小右記』同日条によれば、これに驚いた実資は、早速、陰陽師安倍吉平をはじめ、興福寺の仁統・四条大納言藤原公任・陰陽頭惟宗文高など、方々へこの旨を問い合わせたのであった。その結果、安倍吉平の「土用時不㆓移徙㆒事往古不ㇾ聞」という返事をはじめとして、土用に移徙を忌むとする根拠はないという回答が方々から寄せられ、結局、二十一日に新宅移徙を行うことについてはことなきを得たのであるが、この一件からは、平安中期の貴族社会においてはどういった人々が吉日の勘考に携わっていたかが知られよう。

まず、安倍吉平と惟宗文高とについては言うまでもあるまい。彼らが日頃から陰陽師として公事・私事のために吉日の勘考にあたっていたことは当時の古記録から容易に確認される。次いで、興福寺の仁統についてであるが、後代の『二中歴』は仁統を宿曜師の一人に数えている（『二中歴』第十三一能歴宿曜師）。平安中期の古記録には「宿曜師」の語は見えず、この時期にはいまだ「宿曜師」という名称はなかったものと思われるが、当時の貴族社会に用いられていた「宿曜のかしこき道の人」（『源氏物語』桐壺）を「宿曜師」と呼ぶならば、仁統は確かに宿曜師と呼ばれるべき存在であった。暦博士賀茂守道とともに造暦に携わり、かつ、藤原道長に宿曜勘文を進めていたように（『小右記』

長和四年七月八日条、同十六日条）、仁統が宿曜に通じていたことは間違いないのである。(2)

また、四条大納言藤原公任は故関白太政大臣藤原頼忠の長男で、実資の従弟にあたるが、実資と同じ小野宮流の故実家として『北山抄』を著している。日の吉凶の勘考においては、陰陽師や宿曜師のような特殊技能者のみならず、先例を勘え知るという意味で故実家もまた重要な役割を果たしていたのである。そして、この一件の口火を切った清原頼隆であるが、彼は諸学に通じる儒者（学者）であった。特に、頼隆は陰陽の方面に造詣が深く、しばしば日の吉凶その他に関して陰陽師と論争を起こしていた（『左経記』万寿二年八月二十三日条、同長元五年五月四日条、『春記』長久元年十二月十日条）。

清掃

藤原実資の小野宮第移徙の場合にどうであったかは不明だが、寛弘二年（一〇〇五）二月に行われた藤原道長の東三条第への新宅移徙に際しては、移徙の数日前、犯罪者として獄に収監されている囚人（獄囚）を用いて新造東三条第の清掃が行われていた。『御堂関白記』寛弘二年二月四日条に「到二東三条一、召二獄囚等一令レ掃、各賜レ布」と見える如くである。

獄囚が宮都の汚穢を払う役目を担わされていたことは周知のことと思われるが、(3)『御堂関白記』寛仁二年二月二十七日条にも「行二土御門一、召二囚人一令レ掃レ池」と見え、このことからは、藤原道長がしばしば自邸の清掃に獄囚を用いていたことが推測されよう。そして、その獄囚が移徙を行う以前の新宅（新造道長邸）の清掃にも用いられたのである。

ただ、道長は寛弘二年には内覧の宣旨を下された左大臣として事実上の最高権力者の立場にあったため、こうした事例をそのまま当時の貴族社会に一般化することはできないかもしれない。道長の祖父にあたる藤原師輔も自邸の池および井戸の清掃に獄囚を用いたことがあったらしく、『九暦抄』天徳三年（九五九）十月二十三日条には「召二囚人一令レ掃二池・井一事仰二右佐一密々所二召仕一也云々」との記載があるが、師輔による獄囚の私的な利用は内密（密々）でなければならなかった。

呪　符

藤原実資の移徙は十二月二十一日の子刻に行われる予定であったが、同日子刻以前に陰陽師安倍吉平のもとから「七十二星鎮」なる呪符が届けられ、寝殿梁上に置かれた。

○吉平朝臣送二七十二星鎮一、令レ置二梁上一、今夜子時依レ可レ移二寝殿一、　（『小右記』寛仁三年十二月二十一日条）

新宅移徙以前に陰陽師の作った宅鎮の呪符を置くことは当時の貴族社会に一般的な慣行であったらしく、『春記』には藤原資平の新宅移徙に関して「戌剋置二鎮於梁上并組入上一有二一領一云々、陰陽頭孝秀所二作進一」（『春記』長久元年十二月十日条）と見える。そして、鎌倉時代前期に成立したと考えられる『古事談』には、平安時代後期に関白の地位にあった藤原師実の営んだ春日第が火災に見舞われずにいるのは、同第に安倍吉平の作った数々の呪符が置かれているためだという話が収められている（『古事談』巻六亭宅諸道）[4]。

吉時・西門

小野宮第移徙のために陰陽師安倍吉平の選んだ吉時は子刻であった。移徙の時刻は移徙当日に陰陽師が選ぶものであったが、普通は戌刻・亥刻・子刻（午後七時から午前一時）のいずれかが用いられた。すなわち、新宅移徙は夜に行われるものだったのである。そして、子刻はわれわれの午前〇時を間に挟むことになるが、寅刻から丑刻までを「今日」とする平安貴族の感覚では、戌刻から子刻の終わりまでは一様に同日の夜であったものと思われる(5)。

また、新宅移徙には西門が用いられるのが普通であり、小野宮第移徙にもやはり西門が用いられたが、平安貴族の邸宅の西門はハレ向きの門であった。すなわち、本章の冒頭で触れた吉田早苗の論考によれば、平安貴族の邸宅においては、東対および寝殿の東側が一家の居住の場としてケの空間であったのに対し、西対は諸々の饗や祭使出立に用いたり、一族の者の袴着・裳着・元服などに用いたりするような、その邸宅の当主を中心とする一族の儀式の場としてハレの空間だったのである。そして、こうした事実を明らかにした吉田は、平安貴族の邸宅の東側をケ向き、西側をハレ向きと見做している〔吉田 一九七七〕。

第二節　新宅移徙の次第

新宅作法

藤原実資は小野宮第移徙における入宅の次第を次のように記している。

〇子時渡二寝殿一、入レ自二西中門一、先散二五穀一貴重朝臣取散、須二下家司散一、次主計頭吉平読呪・反閇、次牽二黄牛一随身番長着二褐衣一牽レ之、五位二人秉二続松一、到二南階下一、又読レ呪退、余直昇着二廂座一、此間被二物吉平一合細長一重・袴一具、師通朝臣取レ禄、嘗二五菓一生栗・搗栗・柏・干棗・橘、当時美名物、宰相手長、余嘗了、次女房羞二夕食一、今夜鎮法不レ用二水火童等法一、已是旧舎、又住二此家一、移徙処咫尺、仍省略耳、只用二黄牛許一、女房衝重、侍所・随身所饗、所々屯食等也、

吉平云、三个夜燈燭不レ可レ滅者、　（『小右記』寛仁三年十二月二十一日条）

この『小右記』の記事によれば、小野宮第移徙の際の入宅の次第とは、およそ次のようなものであった。

まず、西中門にて実資家の下家司による五穀散供がある。同じく西中門にて陰陽師（安倍吉平）が呪を読んで反閇を行い、その陰陽師がおそらくは最初に西中門をくぐる。次いで、実資の随身により黄牛が牽かれるが、黄牛を牽くことには「鎮法」としての意味があったらしい。そして、この後に松明を持った五位二人が続き、さらにその後から家長（実資）が西中門をくぐる。すなわち、陰陽師―黄牛―五位二人―家長の順に西中門をくぐったと考えられるのだが、その後もこの並び順のまま南庭を経て寝殿南階へと向かったのだろう。そして、寝殿南階にて再び呪を読んだ陰陽師が退出すると、家長は寝殿の廂の間に着座して五菓を嘗める。ここに言う「五菓」とは五種類の果実のことで、この新宅移徙では生栗・搗栗・柏・干棗・橘が用いられた。

そして、散供・反閇・黄牛・五菓嘗といった入宅時の一連の作法を、平安貴族自身は「新宅作法」「新宅儀」「新宅礼」などと呼んでいたと考えられる。平安時代中期の古記録や古記録を再編した史書には、新宅移徙の脈絡でしばしば「新宅作法」「新宅儀」「新宅礼」といった言葉が登場するのである。

○此夜遷二御一条院一（中略）、戌二剋遷御、有二新宅作法一、余供二御膳一、今夜饗諸司儲レ之、有二碁手一紙、左大臣以下有二打レ攤之戯一、　（『権記』長徳四年十月二十九日条）

○戌時渡二東三条一、上卿十人許被レ来、着二西門一後、陰陽師晴明遅来、以二随身一召、時剋内来、有二新宅作法一、其後与二上達部一五六献後、召レ紙打レ攤、　（『御堂関白記』寛弘二年二月十日条）

○於戌時渡二小南一、不レ用二新宅儀一、有二碁手一、　（『御堂関白記』寛弘三年八月十九日条）

○於内裏吉平奉二仕御反閇一、有二黄牛二頭一、用二新宅之儀一也、　（『権記』寛弘八年八月十二日条）

○故殿仰云、故一条大納言殿渡二一条一之時、依二旧宅一不レ用二新宅儀一云々、

（『左経記』長元五年四月四日条）

○上皇・中宮遷二御二条院一、用二新宅礼一、有二水火・黄牛一、又三箇日所々居レ饗、

（『日本紀略』天暦二年八月二十二日条）

水火童女

藤原実資の小野宮第移徙の際に行われた新宅作法は、実資自身が「今夜鎮法不レ用二水火童等法一」と記す如く、一般に「水火童女」と呼ばれる、一人は水桶を、もう一人は松明を持った二人の童女による鎮法を欠いた不完全なものであった。また、右に引用した『小右記』が小野宮第移徙の際の新宅作法についてその全てを記しているとも限るまい。

そこで、『西宮記』に見える天徳四年（九六〇）の村上天皇の冷泉院への遷御の記事（『西宮記』臨時五行幸）、および、その村上天皇の治世に編纂された『新儀式』の遷御関係の記事（『新儀式』第四遷御事）に拠りながら、後々の新宅移徙の範とされた村上天皇の頃の天皇遷御における新宅作法の次第を見ておくと、それはおよそ次の如くであった。西中門での五穀散供の後、陰陽師―黄牛―水火童女―天皇（家長）の順に西中門をくぐり、その並び順のまま南庭を経て寝殿――後院（あるいは内裏）には中殿（あるいは仁寿殿）と南殿（あるいは紫宸殿）とがあるが、中殿（仁寿殿）を寝殿母屋に、南殿（紫宸殿）を寝殿南廂に見立てることができよう――へと向かう。最初に寝殿に昇るのは陰陽師で、南殿南階から中殿に至った陰陽師は、殿上にて散供を行った後に退出する。この間、南殿西脇から中殿に至って昇殿した水火童女は、水桶の水を厨子所に給し、かつ、松明の火で殿内四隅の燈燭を灯す。その後、家長である天皇がおそらくは南殿に着座して五菓を嘗める。また、黄牛は南庭に繋がれ、水火童女の灯した燈は移徙当夜から三

夜の間は消してはならない。

『西宮記』『新儀式』に見る限り、水火童女の用いられた新宅作法の次第は右の如くであったが、小野宮第移徙の際に水火童女が省略されたのは、実資自身がその日記に「今夜鎮法不レ用ニ水火童等法一、已是旧舎、又住ニ此家一、移徙処咫尺、仍省略耳、只用ニ黄牛許一」と記すように、以前より居を構えていた土地に再建した邸宅への新宅移徙に際しては、水火童女は用いないものとされていたからであった。

また、小野宮第移徙のように水火童女を用いない新宅作法においては、本来、水火童女の持つ松明によって灯されるはずだった寝殿内の燈燭は五位二人の持つ松明によって灯されたものと思われる。既述のように水火童女の灯した燈は移徙後三夜は消してはならないものであったが、水火童女の省かれた小野宮第移徙においても、実資は陰陽師より「三个夜燈燭不レ可レ滅」ことを告げられていたのである。

反閇・黄牛

前項に触れた『西宮記』および『新儀式』には、新宅作法の中で陰陽師が反閇を行ったことが見えないが、新宅作法の際に反閇が行われるようになるのは、長保二年（一〇〇〇）の一条天皇の新造内裏への遷御の事例からである。『権記』長保二年十月十一日条によれば、この時、殿上での散供に代えて反閇が行われたのであり、この先例を拓いたのは安倍晴明であった。(6)

この長保二年の初例以来、陰陽師の反閇は徐々に新宅作法の一つとして定着していった。そして、それから三十年ほどを経た頃には、反閇という呪術は、既に黄牛と並んで新宅作法の中核を成す作法と見做されていたのである。(7)『左経記』長元五年（一〇三二）四月四日条には、堀河第への移徙の際に「不レ用下渡ニ新宅一之礼上」と考えた関白藤原頼通に対し、同記記主の源経頼が次のように具申したことが見える。

○村上御時令レ渡二冷泉院一之時、依レ為二旧所一不レ可レ用二新宅儀一之由有レ議、而保憲申云、雖二旧宅一有二犯土造作一、何無二其礼一乎、就中牽二黄牛一、是厭二土公一之意、尤可レ備礼儀云々、仍被レ用下渡二新宅一之礼上、准レ彼思レ此、猶可レ有二黄牛一、又可レ有二返閇一、於余事、左右可レ随二御意一、

（『左経記』長元五年四月四日条）

また、右に引いた『左経記』に見える賀茂保憲の所説によれば、新宅作法として黄牛が牽かれたのは、新宅の土公神を鎮めるためであった。しばしば病気の原因を土公神の祟に帰していた平安貴族は(8)、新宅移徙の際、土公神が新宅造営時の犯土を理由に入居者に祟咎をもたらすことを懸念したのであろう。

そして、新宅作法に用いられた黄牛は、寛弘二年二月の藤原道長の東三条第移徙の事例から確認されるように、移徙当夜から三夜の間は新宅の南庭に繋いでおくことになっていた（『御堂関白記』寛弘二年二月十二日条・同十三日条）。実資は小野宮第移徙のために藤原経通より黄牛を借りていたが、その黄牛を経通に返却したのが移徙当夜から三夜を経た同月二十四日であったのもそのためである(9)。

移徙作法勘文

『小右記』寛仁三年十二月一日条に「宰相来、定二廿日移徙事一、省二略新宅作法一」と見える如く、当初、実資は件の小野宮第移徙の際に新宅作法を行わない腹積りであった。そして、それにも拘らず移徙当夜に新宅作法が行われたのは、陰陽師安倍吉平より次のような具申があったためである。

○入道殿下以二去年六月一移二徙土御門殿一、雖二旧居一而皆被レ行二移徙之法一、同二新所一也、

（『小右記』寛仁三年十二月十六日条）

また、天徳四年の村上天皇の冷泉院遷御の際、先に見た如き新宅作法が行われたのも、賀茂保憲という陰陽師の勘申に基づいてのことであった。次に引く『新儀式』の伝える通りである。

○延暦遷都之時、行二此厭法一、又貞観七年自二弁官一御二本宮一、駐二鳳輿一須臾之間、行二厭法一、仍天徳四年遷二御冷泉院一之日、依二天文博士賀茂保憲勘文一行レ之、（『新儀式』第四遷御事）

このように、平安時代中期の貴族社会に行われた新宅移徙に関しては、陰陽師が大きな影響力を持っていたが、それは、新宅移徙が陰陽師の指揮の下に行われるものだったからに他ならない。というのも、新宅移徙は陰陽師の進める勘文に従って行われていたと考えられるからである。

例えば、『左経記』長和五年六月二日条に後一条天皇の一条院内裏遷御について「水火童幷黄牛五菓等事、皆陰陽寮勘文被レ行」と見える如く、天皇遷御の際の新宅作法が陰陽寮の進めた勘文に基づいて行われていたことは明らかである。また、『類聚雑要抄』の名で知られる十二世紀半ばに成立した有職故実書には、康平六年（一〇六三）の藤原師実の花山院移徙について次のような記載があり、陰陽師賀茂道平が師実に進めた移徙作法勘文の全文を知ることができる。次の引用の三行目以降が移徙作法勘文の写しである。

○康平六年七月三日壬寅、内大臣移二御花山院一無文沃懸地大殿令レ入、従二西門一給、

同移徙作法

第一、童女二人一人捧レ水、一人捧レ燭、第二、一人牽二黄牛一、第三、二人捧レ案上着二金、宝器一、

第四、二人持レ釜内着二五穀一、第五、家長、第六、一人捧二馬鞍一、第七、子孫男、

第八、二人持レ箱盛二絵錦、綵帛一、第九、二人持レ瓶之内五穀飯、第十、家母帯二鏡於心前一、

左右並至レ内、次第而入御其童女・水火・案上・金宝器・馬鞍・箱盛二錦絵綵帛之類一、入二於堂一、釜内五穀・瓶内五穀飯等、入二於大炊一、黄牛繋レ庭飲

家長母堂内南面坐食二五菓一飲二酒酪一（五菓、棗・李・栗・杏・桃也、若無者、以二美名菓一用レ之）、
入宅明旦祀二諸神一（諸神者、門・戸・井・竈・堂・庭・厠等也）、以三瓶内盛二五穀一祀レ之、
三日亦祀、以二童女捧水火一炊二釜内五穀一祀レ之、
御移徙之後、三日之内、不二殺生一、不レ歎、不レ上レ厠、不二悪言一、不レ楽、不二刑罰一、不レ登レ高、不レ臨レ深、不レ見二不孝子一、入二僧尼一忌レ之、
康平六年七月二日、主税頭賀茂朝臣道平、同月三日壬寅、内大臣殿移二御花山院一勘文也、

（『類聚雑要抄』巻第二調度二）

本章の冒頭に引いた『二中歴』の新宅移徙条は、おそらく、右に見えるような移徙作法勘文のほぼ全文を写したものである。『類聚雑要抄』の勘文と『二中歴』の新宅移徙条との類同性については殊更に言うまでもないだろう。そして、貴族社会の百科全書である『二中歴』にその写しが残されるほどに、移徙作法勘文は平安貴族社会においてありふれたものだったのである。

残念ながら、藤原実資の小野宮第移徙についての移徙作法勘文は今に伝わっていないが、この移徙の場合にも、やはり、陰陽師によって移徙作法勘文が作成されていたと考えるべきだろう。もちろん、その勘文を作成した陰陽師として想定されるのは安倍吉平である。そして、寛仁二年に行われた実資の新宅移徙は、その全体が陰陽師安倍吉平の影響下にあったと見ていいだろう。

なお、先に引いた『新儀式』に「延暦遷都之時、行二此厭法一」と見えるように、ここまでに見てきたような新宅作法は、既に延暦十三年に行われた平安京への遷都の際に用いられていた。そして、次に引く『日本三代実録』によれば、水火童女や黄牛を用いる新宅作法は、平安時代前期より陰陽師の主導のもとに行われてきたものであった。それ

は「陰陽家鎮二新居一之法」と見做されていたのである。

○是日申時、天皇遷レ自二東宮一御二仁寿殿一、童女四人、一人秉二燎火一、一人持二盥手器一、二人牽二黄牛二頭一、在二御輿前一、用下陰陽家鎮二新居一之法上也、

（『日本三代実録』元慶元年二月二十九日条）

衣　装

本章冒頭に引用した『二中歴』および前項に引いた『類聚雑要抄』の移徙作法勘文からは、新宅移徙の際、新宅の当主（家長）およびその妻子（家母・子孫男児・子孫女児）も、一定の手順に則って新宅の門をくぐることになっていたことが知られる。そして、こうした点については、これまでに見てきた小野宮第移徙や冷泉院遷御についての記録からは全く情報を得ることができなかったが、幸いにも、藤原資平の新宅移徙についての『春記』の記事が情報の不足を幾らか補ってくれそうである。

藤原実資の甥であり養子であった藤原資平は、長暦三年（一〇三九）に火災によって自邸を失ったが、翌長久元年（一〇四〇）の十二月十日には焼け跡に再建した邸宅への新宅移徙を行っている。次に引くのはその新宅移徙についての『春記』の記述であり、同記記主の藤原資房は資平の長男である。

○同剋孝秀参入、督殿著二布袴一帯レ剣把レ笏、於中門外反閇給、予幷右少弁著二衣冠一小男布衣、又相従、相従在二御後一、又引二立黄牛一殿御随身一人引也、反閇了経二庭中一昇二寝殿南階一、予等同相従五位二人取二炬火一前行、民部大夫師重・知通、参上、督殿坐二中央間一、此間姫君達幷小女等予児等也、自二西渡殿一渡行、坐二母屋一、女房相従候也、即居二五菓一用レ台、又有二姫君奉御料一、聞食了撤レ之、次著二御台一、予等又聞食、侍幷女房有レ饌、所々屯食被二相儲一云々、及二深夜一予退出、黄牛繫申耳、

（『春記』長久元年十二月十日条）

藤原資平の新宅移徙においても、新宅の当主（家長）である資平が邸内に入るのは陰陽師―黄牛―五位二人（水火童女は省略された）の後からであった。そして、この時の資平（督殿）の服装は、布袴に剣を帯び、笏を把るといったものであった。布袴は束帯の表袴と大口袴とを省き、その代わりに指貫を用いるといった服装で、束帯に次ぐ礼装である。

その布袴を着けた家長の後には長男資房（予）と三男資仲（右少弁）とが衣冠を着して従ったが、この衣冠という服装は、冠をかぶり、上に袍・衣・単衣を重ね、下に指貫を用いるといったもので、布袴に次ぐ礼装であった。おそらく、礼装にて新宅移徙に臨むことが平安貴族の常識だったのだろう。(10)

また、家長の息子たちの後には布衣を着けた「小男」が従った。この「小男」は資房の長男で家長資平の孫にあたる資宗であろうが、「小男」という表記から見て、いまだ元服していなかったのだろう。そして、この「小男」の着した布衣とは狩衣のことだが、これは本来は男子の日常の略服であり、家長やその息子たちが布袴や衣冠などの礼装を着けていたことを考えると、童装束としての狩衣は礼装であったのかもしれない。

子孫男児・子孫女児・家母

藤原資平の新宅移徙の場合、新宅の住人となるべき人々が新宅の門をくぐった順番は、資平（家長）―資房（長男）―資仲（三男）―資宗（孫）の如くであった。家長の次にその息子が続くべきことは移徙作法勘文にも見えるが、資平の新宅移徙の事例では、家長の後、その息子たちは兄弟の序列に従って門をくぐったのであり、孫の入門は息子たちの後であった。平安貴族の新宅移徙において、家長の息子および孫（子孫男児）は、その長幼の序列に従って順々に新宅の門をくぐることになっていたと考えていいだろう。

次に引く『小右記』も、新宅移徙の際、家長の息子たちが生まれ順に並ぶべきであったことを物語っている。すなわち、藤原道長の土御門第移徙の際、道長次男の頼宗（左衛門督）が新宅に入るにあたって長男頼通（摂政）の後に並ぶことを嫌がり、この新宅移徙に参加しなかったというのである。

○戌剋移給也、於西門外整㆓移徙雑具㆒、反閉等事如㆑恒、家子次第列、以㆓摂政㆒為㆓上首㆒、左衛門督頼宗不㆓参入㆒、人々疑云、依㆑可㆓家子次第違濫㆒歟、

（『小右記』寛仁二年六月二十八日条）

また、『春記』によれば、資平の娘および孫娘（および女房たち）は、南庭を経ることなく、西渡殿から寝殿へと至っていた。資平邸がどのような構えであったかは不明だが、小野宮第に准じて考えるならば、資平の娘たちはまず西中門廊に上がり、西対を経て西渡殿を通ったものと思われる。そして、『春記』には家母（新宅当主の妻）の入宅のことが記されておらず、この時点で資平には新宅の家母とすべき妻がなかったことが予想されるが、先引の移徙作法勘文は家母の入門を息子や男孫の後としており、また、『二中歴』の新宅移徙条では、家長の娘および孫娘（子孫女児）は、家母の後に入宅することになっていた。

ちなみに、寛仁元年（一〇一七）十一月の藤原道長の二条第移徙の場合、家母たる源倫子は、家長たる道長と長男頼通をはじめとする息子たちとが寝殿に昇った後、乗車のまま入門していた。次に引く『御堂関白記』に明らかな如くである。

○亥時初渡㆓二条㆒、新宅議如㆑常、（中略）、初摂政、次々子等相従、余於門下㆓於車㆒、我上後倚㆓女方車㆒、

（『御堂関白記』寛仁元年十一月十日条）

また、移徙作法勘文には「家母帯㆓鏡於心前㆒」との指示が見えるが、藤原実資の小野宮第移徙があった頃にも、家母は鏡を携えて新宅の門をくぐることになっていたものと推測される。実資の『小右記』には、万寿四年（一〇二

七）の内大臣藤原教通の新宅移徙について、「内府移徙間、尺鏡打破、又黄牛登レ廊、大怪歟」（『小右記』万寿四年八月二十二日条）との記述があり、当時の新宅移徙にも鏡が用いられていたことが知られるのである。

五菓嘗

藤原資平の新宅移徙の事例では、家長以下の家族全員が寝殿に着くと、五菓嘗のことがあった。しかも、藤原実資の小野宮第移徙の場合に家長の実資だけが五菓を嘗めていたのと違い、資平の新宅移徙の場合には、家長の資平のみならず、その息子や娘までもがこれを行ったのである。先に引いた『春記』に見えるように、最初に家長とその娘が、次いで息子が五菓を嘗めている。ただ、家長の男女の孫までがこれを行ったかどうかについては、不明と言う他ない。

また、資平の新宅移徙に用いられた五菓について知ることはできないが、およその見当は付けられよう。藤原実資によれば、五菓嘗には「当時美名物」すなわち季節の果実を用いればよかったのであり（『小右記』寛仁三年十二月二十一日条）、資平の新宅移徙とほぼ同じ季節に行われた実資の小野宮第移徙には生栗・搗栗・柏・干棗・橘が、長元五年十一月に行われた西殿移徙（本章註(7)参照）には松実・柏・栗・干棗・石榴が用いられていた。

なお、平安時代末までには、柑・橘・栗・柿・梨、あるいは、李・杏・桃・栗・棗、あるいは、松実・棗・石榴・橘・柏を五菓とする諸説が生まれていたが（『二中歴』第八供膳歴五菓）、当時、こうした五菓を季節を問わずに一時に揃えることはほぼ不可能であったろう。『類聚雑要抄』の移徙作法勘文も五菓として棗・李・栗・杏・桃を挙げておきながら「若無者、以二美名菓一用レ之」という但し書きを付しているように、実際には季節の果実が用いられていたものと思われる。(11)

雑　具

『類聚雑要抄』に見える花山院移徙の移徙作法勘文では、水火童女と黄牛との後には金宝器を乗せた案を担った者二人と五穀を納れた釜を持つ者二人が続くことになっており、また、新宅当主の次には馬鞍を抱えた者一人が、当主の息子・男孫の次には絵錦綵帛を盛った箱を持つ者二人と五穀飯を納れた瓶を持つ者二人が続くことになっていたが、藤原資平の新宅移徙においては金宝器・釜・馬鞍・箱・瓶の作法はなかった。

これは、資平の移徙が旧来の地所に再建した邸宅への移徙であったためと思われる。『左経記』長元五年四月四日条に藤原実資の小野宮第移徙の際の新宅作法について「渡二台幷寝殿一之時、皆牽二黄牛一、勤二返閇一、用二五菓一、但依レ為二旧宅一、不レ具二水火童幷雑具一」と見える如くである。「旧宅」は旧来の地所に再建した邸宅のこと、「雑具」は金宝器・釜・馬鞍・箱・瓶のことであろう。

第三節　新宅移徙の完了

三夜の饗

先引の『小右記』寛仁三年十二月二十一日条に見えるように、小野宮第移徙においては、家長の藤原実資が五菓を嘗めた後、邸内の所々にて簡単な饗が持たれ、実資家の女房・侍・随身がこれにあずかっていた。これは藤原資平の新宅移徙の場合にも同様で、先に引いた『春記』長久元年十二月十日条には、資平家の女房や侍が餞を受けていたことが見える。藤原道長の新宅移徙においては、新宅作法の後に饗が催され、諸卿が招かれて碁や攤に興じているが、[12]道長の随身や道長家の女房なども饗にあずかっていたものと考えられる。

そして、『小右記』寛仁三年十二月二十二日条に「今夜女房衝重、侍所・随身所等可レ饗、如二昨夜一」と見えるように、同様の饗は新宅移徙の翌晩にも行われており、また、道長の新宅移徙の事例を見る限り、入宅の後の饗は移徙当夜からその翌々晩まで、必ず三夜続けて催されている。(13) さらに、藤原資平の新宅移徙の翌日の『春記』を見るならば、移徙後の饗に関して「聞三食三ヶ夜二有二小食一、但無二所々食一云々」(『春記』長久元年十二月十一日条)と記されており、新宅移徙の後の「三ヶ夜」には何か特別な食事のあったことが知られるとともに、そうした食事は本来は邸内の「所々」にも出されるものであったことが知られる。おそらく、新宅移徙の後の饗は、移徙当夜よりその翌々晩まで三夜続けて持たれるものだったのだろう。

三夜の禁忌

先にも触れた『新儀式』が天皇遷御の次第を記す中で「諸司所々人々従二今夜一三箇日不レ罷出、宿直」と記すように(『新儀式』第四遷御事)、天皇遷御の場合、その移徙に供奉した諸官人は、移徙当夜より三夜の間、新宅である内裏なり後院なりから退出することができなかった。とすれば、おそらくは、臣下の新宅移徙においても、移徙に奉仕した随身や侍や女房などは、移徙当夜から三夜の間は新宅から出ることができなかったものと思われる。

さらに、新宅移徙において一定の役割を果たした者が新宅を出ることができなかったとすれば、新宅の住人となる人々の外出が忌まれたことは言うまでもあるまい。目下のところ、こうしたことを明記する史料は見当たらないが、実資や道長の新宅移徙の事例を見る限り、家長やその妻子が移徙後三夜以内に新宅を出ることはなかったようである。(14)

そして、平安貴族の新宅移徙において、移徙当夜からの三夜は、特別な意味を持つ期間であったと考えられる。新宅作法として水火童女が寝殿内に灯した燈燭が三夜の間は消されてはならないとされていたことには、既に藤原実資の小野宮第移徙の次第を見る中で言及したが、この燈燭に関する禁忌の他にも、平安貴族は移徙後の三夜の間に多くの禁忌を守らねばならなかった。

『類聚雑要抄』の移徙作法勘文や『二中歴』の新宅移徙条が示すように、平安貴族の新宅移徙にはさまざまな禁忌が伴った。そして、それらの諸禁忌が守られるべき期間として定められた「御移徙之後、三日之内」あるいは「入レ宅之後三日」というのは、新宅移徙が夜に行われるものであったことから考えて、移徙当夜よりの三夜のことであろう。すなわち、その後の三夜に諸々の禁忌を伴うのが、平安貴族の新宅移徙だったのである。

○御移徙之後、三日之内、不二殺生一、不レ歎、不レ上レ厠、不二悪言一、不レ楽、不二刑罰一、不レ登レ高、不レ臨レ深、不レ見二不孝子一、入二僧尼一忌レ之、（『類聚雑要抄』巻第二調度一）

○凡入レ宅之後三日、不二殺生一、不レ歌レ歎、不レ上レ厠、不二悪言一、不レ作レ楽、不二刑罰一、不レ登レ高、不レ臨レ深、不レ見二不孝子一、不レ入二僧尼一云々、（『二中歴』第八儀式歴新宅移徙）

また、『類聚雑要抄』の移徙作法勘文と『二中歴』の新宅移徙条とは、右の引用に明らかなように、全く同じ内容の禁忌を示していると言ってよい。「不二殺生一」「不レ歎（不レ歌レ歎）」「不レ上レ厠」「不二悪言一」「不レ楽（不レ作レ楽）」「不二刑罰一」「不レ登レ高」「不レ臨レ深」「不レ見二不孝子一」「入二僧尼一忌レ之（不レ入二僧尼一）」という十ヵ条の禁忌は、新宅移徙に伴う禁忌として、平安貴族社会に広く共有されたものであったと見ていいだろう。そして、これらの禁忌の大半は、当時の神事に伴う禁忌と同様のものである[15]。

宅神の祭祀

『類聚雑要抄』の移徙作法勘文および『二中歴』の新宅移徙条によれば、新宅移徙の翌朝および移徙第三夜の翌朝、門・戸・井・竈・堂・庭・厠などの諸神に対する祭祀が行われることになっていた。『小右記』に直接の証拠を見出すことはできないものの、この諸神に対する祭祀は、やはり、藤原実資の小野宮第移徙の際にも行われたと考えていいだろう。

○入宅明旦祀二諸神一諸神者、門・戸・井・竈・堂・庭・厠等也、以三瓶内盛二五穀一祀レ之、
三日亦祀、以二童女捧水火一炊二釜内五穀一祀レ之、

（『類聚雑要抄』巻第二調度二）

○其明旦祀二諸神一謂二門・戸・井・竈・堂・庭・厠、等一也、以三瓶内盛二五穀飯一祀レ之
三日亦祀以二童女捧火水一炊二釜内五穀一祀レ之

（『二中歴』第八儀式歴新宅移徙）

『左経記』万寿二年四月二十六日条には「祭二宅神一、仍不二念誦一」という記事があり、源経頼の邸宅に「宅神」と呼ばれる神格の祀られていたことが知られる。神祇官において行われる国家的な祭祀の一つであった月次祭について、神祇令義解が「即如二庶人宅神祭一也」と説明していることからすれば、宅神というのは、おそらく、それぞれの家宅において祀られる神格であった。現に、『権記』寛弘元年四月二十九日条や『小右記』の万寿二年十一月二十一日条および長元元年十一月二十五日条からは、藤原行成や藤原実資の邸宅でも宅神が祀られており、毎年の四月と十一月とに「宅神祭」という祭祀が行われていたことが窺われる。

そして、晴明流安倍氏の何者かが鎌倉時代前期に著した『陰陽道旧記抄』に「竈・門・井・厠者家神也云々」との所説が見えることから考えて、『類聚雑要抄』および『二中歴』に見える門・戸・井・竈・堂・庭・厠の諸神こそが、平安貴族社会において「宅神」あるいは「家神」と呼ばれた神格であったろう。『類聚雑要抄』や『二中歴』に言う「堂」は母屋たる寝殿のことであろうから、当時の貴族社会においては家宅の主要な要素が神格化されていたことになる。[16] そして、新宅移徙の際には、これらの諸神の祭祀が行われることになっていたのである。[17]

なお、『類聚雑要抄』の移徙作法勘文および『二中歴』の新宅移徙条によれば、その祭祀の供物となったのは、雑具として新宅に持ち込まれた瓶や釜に納められていた穀物であり、また、その煮炊きに用いられたのは、水火童女によって新宅に持ち込まれた水や火であった。すなわち、新宅作法のうちの水火童女や雑具の一部は、宅神の祭祀を準備するためのものだったのである。

また、既に見たように、新宅移徙のはじまった夜からの三夜、新宅では幾つかの禁忌を守らねばならないことになっていたが、その諸禁忌も新宅の宅神を意識したものであったと考えられる。前述の如く、新宅移徙に伴う諸禁忌の多くは、神事に伴う禁忌と同じものであった。また、それらの禁忌は、新宅移徙のはじまった夜から三夜の間の、すなわち、宅神に対する二度目の祭祀が行われるまでの間の禁忌だったのである。

そして、『類聚雑要抄』や『二中歴』の示すところでは、新宅移徙は宅神の祭祀を以て完了するものであった。すなわち、新宅移徙の翌朝およびその翌々朝に宅神の祭祀を行うところまでが、移徙作法勘文および新宅移徙条の示す新宅移徙の次第だったのである。新宅移徙のはじまった夜からの三夜が特別の意味を持つ期間であったことには既に触れたが、宅神に対する二度目の祭祀が行われるまでがその特別の期間だったということになる。

このように見るならば、門・戸・井・竈・堂・庭・厠の神格である宅神の祭祀こそが、新宅移徙の中核であった。平安貴族社会に行われた新宅移徙は、一種の神事だったのである。そして、そう考えることによってこそ、新宅移徙の開始が夜中であったこと、新宅移徙に用いられる門がハレの門である西門であったこと、新宅移徙に臨む人々が礼装を着していたことなど、本章において見てきた新宅移徙のさまざまな要素についての説明を得ることができよう。

家中神への奉幣

小野宮第移徙から六夜を経た十二月二十七日、この日を吉日と見た藤原実資は、小野宮第の「家中神」たる筥山明神に対する祭祀（奉幣）を行っている。これは、次に引く『小右記』によれば、かつて養父藤原実頼が東三条第への新宅移徙を行った際、同第の隼明神に奉幣した先例に倣ったものであった。

○今朝奉㆓幣筥山明神㆒、移㆓渡寝屋㆒後依㆑可㆑先㆓神事奉幣㆒、故殿渡㆓給彼院㆒、撰㆓吉日㆒先奉㆓幣隼明神㆒、依㆓彼例㆒先奉㆓幣家中神㆒、

宰相来云、参㆓入道殿御読経㆒、入夜帰、同車参㆑内（渡㆓寝屋㆒後依㆓吉日㆒参入）、

（『小右記』寛仁三年十二月二十七日条）

藤原実資の小野宮第への新宅移徙の場合、その移徙に伴って祭祀を行ったのは、前項に見た宅神ばかりではなかった。小野宮第や東三条第には宅神の他にも筥山明神や隼明神といった神格が祀られていたのであり、その祭祀も移徙に伴って行われねばならなかったのである。

家宅内に宅神以外の神格を祀った例としては、小野宮第の筥山明神や東三条第の隼明神の他、東三条第の角振明神があるが、家宅内に宅神以外の神格を祀ることが平安時代中期の貴族社会に一般的なことであったか否かは明らかではない。だが、小野宮第の筥山明神や東三条第の隼明神のような神格を『小右記』の表現を借りて「家中神」と呼ぶとして、当時の貴族社会の慣行では、家中神を祀る邸宅への移徙が行われた場合には、移徙の後に家中神を祀ることになっていたと考えていいだろう。

ところで、筥山明神への奉幣の後、実資は移徙後初の参内を済ませていたが、この参内は、実資にとっては移徙後初の外出でもあった。この前日の十二月二十六日、藤原道長より養子資平を通じて道長邸の読経に参加すべきことを求められた実資は、次の如き見解を示していたのである。

○余所㆑思者移㆓新舎㆒之後初参㆓彼殿御読経㆒如何、猶先参㆑内可㆑宜乎、

（『小右記』寛仁三年十二月二十六日条）

これによれば、新宅移徙を行った後の最初の外出は参内でなければならなかった。そして、その外出の前には、新宅の家中神の祭祀を行わなければならなかったのである。とすれば、小野宮第のような家中神を祀る邸宅への新宅移徙は、家中神の祭祀を行わなければ完了しなかったと言ってもいいだろう。

なお、小野宮第移徙において藤原実資が家中神の祭祀を行ったのは新宅移徙をはじめた夜から六夜を経た翌朝のことであったが、これは実資が吉日に家中神の祭祀を行おうとしたためのことであろう。もし、日の吉凶に問題がなければ、小野宮第移徙の際の家中神の祭祀も、宅神の祭祀と同じく移徙後三夜の明旦に行われていたのではないだろうか。

第四節　新宅移徙の意味

『御堂関白記』によれば、長和二年（一〇一三）十月頃からはじまった藤原道長の二条第の造作は、同五年の二月には完成に近付いていた。同月二十七日、陰陽師安倍吉平によって翌三月二十三日が新宅移徙を行うべき吉日として勘考され、さらに、三月五日、新宅での密教修法がはじめられている。この時点では、新宅移徙の準備は着々と進んでいたのである。ところが、新造二条第への移徙を翌日に控えた三月二十二日、にわかに新宅移徙の中止が決定された。同日の『小右記』に「摂政被レ移ニ二条第一之事、已以停止、有ニ方々忌一、亦不吉日之故、今依ニ斯事一勘ヲ当吉平朝臣一、御祠太猛云々」と見える如く、安倍吉平による吉日の勘考に落ち度があったためである。

その後、この新造二条第への新宅移徙が行われたのは、翌寛仁元年の十一月十日のことであった。当初は長和五年三月に予定されていた新宅移徙が一年半以上も延期されたのは、その間、移徙を行うにふさわしい吉日を得ることができなかったためである。そして、件の寛仁元年十一月十日の新宅移徙が行われるまで、藤原道長は造作の完了した新造二条第を居所とすることはなかった。完成から一年半以上もの間、道長はせっかくの新宅を用いずにいたのである。

しかし、新宅移徙を行い得ないがゆえに完成した新宅の使用が長期に亙って見送られた事例が確認される一方、平安時代中期の貴族社会では、まだ未完成の状態にある新宅への移徙が敢行されることもあった。例えば、本章において既にその次第について詳述した長久元年（一〇四〇）の藤原資平の新宅移徙の場合がそうである。

この新宅移徙が行われた時点での資平邸は、「東北皆切懸格子石造、出云々南面四間僅所二出来一也、組入所々未二出来一、高欄等如レ元、又無二帳幷調度一、亦仮以二几帳等一所二装束一也」（『春記』長久元年十二月十日条）と、完成からは遠い状態にあった。そして、このような状況でありながらも資平があえて新宅移徙を行った背景には、息子の資房が「未レ及二造畢一、然而依レ難レ得二吉日一、如レ形所二渡給一也」（『春記』長久元年十二月十日条）と述べる如き事情が存していた。すなわち、新宅の造作が完了してからでは新宅移徙のための吉日を得ることが見込めず、それゆえ、やむなく造作未了のうちに新宅移徙を行うことになったというのである。

これら相互に対照的な二つの事例から推測するに、新宅移徙という儀礼は、平安時代中期の貴族社会において、人々が新宅を用いはじめるにあたって必須のものと見做されていた。すなわち、平安貴族社会の人々の間では、新宅移徙を行わなければ新宅を用いはじめることができないという認識が共有されていた、と考えられるのである。

こう考えることで、新宅移徙を行う機会を逸した藤原道長が完成した新宅を長期に亙って使用できずにいたことについても、また、完成後に速やかに新宅を使用しようとした藤原資平が未完成な状態の邸宅への新宅移徙を敢行したことについても、一応は納得することができるだろう。新宅を用いはじめる際には新宅移徙を行う必要があるというのが、平安貴族社会での新宅移徙をめぐる共通理解だったのである。その意味で、新宅移徙は平安貴族社会の人々にとっての重要事の一つであった。

その新宅移徙の中核となっていたのは、本章において既に述べた如く、宅神の祭祀であった。ここに言う宅神とは、門・戸・井・竈・堂（寝殿）・庭・厠といった家宅の主要な要素を神格化した諸神、すなわち、門神・戸神・井神・竈神・堂神・庭神・厠神といった神々のことである。

これら「宅神」と呼ばれる諸神のうち、竈神については、それが平安時代中期の貴族社会の人々にとっては危険な存在であったことが知られる。すなわち、次に引く『御堂関白記』および『小右記』に見えるように、平安貴族社会の人々は、しばしば自邸に祀られた竈神の祟咎を受けていたのである。竈神は自身の鎮座する家宅の住人に祟咎を為すことがあった。平安貴族社会の人々は、しばしば自邸に祀られた竈神の祟咎を受けていたのであり、平安貴族にとって、竈神は危険な神だったのである。

○悩事猶非レ例、（中略）、以二吉平一令二解除一、依二竈神祟一也、
（『御堂関白記』長和二年四月十一日条）

○行二小南一、還来間見二□□一、竈神御屋水入来、有レ所レ悩占二竈神祟一、仍令二解除幷修補一、
（『御堂関白記』長和二年六月八日条）

○心神太悩、起居少臥時多、以二恒盛一令二散供一、守道朝臣占云、竈神祟者、仍令二解除一、招二慶真師一於枕上転二読孔雀経一令レ致二祈禱一、
（『小右記』万寿四年三月五日条）

○恒盛云、今旦依レ召参二女院一、俄悩二御腰一、占二申御竈神・土公祟由一、於御竈前奉二仕御祓一、二个度、
（『小右記』長元四年七月五日条）

このように竈神が自身の鎮座する家宅の住人に祟咎を為す神であったことからすれば、新宅への移徙に際して竈神

の祭祀が行われたのは、その祟咎を避けるためであったと考えるべきだろう。そして、竈神以外の宅神の祭祀についても、同様に考えることができるのではないだろうか。

平安貴族社会の人々にとって、「宅神」と呼ばれる諸神は、文字通りに最も身近な神々であったが、この神々も人々に祟咎をもたらすことがあり、その祟咎を回避するために新宅への移徙に際しては宅神の祭祀が行われたのだろう。新宅移徙の中核であった宅神の祭祀については、新宅の住人となる人々がその新宅の宅神から祟咎を受けることを回避するために行われたものとして理解することができるのである。とすれば、新宅を用いはじめるにあたって新宅移徙が行われなければならないと見做されていたのも、当然のことと言えよう。

また、祟咎の回避ということでは、新宅作法の中で土公神を鎮めるために黄牛が牽かれたことも忘れてはならない。右に引いた『小右記』にも見えるように、土地の神である土公神は、平安時代中期の貴族社会の人々にとっては、しばしば人々に祟咎を為す神格の一つだったのである。土公神もまた平安貴族にとって最も身近な神々の一つであったが、その土公神の祟咎を回避することもまた、新宅作法の目的の一つであった。

そして、宅神や土公神といった身近な神々のもたらす災いから人々を護ることは、平安時代中期の貴族社会において陰陽師に期待された役割の一つであった。

先引の『御堂関白記』および『小右記』に見えるように、平安貴族社会において竈神の祟咎に対処したのは、安倍吉平・賀茂守道・中原恒盛のような陰陽師であった。竈神の祟咎を受けた場合、平安貴族は陰陽師の禊祓（解除）によってこれに抗したのである。そして、竈神以外の宅神の祟咎に対処するにも、やはり、陰陽師にその役割が期待されていたと考えていいだろう。だからこそ、宅神の祭祀を中核とする新宅移徙が陰陽師の主導のもとに進行したのではないだろうか。

また、平安貴族社会の陰陽師には土公神への対処が期待されていたことも明らかである。

次に引く『左経記』によれば、中宮藤原威子が一時的に内裏より藤原兼隆（左衛門督）の邸宅に移った際には、移徙以前の兼隆邸において陰陽師賀茂守道によって土公神の祭祀（土公祭）が行われている。新宅移徙ではなく他人の邸宅を借り受けて転居するような場合にも、その移徙にあたっては土公神の祭祀が行われたのであり、その祭祀を行うのは陰陽師だったのである。

○廿七日行啓以前、於左衛門督家可レ行二土公御祭并大散供一之由、召三仰守道朝臣二、

（『左経記』長元元年九月二十二日条）

註

（1）安鎮法については、村山修一「地鎮と宅鎮」〔一九九〇〕を参照されたい。

（2）宿曜師については、山下克明「宿曜道の形成と展開」〔一九九六d（一九九〇）〕を参照されたい。

（3）平安時代の獄囚・穢・清掃の関係については、関口明「古代の清掃と徒刑」〔一九八二〕を参照されたい。

（4）これらの事例に見える呪符とは性質の異なるものではあるが、藤原兼隆の大炊御門第（東洞院第）にも安倍吉平の作った呪符があった。すなわち、同第が出産のための仮御所として後一条天皇妃の中宮藤原威子に提供された際のこと、『左経記』万寿三年九月二日条に「仰二吉平朝臣一、作二御護一打三付御在所四角柱二」と見える如く、中宮威子の行啓がある以前、同第内の中宮の在所となるべき場所を囲む四本の柱に、安倍吉平の作った呪符が付されたのである。そして、この呪符については、その用いられ方から、宅鎮に関するものではなく、出産に関わるものではなかったかと考えられる。

なお、宅鎮の呪符については、村山修一「地鎮と宅鎮」〔一九九〇〕を参照されたい。

（5）平安貴族の「今日」の始点と終点とについては、物忌参籠の習俗から窺うことができよう。三和礼子「物忌考」〔一九九一（一九五六）〕を参照されたい。

(6) 次に引く『小右記』に見えるように、既に長保二年の天皇遷御以前から留守宅への移徙に際して陰陽師の反閇が用いられていた。とすれば、本来は留守宅移徙の際に用いられていた反閇が安倍晴明によって新宅作法に採用されたと見ることができよう。

○戌時帰二小野宮一、以二陰陽允奉平一令二反閇一、先是於小野宮令二散供一、此宅留守男給二疋絹一、又下女等令レ賜二信濃布等一、

(『小右記』寛和元年五月七日条)

○申時渡二二条一、以二晴明朝臣一令二反閇一、

(『小右記』永延元年三月二十一日条)

(7) とはいえ、安倍晴明によってにわかにはじめられた作法であっただけに、平安中期にはそのあり方は事例ごとにまちまちであり、新宅移徙を指揮する陰陽師が安倍氏以外の陰陽師である場合には長元年間に至っても反閇の行われないことさえあった。藤原実資は小野宮第の西隣に「西家」もしくは「西殿」と呼ばれる邸宅を営んでいたが、『小右記』には長元五年(一〇三二)の西殿への移徙について次のような記述が見える。

○中納言来、同車向二新造西家一亥時、不二反閇一、只始レ宿許也、食二五菓一松実・栢・栗・干棗・柘榴、(中略)、今夜令二陰陽助孝秀朝臣一令レ鎮二西地家一、今夜可二宿始一、

(『小右記』長元五年十一月二十六日条)

(8) 例えば、『小右記』長和三年三月二十四日条および同長元四年七月五日条など。

(9) 『栄花物語』には寛仁二年の藤原道長の土御門第移徙に関する記述があるが、そこに新宅作法の後のこととして次のように見えることにも留意したい。

○三日の程よろづの殿ばら参り給て、うちあげ遊び給。前に絹屋造りて、黄牛飼はせ給。例の事ながらも、めでたし。

(『栄花物語』巻第十四あさみどり)

(10) 『左経記』長元五年四月四日条に「今夜殿直衣冠、上達部或直衣或宿衣、殿上人或宿衣或束帯、諸大夫皆宿衣、此以二倹約一被レ為レ宗也云々」と見える如く、藤原頼通の堀河第への新宅移徙の場合、新宅の当主(家長)である頼通をはじめ、この移徙に参入した上達部・殿上人の多くは直衣もしくは宿衣を身に着けていた。この移徙の場合、頼通が倹約を宗としたため、頼通自身をはじめとして略装である直衣を着す者もあったが、しかし、倹約が奨励されたにも拘らず、束帯や宿衣といった礼装で参入した者も少なくはなかった。ここに言う宿衣は衣冠の別称である。この事例からも、やはり、平安貴族社会における新宅移徙は礼装にて臨むべきものであったことが窺われよう。

(11) 五菓嘗は占拠儀礼だったのではないだろうか。すなわち、母屋(寝殿)にて食物を口にするという五菓嘗が、少なくともその始

原において、家宅の占拠を示す儀礼であった可能性が想定されるのである。そして、このように考えるのは、『播磨国風土記』に収められた国占神話の一つとの類同性に気付いたからに他ならない。『播磨国風土記』には、「国を占めむ」とした神が、その占拠しようとした地の丘の上において、「飡したまひき」という行為に及んだ、という伝承が収められているのである。

○粒丘、粒丘と号くる所以は、天日槍命、韓国より渡り来て、宇頭の川底に到りて、宿処を葦原志挙乎命に乞はししく、「汝は国主たり。吾が宿らむ処を得まく欲ふ」とのりたまひき。志挙、即ち海中を許しましき。その時、客の神、剣を以ちて海水を攪きて宿りましき。主の神、即ち客の神の盛なる行を畏みて、先に国を占めむと欲して、巡り上りて、粒丘に到りて、飡したまひき。ここに、口より粒落ちき。故、粒丘と号く。其の丘の小石、皆能く粒に似たり。又、杖を以ちて地に刺したまふに、即ち杖の処より寒泉涌き出でて、遂に南と北とに通ひき。北は寒く、南は温し。白朮生ふ。（『播磨国風土記』揖保郡）

右の伝承で筆者が特に注目しているのは、葦原志挙乎命が国（土地）を占拠したことを示すのに「飡したまひき」という行為が選択されていること、そして、「飡したまひき」という行為に及ぶ場として丘の上が選択されていることである。この国占神話における「飡したまひき」という行為と新宅移徙における五菓嘗との類同性は容易に認められようが、それに加え、この二つの行為が行われた場にも類同性が想定されるからである。

新宅移徙において五菓嘗が行われたのは寝殿南廂であったが、寝殿は平安貴族の邸宅の母屋であり、その南廂からは邸内の全体を見渡すことができた。すなわち、ある意味、寝殿南廂は新宅の中心として位置付けられる場だったのである。そして、葦原志挙乎命が「飡したまひき」という行為に及んだという丘の上も、神話的には国の中心として観念されていたのではないだろうか。「巡り上りて、粒丘に到りて、飡したまひき」というように、葦原志挙乎命が粒丘に登ったのは国中を巡り歩いた末のことであった。とすれば、その丘は国中で最も高い場所であり、そこは国中を見晴らすことのできる中心的な場だったのではないだろうか。

そして、こうした類同性が見出されるとすれば、新宅移徙における五菓嘗を占拠儀礼と見做すことも可能であろう。

(12) 例えば、東三条第移徙（『御堂関白記』寛弘二年二月十日条）、小南第移徙（同三年八月十九日条）、二条第移徙（『小右記』寛仁元年十一月十日条）、土御門第移徙（同二年六月二十八日条）など。

(13) 本章註(9)所引の『栄花物語』をも参照されたい。

(14) 本章註(7)に見た西殿移徙の場合、藤原実資は移徙翌朝に西殿から小野宮第に帰っていた（『小右記』長元五年十一月二十七日条）。しかし、これは、西殿の当主が実資ではなく、その娘の千古だったためであろう。吉田早苗「藤原実資と小野宮第」（一九七七）によれば、西殿は長元三年（一〇三〇）あるいは同四年から千古の居所となっていた。

(15) 移徙後の三夜の禁忌の他、新宅ではその年の大晦日に追儺を行わないという禁忌もあったらしい。次に引く『小右記』に見える如くである。

○子時始許追儺、依二新屋一不レ儺、依二世俗風一、

（『小右記』寛仁三年十二月三十日条）

(16)『今昔物語集』には、方違のための宿所を探していたある家族が、それと知らずに「本ヨリ霊有ケル」という空家にて一夜を明かそうとしたところ、夜半にその家の塗籠から「長五寸許ナル五位共ノ、日ノ装束シタルガ、馬ニ乗テ十人許」が出現した、という話が収められている（『今昔物語集』巻第二十七第三十語）。そして、ここで塗籠から出てきたとされる小人たちについては、その風体から空家の宅神たちであったことが考えられる。「五位」といえば貴族であり、「日ノ装束」というのは礼装たる束帯のことであるが、拙稿「貴女と老僧」（一九九七）において示したように、平安貴族が神の姿として思い描くのは、しばしば束帯を着けた貴人の姿であった。

(17) 新宅移徙に伴って宅神の祭祀が行われたが、その後の三年間、四月と十一月との定期的な宅神祭は行われなかったようである。『陰陽道旧記抄』には「移徙之後三年内不レ祭二宅神一云々」との所説が記されている。

第七章　呪詛と陰陽師

一条天皇生母の東三条院藤原詮子が病床にあった長保二年五月、院の平癒を祈願するために未断囚人（未決囚）の赦免が行われた。この特赦を準備する中で未断囚人に関する勘文が作られたが、次に引くのは『権記』に写し取られたその勘文の一部であり、その時点で左右の獄舎に置かれていた未決囚の内訳が示されている。そして、この勘文に見えるように、当時、呪詛は犯罪行為だったのであり、呪詛犯は殺人犯や強盗犯と並ぶ重罪人であった。

○合廿九人、之中左廿三人、之中八人依二殺害・強窃盗・呪詛一之者重、其外或嫌疑之輩軽、

（『権記』長保二年五月十八日条）

『小記目録』に長保二年のこととして「五月十一日、拷二訊呪詛者安正一事」「同十八日、呪詛男自二獄所一被二召出一事」（『小記目録』第十六呪詛事）と見え、特赦の行われた長保二年五月当時、左右の獄舎のいずれかに安正という名の呪詛犯が収容されていたことが知られる。取り調べ（拷訊）を受けていた安正は、その時点ではまだ未断囚人の一人であったろう。しかし、翌月のこととして『小記目録』に「六月五日、呪咀人安正死二去獄中一事」（『小記目録』第十六呪詛事）と見えるように、呪詛犯の安正は、特赦の恩恵にあずかることなく獄死したのであった。養老賊盗律に「凡有レ所二憎悪一、而造二厭魅一、及造二符書呪詛一、欲二以殺レ人者、各以二謀殺一論、減二二等一」と定められた呪詛という犯罪は、平安時代中期においても、特赦の対象とされない重罪として位置付けられていたのである。

しかしながら、呪詛が横行していたというのが、平安中期における貴族社会の現実であった。就中、政界の中心人

物であった藤原道長は、藤原実資をして「相府一生間、如レ此之事不レ可二断絶一、坐レ事之者已為レ例事、悲歎而已」（『小右記』長和元年六月十七日条）と嘆かしめるほどに、常に呪詛をかけられる危険にさらされていた。そして、道長の境遇を慨嘆した実資も、治安元年に右大臣に任じて以後、自身にかかる呪詛を強く意識するようになり、次に引く『小右記』に見えるように、所労のある折や夢見の悪かった折などには、験者や陰陽師を用い、呪詛を防ぐための呪術を行わせている。

○此四五日所労不レ軽云々、行幸行事也、或云、呪咀云々、今日心誉僧都打顕云々、
（『小右記』万寿元年十二月二十四日条）

○聊有二夢想一、見二呪咀気一、仍以二恒盛一令二解除一、　（『小右記』万寿四年十二月二日条）

○従二今日一限二二七个日一以二良円一於天台房令レ修二大威徳明王法一調伏、為レ攘二悪念・呪咀一、　（同二十八日条）

さらに、藤原実資の場合、自らについてのみならず、愛娘の千古についても、呪詛の標的とされることを強く懸念していた。次に引く『小右記』には、千古の身を案じる実資が「為二呪咀・悪念・邪気一」として験者に大威徳法という修法を行わせたことが見えている。

○新奉レ図二絵等身大威徳尊一、従二今日一七箇日以二阿闍梨興昭一為二小女一令レ行二調伏法一、伴僧四口、為二呪咀・悪念・邪気一、　（『小右記』万寿二年三月八日条）

また、呪詛のことを意識していたのは、藤原道長や藤原実資のような政権の中枢にある上級貴族だけではなかった。『枕草子』が「こころゆくもの」の一つに「物よくいふ陰陽師して、河原にいでて呪詛の祓したる」を挙げているように、清少納言のような中級貴族層の人々も、しばしば呪詛の危険を感じていたのであり、陰陽師の呪術によって呪詛から身を守ろうとしたのである。藤原道長や藤原実資といった上級貴族層の人々がより強く呪詛の脅威を感じてい

たことは確かであろう。しかし、程度の差こそあれ、当時の貴族社会の全体が呪詛というものを恐れていたのだと考えられる。

そして、平安時代中期の貴族社会における陰陽師の役割を把握しようとするならば、呪詛の場面における陰陽師を見ることは非常に重要である。既に第二章で見たように、当時の陰陽師の中には、貴族層の人々の依頼に応えて呪詛を請け負う者もあった。また、右に見たように、平安貴族社会の陰陽師は、人々を呪詛から守る役割を担うこともあった。平安貴族社会に横行した呪詛には、しばしば陰陽師が深く関わっていたのである。

陰陽師が呪詛と深く関わっていたことは、『今昔物語集』『宇治拾遺物語』『古事談』などに収められた幾つかの説話を通じて、既に平安時代についての常識の一つとなっている。ただし、その常識の根拠となってきたのは、あくまで説話であった。そして、これまでのところは、当時の陰陽師と呪詛との関わりについて、古記録などの確かな史料を手がかりに、その史実に即した実態が明らかにされているわけではない。

そこで、この章においては、平安時代中期の人々が残した史料を手がかりとして、当時において陰陽師が呪詛とどのように関わっていたのかを見ていくことにする。そして、平安中期における史実としての陰陽師と呪詛との関係を見ようとする本章では、『今昔物語集』などの後代に成立した史料への言及を可能な限り控えることにしたい。

第一節　陰謀としての呪詛

『政事要略』には「勘申散位源朝臣為文・民部大輔同方理・伊予守佐伯朝臣公行妻及方理朝臣妻・僧円能等罪名事」という罪名勘文が引かれているが（『政事要略』巻七十糾弾雑事蠱毒厭魅及巫覡）、その勘文によると、寛弘六年（一〇

○九）二月に発覚した中宮藤原彰子や敦成親王に対する呪詛の陰謀をめぐり、中級貴族層に属する四人の男女と一人の法師陰陽師とが処罰されている。

この事件の発端は、次に引く『日本紀略』および『権記』に見える如く、内裏にて呪符（厭符）が発見されたことにあった。この呪符は一条天皇中宮の藤原彰子および彰子所生の敦成親王を呪詛する呪物（厭物）だったのであり、これによって呪詛の陰謀が露見したのである。

○奉レ呪二咀中宮幷第二親王一厭物出来、（『日本紀略』寛弘六年正月三十日条）

○詣二左府一、被レ示二昨自レ内持来厭符一、是為二帝皇之后一為二若宮一所レ為也云々、事多不レ載、退出、後聞、播磨介明賢・民部大輔方理等成レ恐退出云々、（『権記』寛弘六年二月一日条）

そして、以下に引く一連の『権記』によれば、この陰謀を画策したのは、高階光子（宣旨・佐伯公行妻）・源方理・方理の妻（源為文女）・源為文といった、中級貴族層の人々であった。後述のように、件の呪詛は中宮彰子および敦成親王のみならず左大臣藤原道長をも狙ったものであったが、高階光子以下の四人は、所謂「長徳の変」によって大宰府に配流され、道長に政権を奪われることになった藤原伊周（大宰帥）の縁者であった。彼らが呪詛を画策したのは、再び伊周に政界の主導権を握らせるためだったのである。

○中宮厭術法師円能捕出、有下所二指申一事等上云々、（『権記』寛弘六年二月四日条）

○今日左大臣被二参内一、遣レ使召二公行朝臣妾妻一（故成忠二位新発女）、囲レ宅之間、件女不レ見云々、件女幷民部大輔方理朝臣幷妻（為文女）・越後前守為文朝臣等罪名可レ勘之由、傅大納言召二大外記善言朝臣一仰レ之云々、（同五日条）

○仍参内、被レ行二方理幷宣旨（公行妻）等除名事一、幷大宰帥不レ可レ令二朝参一之由、内大臣依レ奉レ勅、被レ仰二大外記善言朝臣一、（同二十日条）

右に最後に引いた『権記』に「大宰帥不レ可レ令二朝参一」ことが見え、『百錬抄』同日条にも「止二前帥朝参一、依レ坐二呪咀事一也」と見えるように、この事件のために藤原伊周もまた参内停止の処分を受けてはいるが、角田文衛「高階光子の悲願」（一九六六）によれば、呪詛の陰謀に伊周自身の直接の関与はなかった。そして、事件の背景にあった藤原伊周をめぐる人間関係に注目する角田は、高階光子の父親である高階成忠こそが陰謀の黒幕であったと見る。確かに、伊周の外祖父にあたる成忠は、伊周の復権を強く望んでいたことだろう(1)。

しかし、今となっては角田の推測の当否を判ずることは難しい。右の『権記』に「故成忠二位新発」と見えるように、陰謀が発覚した時点では、高階成忠は既に他界していたのである。そして、次に引く『百錬抄』および『日本紀略』にも見えるように、確かな史実として、呪詛を画策した罪で罰せられたのは、高階光子・源方理・方理の妻・源為文の四人と円能という法師陰陽師とであった。

○捕下呪二咀中宮幷第二皇子・左大臣等一法師円能上勘問、承伏已了、造意者伊予守公行朝臣妻高階光子・民部大輔方理幷同妻源氏・其父前越後守為文朝臣等被レ勘二罪名一、

（『百錬抄』寛弘六年二月四日条）

○内大臣以下参二仗座一、召二善言一仰云、民部大輔従四位下源方理・従五位下高階光子等可レ解二却所レ帯官位一、僧円能当二絞罪一、宥二本罪一可レ行レ之、高階光子幷従類可レ捕‐進レ之、又前員外帥伊周、非レ有二指召一不レ可二参内一者、

（『日本紀略』寛弘六年二月二十日条）

右に「法師円能」「僧円能」と見える円能が法師陰陽師であったことは既に第二章でも見たが、これも第二章において述べたように、平安時代中期の貴族社会に出入りする法師陰陽師たちの中には、人々の依頼に応じて呪詛を行う者もいたのである。そして、円能という法師陰陽師は、高階光子や源方理から呪詛を請け負い、この陰謀に加担したのであった。また、次に引く『日本紀略』からは、源念（源心カ）という法師陰陽師もまた、この謀略への関与を疑

われていたことが知られる。

○今日、於左近馬場、被レ勘下問奉レ呪二咀中宮幷第二親王・左大臣一陰陽法師源念上、又東宮傅藤原道綱卿奉レ勅、召二大外記滋野善言一仰、令下二明法博士一勘中申奉レ呪二咀中宮幷第二皇子一之者佐伯公行朝臣妻高階光子幷民部大輔源方理幷妻源氏・其父為文朝臣等罪名上、先レ之、去月卅日厭物等出来云々、（『日本紀略』寛弘六年二月五日条）

そして、管見の限り、当時の貴族層の人々が企む呪詛に加担する陰陽師は、常に法師陰陽師であった。今のところ、官人陰陽師が呪詛の陰謀に関与したことを示す確かな記録は見出されていない(2)。

第二節　呪詛をかける人々と陰陽師

『政事要略』所引の寛弘六年の呪詛事件の罪名勘文には、検非違使庁が円能やその関係者を拷問した際の記録が「勘二問僧円能等一日記」として引用されている。次に引くのがその全文であるが、ここでは読解の便宜を図って幾らか体裁を改めてある。各条の冒頭に見えるQあるいはAの記号は、Qが検非違使の質問を表し、Aが円能その他の応答を表す。そして、Aの中でも、A1からA5までは円能の応答であり、A6は円能弟子の妙延の応答、A7は円能に童子として仕える物部糸丸の応答である。

Q1問二円能一云、作二厭式一奉レ呪二咀中宮・若宮幷左大臣一之由、依レ実弁申、如何、

A1円能申云、依二伊予守公行朝臣妻宣旨云人語一奉二呪咀一之由、昨日被二勘問一之次、依レ実弁申先了ト申、

Q2復問云、奉二呪咀一之趣、依レ実弁申、如何、

A2円能申云、彼趣ハ、中宮・若宮幷左大臣、御座シ給間、帥殿無徳ニ御座シ給フ、世間ニ此三箇所不レ可二御坐一之由、

可レ奉二厭魅一之趣也と申、

Q3復問云、此事相語之人、宣旨只一人歟、重弁申、如何、

A3円能申云、先ハ民部大輔源朝臣方理ナム相語侍シ、去年十二月中旬此也、宣旨ハ同月下旬許ニナム語侍シ、厭符ハ二枚也、一枚ハ度二宣旨一侍キ、一枚ハ為レ度二方理朝臣一、持ヨ向彼宅一、而方理朝臣他行、妻ニナム具依レ知二其事一テ、預侍リシ、禄ニハ紅花染褂一領ナム令レ得テ侍シ、宣旨禄ハ給二絹一疋一也と申、

Q4復問云、円能ガ外、相ヨ知此事一之陰陽師幾侍シ、又有験之寺社及可レ然之所々ニ成二此厭法一乎、重弁申、如何、

A4円能申云、寺社所々ニ更不レ成二件事一、但宣旨宅ニ侍藤原吉道ナム、案内ハ知テ侍ラム、彼宅出納春正ハ為レ使雖レ来二円能許一、案内ハ不レ知ヤ侍ラム、元来僧道満ナム年来召ヨ仕彼宅一之陰陽師ハ侍キトゾ、春正申侍レ、厭符之事ハ相語モヤ侍ニシト申、

Q5復問云、方理朝臣・宣旨同比ニ件事ヲ相語と弁申、彼二人共相ヨ議件事一テ令レ為歟、又僧源心と円能と常相ヨ語件事一之由、円能ガ弟子妙延ガ所二指申一也、又前越後守源朝臣為文親昵召ヨ仕円能一之間、有二其縁一テ受二方理朝臣夫妻之語一也と昨弁申セリ、若為文モ知二此事一歟、一々慥弁申、如何、

A5円能申云、方理・宣旨住所各異侍レバ、所々ニシテ受二此語一侍リキ、相議テヤ件厭符事ヲバ令レ為侍ケム、不二知侍一、亦円能モ□不レ令レ知、又源心ハ本自不レ隔二雑事一之間、雖レ有二親昵之語一非レ知二此厭符之事一、又為文朝臣ニハ雖レ語二雑事一、件厭符事ハ不レ示、円能依レ罷ヨ通彼宅一テ、方理朝臣ハ招取テ相ヨ語此厭符之事一侍シ也と申、栲畢

Q6問二妙延一云、師僧円能依二方理朝臣夫妻幷宣旨等語一テ、奉レ呪ヨ咀中宮・若宮幷左大臣一之由、及厭符等ヲ埋置所々、弁申、如何、

A6妙延申云、師弟子間ニ侍レとモ、不レ知二何事一、去年冬童子物部糸丸ニ絹一疋令レ持テ来テ侍シハ見侍キ、又円能・源

心相語事ハ見侍キ、不レ知二何事一と申、拷畢

Q7問二糸丸一云、師僧円能作二厭符一テ、奉レ呪二咀中宮・若宮幷左大臣一之由、汝為二彼童子一テ、可レ知二件事一、依レ実弁申、如何、

A7糸丸申云、厭符事ハ又不レ知、給二申祓禄一テ、従二宣旨宅一絹一疋ハ持来侍キ、又紅花染衣女ノ持来テ侍ルを見侍キ、不レ知二何所之物一、但去年十二月之間也と申、拷畢

（『政事要略』巻七十糾弾雑事蠱毒厭魅及巫覡）

この「勘二問僧円能等一日記」に明らかなように、件の呪詛は中宮彰子・敦成親王・左大臣藤原道長の三人を狙ったものであったが、その首謀者たちの目指すところは藤原伊周（帥殿）の復権であった。彰子・敦成・道長の三人に対する呪詛を企てたのも、伊周の政権奪回には彼らの存在が邪魔だったためである（A2）。そして、その目的を果すため、高階光子・源方理のそれぞれが、円能という法師陰陽師に一枚ずつの呪符（厭符）を作らせたのであり（A3）、この事件の発端となったのは、円能の作った二枚の呪符のいずれかであったと考えられる。

その呪符を作った法師陰陽師円能は、光子からは絹一疋を与えられるとともに（A3・A7）、方理からは紅花染褂一領を与えられており（A3）、それらが呪符を作ったことに対する報酬であった。藤原伊周の復権に特別な利害があったとも思われない円能は、ただ報酬のために陰謀に加担したのだろう。そして、この謀略における円能の関与は、おそらく、呪符を作るところまでであった。円能は自身の作った呪符がどのように用いられたかを把握していないのである（A4）。

また、円能の他にも、道満・源心のいま二人の法師陰陽師についても、この陰謀への関与が疑われたことがあった（A4・Q5・A5）。しかし、最終的には道満や源心のいずれも処罰の対象となってはおらず、陰陽師として件の呪詛に関わったのは、やはり、円能一人であったと考えられる。そして、その円能の関与も呪符を作るところまでであ

ったとすれば、実際に呪詛のために呪符を用いたのは、陰陽師ではない普通の人々であった。高階光子の従者である藤原吉道や某姓春正なども陰謀のことを承知していたとされるが（A4）、円能の作った呪符を用いて呪詛を行ったのは彼らであったかもしれない。いずれにせよ、平安時代中期の貴族社会では、陰陽師の作った呪物（呪符）さえ入手すれば、普通の人々にも呪詛を行うことが可能だったのである。

とすれば、呪詛をかけようとする人々がどうしても陰陽師を頼らなければならなかったのは、呪物を作るということについてだけであった。そして、その意味では、陰陽師の関わる呪詛の場合、陰陽師の作った呪物こそが呪詛の中核を成す要素であった。

なお、陰陽師が呪詛のために作った呪符は、当時の貴族社会において「厭符」とも「厭式」とも呼ばれたが（Q1・A3）、平安貴族の間でよく知られていた呪詛の呪物の用い方の一つは、埋めるというものであった。妙延を尋問した検非違使が「厭符等ヲ埋置所々」を質したのはそのためであろう（Q6）。平安貴族の認識では、陰陽師の作った呪物をどこかに埋めることで呪詛が成立したのである。また、円能自身に対する尋問の中では「有験之寺社及可レ然之所々ニ成二此厭法一」ことが取り上げられていることからすれば（Q4）、しばしば霊験のある寺院や神社において呪詛が行われていたのだろう。(3)

第三節　呪詛をかけられた人々と陰陽師

平安時代中期の古記録に見える呪詛の多くは、呪物を用いたものであった。残念ながら、現存の史料からではそれらの呪物を作ったのが誰であるかを確定することはできないが、やはり、最も疑わしいのは法師陰陽師であろう。既に第二章に見たように、当時、呪詛の嫌疑で捕搦された者の多くが法師陰陽師であった。また、前節に見たように、現に円能という法師陰陽師は依頼を受けて呪物（呪符）を作っていたのである。

そして、前節に引いた「勘二問僧円能等一日記」からは、陰陽師が呪詛のために作った呪物はどこかに埋められることで呪詛の効力を発揮するものであったことが知られるが、平安中期の貴族社会においては、呪詛の標的である人の住む邸宅のどこかに呪物を埋めるというのが、よく知られた呪詛の方法の一つであった。『小記目録』には「寛弘四年八月十九日、著二黒衣一男、掘二蔵人町一後、逃去、有二厭魅疑一事」（『小記目録』第十六呪詛事）という一条があり、ここに見える黒衣の男についても、蔵人町の住人への呪詛を請け負った法師陰陽師が呪物を埋めようとしていたことが疑われる。

このようなかたちの呪詛において、呪詛のための呪物が埋められたのは、しばしば呪詛の標的となった人の住居の床下であった。例えば、次に引く『小右記』によれば、東三条院藤原詮子を悩ます病気が呪詛によるものであることが疑われていた折、院の在所の床下から呪物（厭物）が掘り出されている。

○院御悩昨日極重、（中略）、或人呪咀云々、人々厭物自二寝殿板敷下一掘出云々、

（『小右記』長徳二年三月二十八日条）

この事例で床下のような場所から折よく呪物が発見されたのは、おそらく、東三条院の周囲の人々が当初からそこに呪物があると見て床下を探索したためであろう。当時、院の病気を呪詛と結び付けて考えた人々は、院が呪詛をかけられていることを想定すると同時に、院の在所の床下に呪物があることをも想定したのだと考えられる。呪詛のために床下に呪物を埋めるというのは、それほどに平安貴族の間でよく知られた行為だったのである。

また、床下などに呪物を埋める呪詛の変形として、しばしば邸内の井戸に呪物を沈める呪詛も行われた。次に引く

『小右記』および『御堂関白記』に見えるように、三条天皇中宮の藤原妍子が在所としていた東三条院第の井戸の底から数枚の餅と人の頭髪とから成る呪物が発見されたことがあったが、これは陰陽師の卜占によって呪詛のための呪物であることが判じられている。

○光栄朝臣云、今朝依㆑召参㆓左府㆒、命云、東三条院井底沈餅数枚・人髪等者、吉平朝臣相並占推、頗見㆓呪咀気㆒、従㆓正月㆒中宮座㆓此院㆒、

（『小右記』長和元年四月十一日条）

○惟風朝臣来云、東三条井有㆓厭物㆒云々、参召㆓吉平㆒令㆑問、申云、是厭物也、又令㆑占申㆓厭物由㆒、

（『御堂関白記』長和元年四月十日条）

○惟風朝臣来云、昨日有㆓厭物御井㆒汲、其具物侍者、又召㆓陰陽師等㆒令㆓解除㆒、

（同十一日条）

右の事例において、井戸の底に沈んでいた「餅数枚・人髪等」が呪詛の呪物であることを判じたのは、陰陽師の卜占であった。陰陽師の卜占はこのような場合にも用いられたのである。そして、発見された物体が呪詛の呪物であることが確定された後、右の事例では、陰陽師は禊祓（解除）を行っている。おそらく、それは呪物による呪詛を失効させるための呪術であったろう。

そして、呪物らしき何かが発見されると陰陽師が卜占によって呪詛のための呪物であるか否かを判じ、呪詛の呪物であることが判明すると陰陽師が禊祓によって呪詛を無効化する――陰陽師を用いたこの一連の措置は、平安中期の貴族社会の人々にとって、邸内で呪物らしき何かを発見した場合に講じるべき当然の措置であった。このことは、次に引く『小右記』からも明らかである。

○臨㆓昏黒㆒新三品惟憲来、（中略）、云、一日昏時男二人来㆓家中㆒、有㆘落㆓入井底㆒之物㆖、雑人見付乍㆑驚捜取見㆑之、似㆓呪咀物㆒、陰陽頭文高宿禰云、厭物者、祓棄畢、

（『小右記』治安三年十二月二十七日条）

また、呪詛が発覚し、しかも、その呪詛を行った陰陽師が捕搦された場合、次に引く『小右記』に見える如く、平安貴族はその陰陽師自身に呪詛を失効させるための禊祓を行わせることがあった。呪詛を行ったことで捕搦された陰陽師は、犯罪者として罰せられることのみならず、自身のかけた呪詛を無効化することをも求められたのである。

○為資朝臣云、呪二咀小一条院御息所一之法師皇延・法師弟子護忠今日捕搦、於河原科レ秡、以二御息所飯一令レ食、即為資朝臣為レ使所レ行也、

（『小右記』長元三年五月四日条）

このように、平安時代中期の貴族層の人々は、呪詛をかける場合のみならず、呪詛をかけられた場合にも、陰陽師を必要としたのであった。平安貴族社会の陰陽師は、呪詛のための呪物を作ることを期待されただけではなく、呪物を使った呪詛から人々を守ることをも期待されていたのである。

そして、呪詛の陰謀に加担したことの確認される陰陽師が法師陰陽師だけであったのに対して、呪詛を防ぐ役割は官人陰陽師・法師陰陽師のいずれもが果たしていたと考えられる。官人陰陽師がこの役割を担っていたことは右に見てきた幾つかの事例より明らかであろう。そして、『枕草子』が「物よくいふ陰陽師して、河原にいでて呪詛の祓したる」を「こころゆくもの」の一つに数えているが、清少納言のような中級貴族層の人々が呪詛から身を守るために用い得たのは、やはり、法師陰陽師であったろう。第一章・第二章にて論じたように、官人陰陽師の利用が上級貴族層によってほぼ独占されていた当時、中級貴族層の人々が用い得た陰陽師は、主として法師陰陽師だったのである。

また、「勘二問僧円能等一日記」において陰陽師の作った呪符が「厭式」とも呼ばれていることから、呪詛のために陰陽師の作った呪物こそが「式神」あるいは「識神」と呼ばれているものの実体であったとすれば、呪詛の場面においても、陰陽師の役割の本質は霊物と対峙することであった。すなわち、呪詛をかけようとする人々に加担するにしても、また、呪詛をかけられた人々を守るにしても、呪詛の場面における陰陽師の役割は、結局のところ、『小記目

録』の「左府所レ悩式神所レ致云々事」（『小記目録』第二十御悩事臣下）という一条に見える式神（識神）という霊物を制御することだったのである[4]。

註

（1）『百錬抄』長徳元年八月十日条に「呪二咀右大臣一之陰陽師法師、在二高二位法師家一、事之体似二内府所レ為者一」と見える如く、伊周と道長との政争が最も激しかった長徳元年（九九五）に発覚した道長（右大臣）を狙う呪詛の企てにも、伊周（内府）と成忠（高二位法師）とが絡んでいた。

（2）ただし、官人陰陽師が呪詛を行うことが全くあり得なかったというわけではない。例えば、次に引く『扶桑略記』からは、当時、朝敵に対する呪詛が陰陽寮官人の職掌と見做されていたことが窺われる。

○安楽寺託宣、辰時以二禰宜藤原長子一託宣曰、（中略）、昔依二讒言一放レ我之日、大臣時平卿・光卿・納言定国卿・菅根朝臣、偽称二勅宣一、召二陰陽寮官人一、充二給種々珍宝一、令レ呪下詛我幷子孫永絶不レ可二相続一之由上、神祭多送二月日一、皇城八方占二山野一、厭術埋二置雑宝一、

（『扶桑略記』永観二年六月二十九日条）

すなわち、『扶桑略記』によれば、永観二年（九八四）六月末のこと、安楽寺の禰宜に憑いた菅原道真の霊が、かつて藤原時平や源光などが陰陽寮官人を使って道真およびその子孫に呪詛をかけたことを暴露したのであった。そして、仮に道真の託宣が事実を語っているとすれば、菅原道真を失脚させようとする藤原時平や源光の陰謀に官人陰陽師が加担していたことになるわけだが、しかし、それは時平や光に欺かれての加担に過ぎない。

ここで重要なのは、時平や光が道真への呪詛に陰陽寮官人を用いるにあたり、「偽称二勅宣一」という手続きが必要だったという点である。時平や光の「偽称二勅宣一」という行為は、左大臣の時平といえども勅宣がなければ陰陽寮官人に呪詛を行わせることはできなかったことを意味する。しかし、この事例からは、勅宣がありさえすれば陰陽寮官人もまた呪詛を行ったことが知られる。そして、呪詛を行うべしとの勅宣が陰陽寮官人に下されることがあるとすれば、それは朝敵に対する呪詛であったろう。

（3）寺社で行われる呪詛の場合にも、やはり、陰陽師の作った呪物は埋められたのかもしれない。『小記目録』に「同〔長保〕四年十一月九日、賀茂社厭物出来事」（『小記目録』第十六呪詛事）という一条があるように、確かに、霊験のある神社の境内に呪詛の呪物が

埋められることがあったのである。

（4） 次に引く『続古事談』所収の説話からは、式神（識神）が陰陽師の埋めた呪物であったことが窺われる。陰陽師が神泉苑に埋めた式神（「陰陽識神ヲ喎シテウヅメル」）が放置されたままになっており、その式神が原因で左大臣源高明（西宮左大臣）は所謂「安和の変」において失脚したというのである。

○西宮左大臣日クレテ内ヨリマカリ出給ケルニ、二条大宮ノ辻ヲスグルニ、神泉ノ丑寅ノ角、冷泉院ノ未申ノ角ノツイヂノ内ニ、ムネツイヂノ覆ニアタルホドニ、タケタカキモノ三人タチテ、大臣サキオフ声ヲキヽテハウツブシ、ヲハヌ時ハサシ出ケリ。大臣其心ヲ得テ、シキリニサキヲヲハシム。ツイヂヲスグルホドニ、大臣ノ名ヲヨブ。其後ホドナク大事出キテ左遷セラレケリ。神泉ノ競馬ノ時、陰陽識神ヲ喎シテウヅメルヲ今ニ解除セズ。其霊アリトナンイヒツタヘタル。今モスグベカラズトゾ、アリユキトイフ陰陽師ハ申ケル。

（『続古事談』第二臣節）

なお、『枕草子』には、呪詛とは無関係な文脈において、式神（識神）のことが語られている。

一条天皇妃の皇后藤原定子のもとに出仕して間もない頃、清少納言は定子から「我をば思ふや」と忠義を尋ねられたことがあった。もちろん、清少納言は「いかがは」と返事をしたのであるが、まさにその瞬間、誰かの大きなくしゃみが聞こえてきたのである。そして、それを聞いた定子は、清少納言の返事を虚偽と見做し、「あな、心憂。そら言をいふなりけり」との言葉を残して奥に引っ込んでしまった。当時の貴族社会においてくしゃみは不吉なものと見做されていたために、くしゃみと同時に発せられた清少納言の言葉は虚言と見做されてしまったのである。

結局、ただ偶然に聞こえてきた他人のくしゃみによってその忠義を疑われることになった清少納言こそいい迷惑であったが、いまだ新参女房であった清少納言にはその場で弁解することもかなわず、失意のうちに自分の局へと退がるしかなかった。そして、彼女が局に戻るや、定子のもとから「いかにしていかに知らましいつはりを空にただすの神なかりせば」という一首が届けられた。これが新参女房に弁解の機会を与えるためのものであったのか、それとも追い打ちをかけるものであったのかはわからないが、ともかく、清少納言は「うすさ濃さそれにもよらぬはなゆゑに憂き身のほどを見るぞわびしき」との歌を返したのであり、さらに使の女房には「なほこればかり啓し直させ給へ。式の神もおのづから。いとかしこし」と言い添えたのであった。

これは『枕草子』の「宮にはじめてまゐりたるころ」ではじまる段に語られた逸話であるが、この逸話に見る限り、当時の貴族社会において、式神（識神）は一個の神格として認識されていた。そして、清少納言の「式の神もおのづから」という言葉が定子の歌の「空にただすの神なかりせば」という下句に対応するのだとすれば、式神は人心の真偽を見極める神として知られていたことになるだろう。

第八章　陰陽寮・陰陽道・陰陽師

国家的な尊崇を受ける神社や寺院において怪異が起きた場合、それは国家的な災害の予兆と見做され、朝廷では神祇官および陰陽寮による卜占が行われることになっていた。これが軒廊御卜であり、その名称はそれが紫宸殿の軒廊で行われたことに由来する[1]。そして、次に引く『左経記』に見える万寿三年（一〇二六）八月末の軒廊御卜は、上賀茂社にて社前の樹木がたちまちにして枯れるという怪異が起きたことを受けてのものであった。

○源中納言於左仗座召二神祇官・陰陽寮等一、於軒廊令レ卜三笠賀茂上社前木忽枯由二主計助守道・陰陽頭文高参入、召レ座之間、文高忽申二本病更発之由一不二着座一、頻雖レ召已不二参入一、是依下為二守道一下臈有二座次一愁上不参也、仍上卿令レ申二関白殿一、仰云、急召二吉平朝臣一、兼文高故障不レ可レ令レ申者、頃之吉平参入、次文高又参入、座次吉平・守道・文高、御卜趣兵革火事云々、神・陰先申二此由一云々、

（『左経記』万寿三年八月二十八日条）

この軒廊御卜では、神祇官・陰陽寮いずれの卜占も、怪異が兵乱や火災の予兆であることを示した。『左経記』に「御卜趣兵革火事云々、神・陰先申二此由一云々」と見える如くである。しかし、ここで特に注目したいのは、このような卜占の結果ではなく、この軒廊御卜に陰陽寮側の人員として携わったのが安倍吉平（表4—4）・賀茂守道（表4—34）・惟宗文高（表4—49）の三人だったという点である。

前述の如く、軒廊御卜は神祇官と陰陽寮とによって行われるべきものであった。右の『左経記』にも、「源中納言於左仗座召二神祇官・陰陽寮等一」と、神祇官と陰陽寮とが召喚されたことが確かに記されている。ところが、右の事

例において実際に陰陽寮の人員として軒廊御卜に携わった三人の官職を見るならば、惟宗文高が陰陽頭であったことは『左経記』の示す通りであり、『左経記』に主計助と見える賀茂守道についても表4より暦博士であったことが確認できるが、安倍吉平だけはこの時点では陰陽寮官人ではなかった。

安倍吉平が陰陽寮の官職を歴任したことは表4の示す通りである。しかし、右の軒廊御卜の時点での吉平は、陰陽寮官人の経験者ではあっても、正規の陰陽寮官人ではなかった。この頃の吉平は、表4に見える如く、主計寮の長官である主計頭の官職を帯びていたのである。(2)したがって、『左経記』の伝える軒廊御卜の事例では、陰陽寮官人ではない官人陰陽師が、公然と陰陽寮の職務に携わっていたことになる。

しかも、右の軒廊御卜の場において、陰陽頭として陰陽寮の責任者であったはずの惟宗文高が、陰陽寮官人でもない安倍吉平の下座に置かれていた。そして、『左経記』に見る限り、周囲が「座次吉平・守道・文高」という席次に異を唱えることはなかった。当事者たる陰陽頭文高でさえ、守道の下座となることを不服としたものの、吉平が上座にあることには不満を示していない。すなわち、陰陽寮の官職を帯びない官人陰陽師が陰陽頭に優越した立場で陰陽寮の職務行為に関わることが、少なくとも平安時代中期には公認されていたのである。

また、ここでは、万寿三年の軒廊御卜において暦博士の賀茂守道が陰陽頭の惟宗文高よりも高い席次を与えられたことにも注目すべきであろう。陰陽寮の長官である陰陽頭が、陰陽寮の公式の職務行為の中で、下僚であるはずの暦博士に劣る席次を与えられたのである。そして、このことについても、文高自身を別とすれば、その場に居合わせた誰もがこれを異としてはいない。これもまた、平安中期には公認された事態だったのである。

次に引く養老職員令陰陽寮条の規定において、中務省の所管の陰陽寮という官司の職務は、陰陽・暦・天文・漏剋の四つの部門に分かれていたが、この陰陽寮に置かれた長上官の人員は、陰陽部門の陰陽師六人および陰陽博士一人、暦部門の暦博士一人、天文部門の天文博士一人、漏剋部門の漏剋博士二人、そして、寮の全体を統括する官としての陰陽頭・陰陽助・陰陽允・陰陽大属・陰陽少属がそれぞれ一人ずつであった。

○頭一人掌、天文・暦数・風雲気色、有レ異密封奏聞事 助一人、允一人、大属一人、少属一人、陰陽師六人掌、占筮、相レ地 陰陽博士一人掌、教二陰陽生等一 陰陽生十人掌、習二陰陽一 暦博士一人掌、造レ暦、及、教二暦生等一 暦生十人掌、習レ暦 天文博士一人掌、候二天文気色一、有レ異、密封、及教二天文生等一 天文生十人掌、習レ候二天文気色一 漏剋博士二人掌、率二守辰丁一、伺二漏剋之節一 守辰丁二十人掌、伺二漏剋之節一、以レ時撃二鐘鼓一 使部二十人、直丁三人、（養老職員令陰陽寮条）

右の養老職員令の規定では、あくまで陰陽頭が陰陽寮という官司の長官であった。本来的には、陰陽頭の任にある者こそが、陰陽寮の職務を統括すべきだったのである。しかし、平安時代中期の現実として、その陰陽頭が陰陽寮官人でもない官人陰陽師や下僚であるはずの暦博士よりも低い立場で陰陽寮の職務に携わることがあった。

そして、陰陽寮官職を帯びない安倍吉平や暦博士の賀茂守道が陰陽頭以上の立場で陰陽寮の職務に携わることを可能にしたのは、吉平および守道の置かれていた陰陽道第一者あるいは陰陽道第二者の立場であったと考えられる。平安貴族社会において「陰陽道第一者」と呼ばれたのは、官人陰陽師の中で最も高い位階を持つ者であり、それに次ぐ位階にある官人陰陽師が「陰陽道第二者」と呼ばれた。[3] 陰陽道第一者は官人陰陽師の同業者集団としての陰陽道における筆頭者であり、次席を占めたのが陰陽道第二者であった。

山下克明「陰陽師再考」〔一九九六g〕が論じるように、十世紀頃から一般に用いられるようになった「陰陽道」という言葉は、当時においては、卜占や呪術のような陰陽師の職能を意味するとともに、陰陽師という職能者の同業者集団をも意味した。桃裕行『上代学制の研究』〔一九九四（一九四七）〕によれば、九世紀中頃には、特定の学芸とともにその学芸に携わる人々の集団をも意味するものとして、「紀伝道（文章道）」「明経道」「明法道」「算道」といった名称が成立していたが、山下によれば、「陰陽道」という名称は「紀伝道」などに準じて用いられたのであった。

その「陰陽道」という名称を以て呼ばれた同業者集団は、陰陽寮官人をも含む全ての官人陰陽師たちの活動を統制した。(4)すなわち、平安中期の陰陽寮官人たちは、官人陰陽師の一人として陰陽道という同業者集団によってその活動を統制される身だったのであり、したがって、陰陽寮という官司の人的な機構は、官人陰陽師の同業者集団である陰陽道に呑み込まれていたのである。とすれば、平安中期の陰陽寮は、事実上は陰陽道によって運営されていたと見ていいだろう。

そして、その意味では、陰陽寮という官司を運営するうえでの実質的な主導権を握っていたのは、陰陽道第一者の立場にある官人陰陽師であった。陰陽道という官人陰陽師の同業者集団の筆頭者であった陰陽道第一者は、蔵人所陰陽師として天皇に近侍する身であり、(5)当時の貴族社会において最も権威のある陰陽師であった。そして、平安中期の陰陽寮においては、その陰陽道第一者こそが主導権を掌握していたと考えられるのである。

とすれば、当時の官人陰陽師についてその実態を把握するには、陰陽寮・陰陽道・陰陽師という三者の関係を解明するという作業が必須となろう。既に序章や第一章において明らかにしたように、平安貴族社会において官人陰陽師として活動したのは陰陽寮官人および陰陽寮官人経験者であり、その官人陰陽師たちによって構成された同業者集団が陰陽道である。陰陽寮・陰陽道・陰陽師の関係を把握しなければ、陰陽寮官人ではない陰陽道第一者が陰陽寮の職務行為に携わり得た事情を理解することさえも困難であろう。

そこで、この章においては、主として平安時代中期における陰陽寮官職の実態を明らかにすることを通して、当時の陰陽寮・陰陽道・陰陽師の関係を見ていくことにしたい。

第一節　陰陽寮官人から官人陰陽師へ

律令制度下に「陰陽師」という名称を与えられたのは、陰陽寮という官司に置かれた多数の官職の一つであった。養老職員令陰陽寮条において「陰陽師六人掌、占筮相レ地」と規定された官職、すなわち、本書において令制陰陽師と呼んでいる官職である。しかし、既に第一章に見たように、平安時代中期の貴族社会では、陰陽寮の官職を帯びる官人の全てが、その官職に関わりなく、陰陽師という名称の職能者（芸能者）として扱われていた。本書が陰陽寮官人の全てを官人陰陽師と見做すのも、こうした事情があるからである。

このように、養老職員令において官職名として用いられたはずの「陰陽師」という名称が、平安中期の貴族社会においては職業名の一つとして受け入れられていた。そして、平安貴族社会の官人陰陽師たちは、単なる官人ではなく、官人身分を持つ職能者（芸能者）であった。

平安貴族社会に活動した陰陽師という職能者にとってその名称の由来となった令制陰陽師は、本来、卜占を職掌とする官職であった。養老職員令陰陽寮条に「陰陽師六人掌、占筮相レ地」と見える如く、土地についての卜占（相地）を含む卜占こそが、令制陰陽師の職掌だったのである。職員令集解陰陽寮条においては、令制陰陽師の職掌は次のように説明されている。

○謂、占者極レ数知レ来曰レ占也、筮者蓍曰レ筮也、相者視也、古記云、陰陽師相レ地、訓レ見訓レ量也、

（『令集解』巻三職員二）

そして、「陰陽師」という名称の職能者として扱われた平安中期の陰陽寮官人にとっては、令制陰陽師の職掌であ

った卜占は必須の職能であった。すなわち、平安中期の陰陽寮官人は、陰陽寮での官職に関係なく、その全員が卜占を行い得たのである。例えば、中級貴族の間を往来した多数の消息を集めた『雲州消息』には、因幡守藤原某が陰陽頭某に相地を依頼した際の書状や造酒正某が陰陽頭某に宛てた卜占の依頼状なども収められており、令制陰陽師以外の陰陽寮官人も人々の求めに応じて卜占を行っていたことが知られる。東市正某の依頼状は安倍氏の陰陽師に宛てられたものだが、そこにはこれ以前にも東市正某が陰陽助および漏剋博士に卜占を行わせたことが記されている。

○近会卜二山庄一、其地形、南有二広沢一、東有二長河一、西有二聯路一、北有二池沼一、相者云、北若有二連岳一四神可レ具、而有二池沼一猶以不快、或書云、以二林木一隔レ之可レ為二玄武之神一者、舎屋北池沼之南栽二松杉竹柏一可レ備二四神一如何、又東流水、従レ西向レ東流歟、当二東方一従レ北向レ南流歟、勝劣難レ知、故旧之説如何、謹言

月　日　　因幡守藤原

陰陽頭殿

（『雲州消息』巻中八十三往状）

○巳年男所望成敗如何

月　日　　造酒正

陰陽頭殿

（『雲州消息』巻中七十九往状）

○奉上

占形一枚

右、一日陰陽助占云、始終雖レ吉其卦不レ宜、漏剋博士覆推云、能加二祈禱一可二成就一歟、又改二日時一可レ被レ推也、諸事自可レ聞也、以状

月　日　　東市正

陰陽安先生殿

（『雲州消息』巻中八十一往状）

この他、「光栄之占如レ指レ掌、可レ謂レ神也」（『権記』寛弘八年五月九日条）と賞されるほどに卜占に長けていた賀茂光栄（表4―31）が前暦博士であったように、また、次に引く『本朝世紀』に天文博士の安倍晴明（表4―2）が公的な怪異占を行ったことが見えるように、平安時代中期には、暦博士や天文博士もまた、当然のように卜占に通じていたのである。

○今日未□点怪立、官正庁東第二間庇内有レ虵也、天文博士正五位下安倍朝臣晴明占云、非二盗兵事一、就二官事一有二遠行者一歟、

（『本朝世紀』寛和二年二月十六日条）

しかし、平安中期の官人陰陽師たちの職能は卜占だけではなかった。当時の官人陰陽師にとっては、呪術もまたその主要な職能の一つであった。そして、呪術が平安中期の官人陰陽師の職能であったことも、令制陰陽師の職掌に由来する。養老職員令の規定では卜占のみが令制陰陽師の職掌であったが、養老令の施行から半世紀を経ずして、令制陰陽師は養老職員令が規定する以外の職掌をも果たさなければならなくなっていたのである。

例えば、養老年間（七一七～二三）からさほど隔たらぬ天平宝字五年（七六一）の「造寺雑物請用帳」（『大日本古文書』巻之二十五）に「一段院中鎮祭陰陽師浄衣料単衣袴」のことが見え、同六年の「造石山院所銭用帳」（『大日本古文書』巻之十五）に「廿文鎮祀地陰陽師布施料」のことが見えるように、早くも八世紀中葉には、令制陰陽師は地鎮の如き呪術を担うようになっていた。そして、『類聚国史』には延暦十九年（八〇〇）七月二十三日のこととして次のような記事が見えており、令制陰陽師が山陵において地鎮の呪術を行ったことが知られる。

○詔曰、朕有レ所レ思、宜下故皇太子早良親王、追二称崇道天皇一、（中略）、其墓並称中山陵上、令下二従五位上守近衛少将兼春宮亮丹波守大伴宿禰是成一、率二陰陽師・衆僧一、鎮中謝在二淡路国一崇道天皇山陵上、

（『類聚国史』巻二十五帝王五追号天皇・巻三十六帝王十六山陵）

また、次に引く『類聚符宣抄』所収の仁寿四年（八五四）の文書からは、地鎮の呪術が公式に令制陰陽師の職掌として位置付けられていたことが確認される。ここでは、外記庁舎において令制陰陽師による地鎮が行われたのであり、しかも、それは陰陽寮の公的な職務として行われていたのである。

○　調布拾玖端

右今月十三日外記庁解謝、所ニ供奉一允一人・属一人・陰陽師四人・生四人并十人禄、応レ給如レ件、

右大臣宣、宜下以ニ厨物一充上之、

仁寿四年十一月十五日

大外記滋野朝臣安成奉

（『類聚符宣抄』第一祭祀）

そして、平安時代中期の貴族社会においては、令制陰陽師に限られない全ての陰陽寮官人が、地鎮を含むさまざまな呪術を扱っていた。平安貴族社会の官人陰陽師にとって、呪術はその主要な職能の一つだったのであり、当時の官人陰陽師たちがどれほど多種多様な呪術を扱い得たかは、本書の第三章から第七章までの各章および表3からも窺われよう。そして、次に引く村上天皇の日記や式部丞橘某の書状より窺われる如く、平安中期の全ての陰陽寮官人が、その官職に関わりなく、幾つもの呪術を習得していたのである。

○蔵人式部丞藤原雅材供ニ御祓物一、以ニ明日一令下ニ天文博士保憲一赴中難波湖及七瀬上、三元河臨禊云々、

（『村上天皇御記』応和三年七月二十一日条）

○　可レ被レ行ニ太山府君御祭一事

右、事体一日申畢、但都状有ニ可レ入事一兼日可レ被レ献也、新暦早々可レ被ニ進上一者也、謹言

月　日

曆博士殿

式部丞橘

（『雲州消息』巻下五十七）

このように、本来は令制陰陽師のみの職掌であったはずの卜占や呪術が、平安時代中期には全ての陰陽寮官人の職能となっていた。平安中期の陰陽寮官人は、その官職に関わりなく、その全員が卜占をも呪術をも行い得たのである。そして、当時の貴族社会において陰陽寮官人の全てが「陰陽師」と呼ばれたのは、彼らが令制陰陽師の職掌であった卜占と呪術とを主要な職能としていたためだと考えられる。

ところで、養老職員令において令制陰陽師の職掌とされた卜占は、本来、勅問および諸司公事問のみに答えるべきものであった。つまり、令制陰陽師による卜占は、あくまで朝廷の公的な利益のためにのみ用いられるものだったのである。正当な手続きを踏めば貴族社会の誰しもが典薬寮の医師の治療を受け得たのとは異なり、陰陽寮の陰陽師（令制陰陽師）の卜占は、本来、私的な利益のためには用い得ないものであった。令制陰陽師の職掌であった卜占（占筮相地）について、考課令集解占候医卜条は次のように説いているのである。

○穴云、問、占筮相地何、答、略レ文、通計為二十分一耳、又問、占為二勅問一歟、為当広為二諸司公事問一歟、答、為二公事一、占筮相地、皆是本司実録耳、為二私人一者非也、

（『令集解』巻十九考課二）

しかし、令制陰陽師の卜占が公的な利益のためにのみ用いられるべきものであったのに対して、平安中期の陰陽寮官人の卜占は、頻繁に貴族社会の人々の私的な利益のために用いられた。例えば、因幡守藤原某・造酒正某・東市正某などが陰陽寮官人たちに依頼したのも、私的な事情によって必要とされた卜占であった。

もちろん、平安中期の陰陽寮官人が人々の私的な利益のために行ったのは、卜占ばかりではない。当時の陰陽寮官人たちは、人々の私的な要求に応じてさまざまな呪術をも行った。式部丞橘某の消息文に見える曆博士某による泰山

府君祭（太山府君祭）も、おそらくは、橘某が本主と仰ぐ上級貴族のための私的なものであろう。

『今昔物語集』が「天文博士安倍晴明ト云陰陽師」について「終ニ晴明此道ニ付テ、公・私ニ被仕テ糸止事無カリケリ」（『今昔物語集』巻第二十四第十六語）と語る如く、平安時代中期の陰陽寮官人は、朝廷の公的な職務を果たす官人でありながら、人々の私的な要求に応える「陰陽師」という名の職能者（芸能者）でもあった。令制陰陽師があくまで陰陽寮官人であったのに対して、平安中期の陰陽寮官人たちは、陰陽寮官職を帯びた官人である以上に、「陰陽師」と呼ばれる職能者だったのである。彼らはまさに官人陰陽師として扱われるべき存在であった。

とすれば、平安時代中期の陰陽寮についても、単純に、陰陽寮に配属された官人たちがその運営にあたっていたと見ることはできまい。むしろ、官人陰陽師として分類され得るような職能者たちが陰陽寮という官司を運営していたと見るのが、より実態に即した現実的な理解のはずである。

そして、平安中期の現実として、陰陽寮という官司の運営にあたる官人陰陽師たちの中には、現役の陰陽寮官人だけではなく、陰陽寮の官職を辞した官人（陰陽寮官人経験者）までもが含まれていた。陰陽寮官職を辞した後に主計頭の任にあった安倍吉平が陰陽寮の職務に携わっていたことは、既に本章の冒頭に見た通りである。また、本書の序章においては、一条天皇の内裏遷御の際、官職を帯びない散位の身であった安倍晴明が陰陽寮に代わって呪術を行ったことをも見た。

この研究において官人陰陽師として扱われるのは、現に陰陽寮の官職を帯びている現役の陰陽寮官人だけではない。陰陽寮官職を辞した陰陽寮官人経験者もまた、本書に言う官人陰陽師に含まれる。そして、陰陽寮という官司は、平安時代中期においては、陰陽寮官人経験者をも含む官人陰陽師たちによって運営されていたと考えられるのである。

第二節　陰陽寮の非主要官職と官人陰陽師

次に引くのは陰陽寮の人事異動を申請する文書であるが、その日付から見て、これは治安三年（一〇二三）の春の除目に合わせて作成されたものであろう。そして、この文書からは、陰陽寮に置かれた官職の幾つかについて、その平安時代中期における実態を窺うことができるのである。

○陰陽寮

請下殊蒙二天裁一、因三准先例一、被レ任二道理次第一、転中任官人品官等上状

正六位上行少属惟宗朝臣行明

右謹検二案内一、第一属大中臣豊明、属二肥後守致光一遥下三向鎮西一、仍以二第二属行明一、申三請允重宣叙欠之所一、

正六位上行陰陽師中臣朝臣為俊

右為俊為二陰陽師之第一一、尤当二属運一、仍申三請少属行明転レ允之所一、

正六位上行陰陽師巨勢朝臣孝秀

右重案二事情一、属錦文保、去寛弘元年筑後守菅野文信赴任之日随レ彼下向、其後文信者経レ任帰洛、文保者逃亡無レ身、難レ尋二存亡一無レ知二在所一、謂二其不仕一已十八箇年于今矣、（中略）、仍以二第二陰陽師孝秀一、申三請属文保十八年不仕之替一、

正六位上行前天文得業生中原朝臣恒盛

右恒盛得業生労十四个年矣、三道得業生等之中年労第一也、加以兼三習陰陽一、最足レ為レ師、仍申三請陰陽師為俊

　転之所㆒、
正六位上行陰陽得業生大中臣朝臣貞吉
　右貞吉次第之運、又当㆓其仁㆒、仍申㆓請陰陽師孝秀転㆑属之所㆒、
以㆓前官人品官等㆒、任㆓道理次第㆒、申請如㆑件、望㆓請　天裁㆒、任㆓次第㆒被㆓転任㆒、令㆑勤㆓仕職掌㆒、仍勒㆓事状㆒、謹
請㆓　処分㆒、
　　治安三年二月八日
従五位下行権助兼陰陽博士安倍朝臣時親
従五位下行助兼漏刻博士大中臣朝臣実光
従五位下行頭兼陰陽博士備中権介惟宗朝臣文高
（『除目大成抄』第十下成文書生字事）

この文書において示されている人事異動案は、正六位上の位階にある五人の官人をそれぞれ陰陽允・陰陽属・陰陽師（令制陰陽師）などに任ずるというものであり、その要点はおよそ次の如くである。

惟宗行明（表4―52）　正六位上陰陽少属　→　陰陽允
大中臣為俊（表4―23）　正六位上陰陽師　→　陰陽属
巨勢孝秀（表4―45）　正六位上陰陽師　→　陰陽属
中原恒盛（表4―66）　正六位上天文得業生　→　陰陽師
大中臣貞吉（表4―24）　正六位上陰陽得業生　→　陰陽師

このような人事案に関してまず第一に注目したいのは、右の五人のいずれもが正六位上の位階を持っていたことである。すなわち、ここでは、現任の陰陽少属や陰陽師（令制陰陽師）が正六位上という位階にあったのであり、また、

その正六位上官人たちの陰陽允・陰陽属・令制陰陽師への補任が申請されているのである。しかし、こうしたことは、明らかに養老官位令の規定と矛盾する。

養老官位令には正一位から少初位下までのそれぞれの位階にふさわしい官職が定められており、原則として、律令官人はこの官位令の規定に従って官職に就くことになっていたが、養老官位令に定められた陰陽寮官職の相当位階は次の如くである。そして、問題の陰陽允・陰陽属・陰陽師は、本来、正六位上よりかなり低い位階に相当する官職であった。(6)

従五位下　陰陽頭
従六位上　陰陽助
正七位下　陰陽博士・天文博士
従七位上　陰陽允・陰陽師・暦博士
従七位下　漏剋博士
従八位下　陰陽大属
大初位上　陰陽少属

しかし、表4においてその位階が判明している者のみを取り上げるならば、平安時代中期の陰陽允・陰陽属・令制陰陽師に与えられていたのは、常に正六位上という位階であった。次に列挙するのは、その在任時の位階が明らかな陰陽允・陰陽属・令制陰陽師であり、ここに名前の挙がった延べ十八名の陰陽寮官人のいずれもが、陰陽允・陰陽属・令制陰陽師の官職を帯びていたときには正六位上という位階にあったのである。

陰陽允　大中臣実光（表4―19）　河内遠生（表4―40）　清科行長（表4―42）　惟宗孝親（表4―50）

陰陽属　惟宗行真（表4―53）　惟宗経基（表4―59）　中原頼方（表4―67）
　巨勢孝行（表4―46）　惟宗光則（表4―54）　菅野清親（表4―63）　秦連忠（表4―75）
　和気久邦（表4―82）
陰陽師　賀茂道資（表4―39）　清科光成（表4―43）　惟宗則助（表4―55）　舟木昌成（表4―77）
　物部公好（表4―81）　和気久邦（表4―82）

そして、黒板伸夫「位階制変質の一側面」〔一九九五b（一九八四）〕によれば、平安中期以降には、原則として、職事官に正六位上より下位の位階が与えられることはなかった。すなわち、平安中期には正六位上より下の位階が実質的に消滅してしまっていたのであり、正六位上こそが官人に与えられる最低の位階となっていたというのである。

また、右の文書によれば、惟宗行明が陰陽允に推されたのは、「允重宣叙欠」を埋めるためであったが、ここに「重宣」と見えるのは、おそらく、治安年間に陰陽允であったことの確認されている桑原重則（表4―44）である。そして、その重則（重宣）が叙爵に伴って陰陽允の官を辞したために生じた欠員が「允重宣叙欠」であった。すなわち、当時の陰陽允は、従五位下に叙された場合、その官に留まることができなかったのである。

したがって、平安中期に陰陽允の官に就き得たのは、正六位上の官人のみであった。その意味では、正六位上こそが陰陽允の実質的な相当位階だったのである。また、こうした事情を踏まえるならば、陰陽属や陰陽師（令制陰陽師）についても、正六位上が事実上の相当位階になっていたと見るべきだろう。

ところで、治安三年春の陰陽寮官人の人事案に関して二番目に注目すべきは、令制陰陽師であった大中臣為俊および巨勢孝秀の陰陽属への転任が申請されている点である。本来、陰陽允とともに従七位上を相当位階とした令制陰陽師は、従八位下あるいは大初位上を相当位階とする陰陽大属や陰陽少属よりも上位の官職であった。ところが、ここでは陰陽属が令制陰陽師よりも上位の官職として扱われているのである。

表４に整理した陰陽寮官人の官歴に見る限り、平安中期の陰陽寮において、令制陰陽師は陰陽属よりも下位に位置付けられていた。当時の陰陽寮において令制陰陽師が陰陽属よりも下位の官職として扱われていたことは、例えば大中臣貞吉（表４―24）・清科行国（表４―41）・惟宗則助（表４―55）・和気久邦（表４―82）などの官歴からも確かめられる。大中臣貞吉や清科行国は令制陰陽師から陰陽属へと昇進したのである。やはり、平安中期の陰陽寮においては、令制陰陽師こそが最下位の官職であった。

また、令制陰陽師が陰陽属より下位に位置付けられた結果として、平安中期の陰陽寮には〈令制陰陽師→陰陽属→陰陽允〉という昇進経路が存在した。件の人事案が示すのは、まさに、令制陰陽師から陰陽属への昇任と、陰陽属から陰陽允への昇任となのである。そして、それは、平安中期の多くの陰陽寮官人にとって、最も一般的な昇進経路であった。縣奉平（表４―１）・大中臣為俊（表４―23）・清科行長（表４―42）・巨勢孝秀（表４―45）・惟宗孝親（表４―50）・惟宗忠孝（表４―51）・惟宗経基（表４―59）・菅野清親（表４―63）・中原恒盛（表４―66）などの幾人もの陰陽寮官人について、その官歴から彼らが〈令制陰陽師→陰陽属→陰陽允〉という経路で昇進したことが窺われるのである。

なお、令制陰陽師という官職が平安中期の陰陽寮における最下位の官職として位置付けられた背景には、当時の全ての陰陽寮官人が令制陰陽師の職掌を果たし得たという事情があったと考えられる。前節に見たように、平安中期の陰陽寮官人は、その全員が卜占をも呪術をも扱った。当時の陰陽寮官人の全てが、卜占や呪術を主要な職能とする職能者（官人陰陽師）だったのである。そのため、殊更に卜占と呪術とを職掌とする官職（令制陰陽師）は、その存在意義を失ってしまったと考えられる。

そして、治安三年春の陰陽寮の人事案に関して三番目に注目したいのも、当時の陰陽寮官人が実質的には官人身分の陰陽師（官人陰陽師）と化していたことと関連した事柄である。すなわち、件の人事案では、陰陽得業生の大中臣貞吉（表4―24）に優先して、天文得業生の中原恒盛（表4―66）が令制陰陽師に推されているが、この点に注目することで、当時の陰陽寮の諸得業生や諸生が官人陰陽師の予備軍であったことが窺われるのである。

天文得業生の中原恒盛が令制陰陽師に推された理由の一つは、彼自身が「兼ニ習陰陽一、最足レ為レ師」と見做されたことにあった。天文得業生の恒盛が「陰陽師」と呼ばれる職能者（芸能者）になるための研鑽を積んでいたのである。しかし、恒盛が令制陰陽師に推された第一の理由は、むしろ、「三道得業生等之中年労第一也」ということにあった。すなわち、当時の陰陽寮において最古参の得業生であったことが、天文得業生の中原恒盛が令制陰陽師に推された第一の理由だったのである。

とすれば、恒盛が推されたのとは別の機会には、例えば暦得業生の誰かが、「三道得業生等之中年労第一也」という理由で令制陰陽師に推されることもあっただろう。現に、当時の著名な陰陽師では、安倍吉昌（表4―3）が天文得業生の出身であり、また、賀茂保憲（表4―29）は暦生の出身であった。当時、陰陽得業生以外の陰陽寮諸得業生や陰陽寮諸生の身で陰陽師としての修練を積んだのは、右に見た恒盛だけではなかったのである。平安時代中期には、陰陽師としての素養を身に付けることが、陰陽得業生や陰陽生はもちろん、天文得業生・天文生や暦得業生・暦生にとっても必須のこととなっていたと考えられる。

第三節　陰陽寮の主要官職と官人陰陽師

平安時代中期の陰陽頭経験者のうち、安倍吉昌（表4―3）・安倍章親（表4―6）・賀茂道言（表4―37）・巨勢孝秀（表4―45）・秦茂忠（表4―74）の五人については、それぞれが陰陽頭に補任されたときの位階が判明している。すなわち、表4の示すように、安倍章親・巨勢孝秀・秦茂忠は従五位下で、安倍吉昌・賀茂道言は従五位上で陰陽頭の官に就いたのである。そして、賀茂道言と巨勢孝秀とについては陰陽頭在任中に正五位下に叙されたことも確認されるが、管見の限り、陰陽頭の官を帯びたままで正五位下を越える位階に昇った例はない。とすれば、養老官位令が従五位下相当官とする陰陽頭は、平安中期において、従五位下から正五位下までの位階に対応する官職として位置付けられていたと見ていいだろう。

陰陽助の場合、養老官位令はこれを従六位上相当官とするが、平安中期においては、正六位上から従五位上までの位階に対応する官職と見做されていたと考えられる。表4に見える如く、安倍吉昌（表4―3）・惟宗文高（表4―49）は正六位上で、また、安倍章親（表4―6）・安倍有行（表4―8）・大中臣実光（表4―19）は従五位下で、それぞれが陰陽助に任じており、さらに、賀茂道栄（表4―38）の一例のみではあるが、陰陽助に在任したまま従五位上に叙された例も確認される。その意味では、養老官位令の規定においても、平安中期の現実においても、陰陽助は陰陽頭と陰陽允との間に位置付けられる官職だったのである。

そして、大中臣実光（表4―19）・大中臣為俊（表4―23）・巨勢孝秀（表4―45）・惟宗文高（表4―49）・平野茂樹（表4―76）といった五人の陰陽頭経験者の官歴からは、平安時代中期の陰陽寮における昇進経路の一つが〈令制陰陽師→陰陽属→陰陽允→陰陽助→陰陽頭〉というものであったことが窺われる。令制陰陽師が平安中期の陰陽寮において最も低く位置付けられた官職であったことは前節に見た通りだが、その令制陰陽師に在任した時期が判明している大中臣為俊の場合、三十年近くもの歳月をかけて令制陰陽師から陰陽寮の長官たる陰陽頭にまで昇進したのであった。

右のような昇進経路をたどった陰陽寮官人は、途中で陰陽博士の官を帯びることもあった。正六位上あるいは従五位下で陰陽允から陰陽博士に転じた後に陰陽助を兼ねるようになった巨勢孝秀（表4―45）の例があり、また、正六位上で陰陽助に補された後に権陰陽博士に転じた惟宗文高（表4―49）の例もある。そして、管見の限りでは、陰陽允が陰陽允の官を帯びたままで陰陽博士を兼ねた例はなく、平安中期の陰陽博士には、陰陽寮において陰陽助と同等の位置付けが与えられていたと考えられる。

陰陽博士に限らず、陰陽寮に置かれた諸博士は、平安中期の陰陽寮において、陰陽助と同等かそれに近い位置付けの官職であったと見ていいだろう。養老官位令の定めた諸博士の相当位は、陰陽博士および天文博士で正七位下、暦博士で陰陽允や令制陰陽師と同じ従七位上、漏剋博士では陰陽允や令制陰陽師よりも低い従七位下であった。しかし、表4に平安中期の例を見る限り、陰陽允が諸博士に転ずることはあっても、陰陽允が陰陽允のままで諸博士のいずれかを兼ねたことはない。また、漏剋博士についてさえ、惟宗清職（表4―56）が正六位上で漏剋博士に補された例とともに、菅野信公（表4―61）が従五位下で漏剋博士に在任した例が確認されるのである。

さて、このように見てきた限りでは、養老官位令の規定においてのみならず、平安時代中期の現実においても、陰陽頭は陰陽寮における最上位の官職であった。したがって、前節に見た〈令制陰陽師→陰陽属→陰陽允〉という経路にある陰陽寮官人について、その多くが陰陽頭という官職を目指していたと考えることができよう。

しかし、平安時代中期において、陰陽頭が陰陽寮における最上位の官職であったとしても、陰陽頭に補された官人陰陽師が最上位の官人陰陽師であるとは限らなかった。陰陽寮の官職を帯びていない官人陰陽師が、しばしば陰陽頭より上位の位階にあったのである。また、かなり稀なことではあるものの、天文博士や暦博士の位階が陰陽頭のそれを上回ることもあった。

本章の冒頭で見た万寿三年（一〇二六）の軒廊御卜において陰陽頭惟宗文高（表4―49）が主計頭安倍吉平（表4―4）の下座に置かれたとき、吉平の位階は陰陽頭には与えられることのない従四位下であった。しかも、吉平が従四位下に叙されたのはこれより十年以上も以前であり、かつ、吉平は既にその頃には陰陽寮の官職を辞していたのである。そして、陰陽寮の官職を帯びない官人陰陽師が陰陽頭より上位の位階にあった例は、右の安倍吉平ばかりではない。表4には、おそらくは主計頭の賀茂保憲（表4―29）が従四位下に叙された例や、散位の安倍晴明（表4―2）が従四位下の位階にあった例が見える。

また、例の万寿三年の軒廊御卜においては、安倍吉平のみならず、暦博士の賀茂守道（表4―34）までもが陰陽頭の上座にあった。この守道をはじめ、大春日栄種（表4―17）や賀茂保憲（表4―29）などが暦博士に補されたときの位階が正六位上であったように、平安中期の暦博士は、基本的に陰陽頭よりも下位に位置付けられていた。だが、その位階によって官人相互の席次が決まった当時において、件の軒廊御卜の時点で文高が守道に劣る位階にあったことは明らかである。これより三年半前の時点で文高が従五位上の位階にあったことが表4より確認され、守道については、件の軒廊御卜までに正五位下に叙されていた、もしくは、文高に先んじて従五位上に叙されていたと考えられる。

天文博士の場合、安倍章親（表4―6）が正六位上でこの官に任じたように、平安中期において、基本的には陰陽頭よりも下位の官職と見做されていた。しかし、惟宗文高（表4―49）が従五位下あるいは従五位上の陰陽頭であった頃、安倍吉昌（表4―3）は天文博士のまま正五位下に叙されている。また、『本朝世紀』寛和二年（九八六）二月十六日条には、「天文博士正五位下安倍朝臣晴明」による怪異占のことも見える。この時期に陰陽頭の任にあった大春日益満（表4―15）の位階は不明だが、天文博士安倍晴明の正五位下が陰陽頭大春日益満の位階に勝っていたことも十分に考えられる。

このように、陰陽寮官人の全てが官人陰陽師であった平安時代中期において、必ずしも陰陽頭の任にある官人陰陽師が最も高い位階を持つ官人陰陽師だったわけではない。既に本章の序節でも説明したように、平安貴族社会において「陰陽道第一者」と呼ばれたのは、官人陰陽師の中で最も高い位階を持つ者であり、それに次ぐ位階にある官人陰陽師が「陰陽道第二者」と呼ばれたが、当時において陰陽道第一者や陰陽道第二者の立場にあったのは、ほとんどの場合、陰陽寮の官職を帯びない官人陰陽師か、もしくは、天文博士・暦博士の任にある官人陰陽師かであった。

そして、表5の示すように、平安中期の陰陽道第一者や陰陽道第二者の多くが正五位下以上の位階を有していたが、こうした位階にたどり着くのは非常に困難なことであった。例えば、最終的に陰陽頭の官に就いたという意味では昇進の機会に恵まれていた大中臣実光（表4―19）でさえも、正六位上から従五位下に上がるだけで十数年を要したと見られ、さらに、従五位下から従五位上に上がるには二十年近い歳月を費している。官人陰陽師の誰もが正五位下や従四位下といった位階にたどり着けたわけではない。

平安時代後期の事例になってしまうが、賀茂成平という官人陰陽師の従五位上から正五位下への加階を申請する長治二年（一一〇五）二月二十一日付の文書（『朝野群載』第十五暦道）は、加階を受けるに値する成平の功績（「成平朝臣身労」）として、「叙労卌八年」「陰陽頭労十七年」「同助労九年」「陰陽博士労卌四年」「造進御暦労卌一年」「陰陽寮造作功労」などを列挙する。ここに挙がっているのはそのほとんどが年功であり、当時の陰陽寮官人の位階の昇叙が基本的には年功によるものであったことが知られる。大中臣実光が従五位上にたどり着くのに三十年以上の時間がかかったのもそのためである。

こうした状況において、天文博士や暦博士を務めた官人陰陽師は、他の官人陰陽師よりも位階を上げる機会に恵まれていた。天文博士や暦博士の場合、陰陽師であると同時に天文家や暦家でもあったため、陰陽師としての功績によってのみならず、天文や暦に関する功績によってもその位階を上げることができたのである。例えば、右に見た「成平朝臣身労」の一つが「造進御暦労卅一年」であったように、造暦という暦博士の職務は、年功とは別に加階を申請する理由となり得たのである。

そして、保憲流賀茂氏や晴明流安倍氏の官人陰陽師がしばしば位階において陰陽頭や陰陽助を上回ることがあったのは、こうした事情があったためだと考えられる。表4からも知られるように、両氏から出た官人陰陽師の多くが天文博士や暦博士を経験しているのである。

もちろん、「陰陽師」と呼ばれる職能者にふさわしいかたちで位階を上げる官人陰陽師もあった。次に引くのは序章でも触れた『小右記』の記事であり、ここには安倍晴明が加階にあずかったことが記されているが、その加階は一条天皇の急病に際して行った呪術（禊祓）が効果を示したことに対する褒賞であった。ここでの晴明は陰陽師としての功績によって加階を受けたのである。

○晴明朝臣来、触二加級之由一、令レ問二案内一、答云、主上俄有二御悩一、依レ仰奉二仕御禊一、忽有二其験一、仍加二一階一
正五位上者、　（『小右記』正暦四年二月三日条）

序章でも述べた如く、平安中期の官人陰陽師たちは卜占の的中や呪術の成功によって名声を勝ち得ることができた。そして、そのような功績は、位階を進めることにもつながったのである。したがって、官人陰陽師たちがその位階を上げる機会は、例えば本書の第三章から第七章までに見てきたような、当時の貴族社会における日常生活の諸場面に伏在していたことになる。

ただし、陰陽師としての功績が常に位階の昇叙に結び付いたわけではない。右に見た事例において安倍晴明が呪術の成功によって加階にあずかることになったのは、その呪術が天皇のためのものだったからである。官人陰陽師に位階の昇叙をもたらしたのは、陰陽師としての功績の中でも、特に天皇やその近親者に益する功績であった。したがって、卜占の的中や呪術の成功といった陰陽師としての功績によって位階を上げる機会は、当時の官人陰陽師の多くにとっては非常に限られたものだったのである。

そして、そうした機会を最も多く与えられたのが、陰陽道第一者および陰陽道第二者であった。当時、陰陽道第一者や陰陽道第二者の立場にある官人陰陽師には蔵人所陰陽師の任が与えられたのであり、天皇のための卜占や呪術を専らに行うのが蔵人所陰陽師の務めであった。そして、天皇のために卜占や呪術を行う機会を独占した陰陽道第一者および陰陽道第二者は、存分に陰陽師としての功績を上げることができたのであり、しかも、その功績によって加階にあずかることになったのである。

安倍晴明が一条天皇のための呪術の成功によって加階にあずかったことを先に見たが、表5に示した如く、一条朝の晴明は蔵人所陰陽師を務める陰陽道第一者であった。また、陰陽道第一者として三条天皇の蔵人所陰陽師であった安倍吉平が従四位下に叙されたことを、藤原実資はその日記に「以㆓主計頭吉平㆒叙㆓従四位下㆒、朝恩之至也、陰陽家為㆑無㆓比㆑肩㆑之者㆒歟」（『小右記』長和五年正月八日条）と記している。吉平が従四位下に叙されたのは、優秀な陰陽師に対する天皇の恩顧（朝恩）があったためだというのだが、天皇が吉平の技量を認めたのは、吉平が蔵人所陰陽師として天皇に近侍していたためであった。

このように、陰陽道第一者や陰陽道第二者の立場にあった官人陰陽師は、位階昇叙の機会に恵まれたが、それとともに、彼ら――特に陰陽道第一者――には、陰陽寮という官司を運営するうえでの実質的な主導権が与えられていたと考えられる。

本章の第一節において述べたように、平安時代中期において陰陽寮を運営していたのは、陰陽寮官人ではなく、全ての陰陽寮官人を含む官人陰陽師であった。そして、その官人陰陽師たちの活動は、彼らの同業者組織である陰陽道によって統制されていた。したがって、平安中期の陰陽寮は、事実上、陰陽道第一者を筆頭者とする陰陽道によって運営されていたと見做されるのであり、陰陽道第一者の立場にあった官人陰陽師は、陰陽道を通じて陰陽寮の主導権を掌握していたと考えられるのである。

一方、令の規定では陰陽寮の長官であったはずの陰陽頭は、全ての陰陽寮官人が官人陰陽師として陰陽道の統制下にあった平安時代中期において、その実質を失っていた。陰陽道第一者の立場にある官人陰陽師が陰陽頭の官職を帯びた場合を除けば、当時、陰陽頭が陰陽寮という官司の運営を主導することはなかったのである。

第四節　陰陽頭と陰陽道第一者

『小右記』万寿四年（一〇二七）七月二十一日条に「文高八十有余云々、未レ及レ耄、還可レ奇」と見える惟宗文高（表4—49）は、平安時代中期において最も長く生きた官人陰陽師であったろう。文高の名は『小右記』長元三年（一〇三〇）九月十七日条を最後に諸記録から消え、文高がこの頃に没したことが窺われるが、その場合でも享年は九十に近かったと考えられる。そして、平安中期において最も長く陰陽頭の任にあったのも、同じく惟宗文高という官人陰陽師であった。

表4の示すように、惟宗文高が陰陽頭に補されたのは、寛弘七年（一〇一〇）二月のことであった。一方、文高の

陰陽頭在任を示す最後の記録は、「今夜公家於五个処被㆑行㆓鬼気祭㆒羅城門・京極四角云々、陰陽頭文高朝臣所㆑申行云々」という『小右記』長元三年（一〇三〇）六月九日条である。つまり、文高は二十年以上もの長きに亙って陰陽頭の任にあり続けたのである。

しかし、その惟宗文高が陰陽寮という官司の主導権を手にすることはなかった。文高が陰陽頭の任にあった間、賀茂光栄（表4―31）・安倍吉平（表4―4）・賀茂守道（表4―34）の三人の官人陰陽師が順に陰陽道第一者の立場を占めたが、彼らこそが陰陽道第一者として陰陽寮の主導権を手中にしていたのである。

『御堂関白記』によれば、寛弘八年（一〇一一）の七月三日、新たに位に即いた三条天皇が内裏へと遷るにふさわしい吉日吉時が陰陽寮によって選勘されたが、ここでの陰陽寮官人の役割は全く形式的なものでしかなかった。すなわち、左大臣藤原道長の意向により、この内裏遷御のための日時勘申は、そのことについての公式の命令が陰陽寮に下される以前、七月一日のうちに賀茂光栄・安倍吉平の二人の官人陰陽師によって既に済まされていたのである。

○右大弁来云、行幸事可㆑有㆓定申㆒云々、内々召㆓吉平㆒問、申云、八月十一日、先光栄朝臣相共宜日也之由所㆑令㆑申也、

（『御堂関白記』寛弘八年七月一日条）

○以㆓道方朝臣㆒、八月十一日行幸吉由申㆓吉平・光栄等㆒令㆑奏、内々事也、召㆓陰陽寮陣頭㆒、奏㆓可㆑被㆑定由㆒、

（同三日条）

これと同様のことは、長和元年（一〇一二）六月にも起きている。『小右記』によれば、同月二日、権大納言藤原実資は大嘗会行事所始の吉日吉時を選勘すべきことを陰陽寮に命じたが、これは形式的なものに過ぎなかった。というのも、この命令を発するに先立ち、実資は既に賀茂光栄・安倍吉平に日時の選勘を行わせていたからである。そして、ここで陰陽寮が実際に果たしたのは、光栄・吉平が選んだ日時を公式に上申するという形式的な役割のみであっ

た。

○四日以ニ陰陽寮一可レ令レ勘ニ日時一、先日光栄・吉平等朝臣申ニ四日吉日一、是内事也、若被レ仰下可レ令レ勘ニ日時一之由上、更転不レ可ニ来仰一、只早戒ニ陰陽寮一彼日可ニ勘申一之由、仰ニ左中弁一了、

（『小右記』長和元年六月二日条）

○左中弁朝経進ニ陰陽寮大嘗会行事所雑事始日時勘文一今日、時申二点・酉二点、大炊頭光栄・陰陽頭文高等署、

（同四日条）

寛弘八年七月あるいは長和元年六月の時点での陰陽頭が惟宗文高であったことは、既に述べたところより明らかであろう。しかし、陰陽寮の職務をめぐる二つの事例のいずれにおいても、陰陽頭の文高が陰陽寮の責任者にふさわしい重要な役割を果たすことはなかった。文高に与えられたのは、日時勘文への署名のような形式的な役割だけだったのである。

一方、右の二つの事例において実質的に陰陽寮の職務を遂行した賀茂光栄および安倍吉平に眼を向けるならば、表4より知られる如く、この頃の吉平は陰陽博士として陰陽寮官人の一人であったものの、光栄はこの時点では陰陽寮の官職を帯びてはいなかった（7）。そして、光栄が陰陽寮の職務に携わったのは、陰陽寮官人としてではなく、陰陽道第一者としてであった。表5にも示したように、寛弘二年（一〇〇五）の秋もしくは冬に没した安倍晴明に代わって陰陽道第一者となったのが、この賀茂光栄なのである。

陰陽道第一者の光栄が陰陽寮の職務に携わることは、当時、陰陽寮はもちろん朝廷からも公認されていた。右に見た二つめの事例において、陰陽寮が公式に進めた日時勘文に、陰陽頭の署名とともに賀茂光栄の署名があったのはそのためである。陰陽道第一者の立場にあった光栄は、公然と陰陽寮の職務に関与することができたのである。

そして、この時期に陰陽寮という官司の主導権を握っていたのは、陰陽頭の惟宗文高ではなく、陰陽道第一者の賀茂光栄であった。例えば、疫病が猛威を揮った長和四年（一〇一五）の夏、陰陽寮によって四角祭・四堺祭を含む幾

つかの呪術が行われたが、次に引く『小右記』に見えるように、それは光栄の上奏が容れられたかたちで実施されたのであった。

○又高山・海若幷四角・四堺等祭事、依二光栄朝臣上奏一所レ被レ行也、

（『小右記』長和四年四月二十七日条）

ここに見える四角祭・四堺祭は、『西宮記』に「四界祭・四角祭、已上天下有レ疫之時、陰陽寮進二支度一」（『西宮記』臨時一〈甲〉臨時奉幣）と見える如く、疫病の流行を鎮めるための呪術であり、また、それを行うことは陰陽寮の重要な職務である。ところが、『日本紀略』長和四年三月二十七日条に「天下咳病、又疫癘瘻発、死者多矣」と見えるように、長和四年の疫病流行は既に春からはじまっていたにも拘らず、賀茂光栄の上奏があるまで陰陽寮が四角祭・四堺祭を行うことはなかった。陰陽道第一者の光栄が介在しなければ、陰陽寮はその職務を遂行し得なかったのである。

その賀茂光栄が没したのは右の四角祭・四堺祭から一ヵ月余を経た頃であったが（『小右記』長和四年六月七日条）、光栄の没後にも陰陽寮の主導権が陰陽頭惟宗文高の手に渡ることはなかった。そして、それを手にしたのは、光栄に代わって陰陽道第一者となった安倍吉平である。その吉平が陰陽道第一者として陰陽寮の職務に携わったことは、次に引く日時勘文および占文に明らかであろう。これらは陰陽寮が公式に進めた勘文や占文であるが、そこに吉平の署名が見えるのである。

○陰陽寮

択下申可レ被レ造二立賀茂下御社宝殿一雑事日時上

（中略）

寛仁四年九月十四日　　陰陽師清科行国

権助大中臣義光
主計頭安倍朝臣吉平
（『小右記』寛仁四年九月十六日条）

○陰陽寮
一占ニ八幡宇佐宮西門南外腋御幣殿東方柞木俄枯怪一三月十三日申時
（中略）
一占下鴨一雙集ニ南楼上一怪上三月十七日辰時
（中略）
万寿三年五月九日
少属大中臣
頭惟宗朝臣
主計頭安倍朝臣
（『類聚符宣抄』第三怪異）

安倍吉平が陰陽道第一者となった当初、陰陽道第二者は安倍吉昌（表4―3）であり、[8]惟宗文高はそれに次ぐ陰陽道第三者の立場にあった。そのため、寛仁三年（一〇一九）四月に吉昌が没すると（『小右記』同月二十八日条）、文高の陰陽道における立場は、陰陽道第三者から陰陽道第二者へと繰り上がった。[9]このとき、文高は陰陽寮の主導権を掌握するのにあと一歩というところまで近付いたことになる。

ところが、本章の冒頭に見たように、万寿三年（一〇二六）八月の軒廊御卜において文高の席次は安倍吉平・賀茂守道の下座とされた。すなわち、文高は守道に位階を抜かれてしまったのである。そして、位階において守道の下臈となった文高は、陰陽道における立場を陰陽道第二者から陰陽道第三者へと後退させ、またしても陰陽寮の主導権から遠ざかってしまったことになる。文高が軒廊御卜の場で守道の下座に着くことを不服としたのも、こうした事情があったためであろう。

その後、惟宗文高は再び陰陽道第二者になっている。万寿三年十二月に安倍吉平が没すると（『小記目録』第二十庶人卒）、陰陽道第二者であった賀茂守道が新たな陰陽道第一者へと繰り上がり、陰陽道第三者であった文高も順送り的に新たな陰陽道第二者となったのである。しかし、それから四年ほど後に世を去ってしまう文高は、結局、二十年以上も陰陽頭の任にあったにも拘らず、ついに陰陽寮の主導権を握ることがなかった。一度は手が届きかけたものの、後進の守道によってあっさりと望みを断たれてしまったのである。

その守道からすれば、彼が陰陽道第一者の立場を得たのは、在任期間の長い陰陽頭であり最古参の陰陽寮官人でもあった惟宗文高を追い越してのことであった。しかし、それでもやはり、守道は陰陽道第一者として陰陽寮の主導権を掌握していた。陰陽道第一者となった守道は、次に引く占文に見える通り、それまでの陰陽道第一者たちと同様、陰陽頭に優越する立場で陰陽寮の職務に携わっていたのである。

○陰陽寮

占㆓東大寺御塔上少虫出集怪異吉凶㆒、見㆑怪今月十日辰時、

（中略）

万寿四年六月廿九日　陰陽頭惟宗文高

主計頭賀茂守道

（『類聚符宣抄』第三怪異）

○陰陽寮

占ニ大宰府言上八幡宇佐宮二御殿高欄土居上長二尺許虵死臥幷西面高欄内長五尺許虵死臥怪一八月廿九日辰時

（中略）

万寿四年十一月二日

允巨勢孝秀

頭惟宗朝臣文高

暦博士賀茂朝臣守道

（『類聚符宣抄』第三怪異）

さて、以上に見てきたところから明らかなように、平安時代中期の陰陽寮においては、いかに陰陽頭の官職を帯びていようとも、それだけでは主導権を握ることはできなかった。平安中期に陰陽寮の主導権を掌握していたのは、令制上は陰陽寮の長官と見做される陰陽頭ではなく、陰陽道第一者の立場にある官人陰陽師だったのである。

そして、安倍晴明（表4―2）が陰陽道第一者となって以来、陰陽道第一者の地位は保憲流賀茂氏と晴明流安倍氏とによって独占された。晴明が陰陽道第一者となったのが一条天皇即位の寛和二年（九八六）の頃であったことは既に序章で述べたが、それ以降、保憲流賀茂氏と晴明流安倍氏とが交互に陰陽道第一者の立場を占めたのである。晴明に次いで陰陽道第一者となった賀茂光栄は賀茂保憲の息子であり、安倍吉平・賀茂守道はそれぞれ晴明・光栄の息子である。

しかも、その時期に陰陽道第二者の立場にあった官人陰陽師の多くが、やはり、保憲流賀茂氏あるいは晴明流安倍氏であった。表5にも示したように、安倍晴明が陰陽道第一者であったときの陰陽道第二者は賀茂光栄であり、その光栄が陰陽道第一者であったときには安倍吉平が陰陽道第二者の立場を占めた。そして、本節に見た如く、安倍吉平が陰陽道第一者であったときには、安倍吉昌・惟宗文高・賀茂守道が順に陰陽道第二者となったのである。惟宗文高が長く陰陽頭の任にあった十一世紀前葉、保憲流賀茂氏・晴明流安倍氏はいまだ陰陽寮の主要官職を独占するには至っていなかった。しかし、この時期の両氏は、陰陽道第一者および陰陽道第二者の立場をほぼ独占していたのである。そして、この時期、陰陽寮という官司においてその主導権を握ったのは、陰陽頭ではなく、陰陽道第一者であった。すなわち、保憲流賀茂氏および晴明流安倍氏は、この頃から既に陰陽寮の主導権を掌握していたと考えられるのである。

註

（1）　軒廊御卜については、小坂眞二「九世紀段階の怪異変質にみる陰陽道成立の一側面」（一九八〇）・同「陰陽道の六壬式占について」（一九八六）・同「物忌と陰陽道の六壬式占」（一九九〇）を参照されたい。

（2）　安倍吉平の任主計頭が寛弘八年（一〇一一）十月以前であったことは、『御堂関白記』の同月二十五日条より確かめられる。また、『小記目録』には万寿三年のこととして「十二月十八日、主計頭吉平卒事」という一条が見え（『小記目録』第二十庶人卒）、吉平が件の軒廊御卜の四ヵ月ほど後に主計頭の官職を帯びたまま没したことが知られる。

（3）　既に序章でも述べたことではあるが、次に『朝野群載』より引く文書からは、平安時代の官人陰陽師の中には「陰陽道第二者」という立場の者がいたことが知られるとともに、「陰陽道第一者」という立場の官人陰陽師がいたことが窺われる。ここに引いたのは、賀茂守道を祖父に持つ賀茂成平の叙爵を申請した長治二年（一一〇五）二月二十一日付の文書の一部である。

○　請㆚殊蒙㆓天裁㆒、因㆓准先例㆒、従五位上行陰陽頭兼陰陽博士賀茂朝臣成平依㆘造㆓進御暦㆒并頭・博士等労㆖、被㆙㆑叙㆓一階㆒状

一成平朝臣身労

（中略）

一博士外蒙㆓造暦　宣旨㆒輩、朔旦冬至預㆓勧賞㆒例

（中略）

一蒙二同　宣旨一僧、臨時預二勧賞一例

（中略）

一陰陽頭叙二正五位下一例

（中略）

一陰陽道第二者、臨時預二加階一例

安倍吉昌長和四年四月叙二正五位下一、其時上臈吉平朝臣　叙労十三年

道言朝臣承暦二年正月叙二正五位下一、其時上臈有行朝臣　　同有行治暦元年四叙二正五位下一、其時上臈道平朝臣叙労九年

右件輩等依二奉公之労一蒙二臨時之賞一、而成平当道已為二第二一功労又見二前条一、以二前条々一、依二道理一所二挙奏一也、望請、天裁以二成平朝臣一、被レ叙二一階一者、継二当道之蹤跡一、為二後代之規摸一矣、謹請二　処分一、

長治二年二月廿一日

従五位上行陰陽助兼権暦博士丹波権助《ママ》賀茂朝臣家栄

従五位上行大炊頭兼暦博士丹波介賀茂朝臣光平

従五位上陰陽頭兼陰陽博士賀茂朝臣

従四位下行主計頭兼備後介賀茂朝臣道言

（『朝野群載』第十五暦道）

右の文書は、官人陰陽師が臨時に加階された先例の一つとして、「陰陽道第二者、臨時預二加階一例」を挙げる。その陰陽道第二者の一人として名前を挙げられたのが安倍吉昌（表4―3）であり、彼は陰陽道第二者として長和四年（一〇一五）四月に正五位下に叙されたと見えている。そして、この時点で吉昌以上の位階にあった官人陰陽師は、表4からも確認できるように、安倍吉平のみであった。つまり、「陰陽道第二者」と呼ばれた吉昌は、その時点において、官人陰陽師たちの中では二番目に高い位階を持っていたのである。「陰陽道第二者」というのは、同時代の官人陰陽師たちの中で二番目に高い位階を持つ者に対する呼称であったと考えていいだろう。

また、このことから、同時代の官人陰陽師の中で最も高い位階を持つ者が「陰陽道第一者」と呼ばれていたことが推測されるが、

右の文書において吉昌の「上臈」として名前の挙がった安倍吉平は、まさに同時代の官人陰陽師たちの誰よりも高い位階にあった。長和五年正月に従四位下に叙されたことが表4に見える吉平は、長和四年四月の時点でも当時の官人陰陽師としては最高の正五位上の位階を有していたはずなのである。

（4）次に引く『左経記』に見えるように、異例の呪術を行った中原恒盛（表4―66）は陰陽道によって処罰されており、その処分を決定したのは陰陽道上臈（道上臈）たちであった。陰陽道という同業者集団は、陰陽道第一者や陰陽道第二者といった陰陽道上臈の主導のもと、官人陰陽師たちの活動が逸脱することを抑制していたのである。

○陰陽師常守来問云、去五日夜、尚侍殿薨之時、依㆓播磨守泰通朝臣仰㆒、上東門院東対上、以㆓尚侍殿御衣㆒、修㆓魂喚㆒、而道上臈達皆称㆘不㆑見㆓本条㆒之由㆖、可㆑負㆓祓於常守㆒云々、

（『左経記』万寿二年八月二十三日条）

そして、右の中原恒盛が令制陰陽師あるいは陰陽属として現役の陰陽寮官人であったことが表4によって確かめられるように、平安中期の陰陽寮官人たちは、官人陰陽師の一人として陰陽道という同業者集団によってその活動を統制される身であった。

（5）既に序章でも触れたが、平安時代後期に藤原宗忠の記した『中右記』の大治四年（一一二九）七月八日条に「一上臈、候㆓蔵人所㆒也」と見え、当時の陰陽道第一者が天皇の用に専らに応える蔵人所陰陽師の任を与えられていたことが知られる。そして、次に引く長徳元年（九九五）八月一日付「蔵人所月奏」からは、この蔵人所陰陽師の制度が既に平安中期に存在していたことが知られる。

○蔵人所

正六位上行主計権助晴明　上日无　夜无

ーーーー光栄　上日　夜

雑色正六位上　　重家

（中略）

治部少丞正六位上　為文

（中略）

出納正六位上行縫殿権属卜部宿禰為親

（中略）

御冠師正六位上行右兵衛少志ーーーー
（中略）
右従二去七月一日一迄二于晦日一卅个日、上日幷夜如レ件、

長徳元年八月一日　　　蔵人蔭孫正六位上橘朝臣

ーーーーーー

ーーーーーー

蔵人頭ーーーー　ーーーーーー

別　当ーーーー　ーーーーーーー

（『朝野群載』巻第五朝儀下）

長徳元年の時点で安倍晴明（表4—2）が陰陽道第一者であったことは、表4および表5の示す通りである。晴明はこれに先立つ正暦四年（九九三）に正五位上に叙されていた。また、右の文書に晴明とともに蔵人所陰陽師の任にあったことの見える賀茂光栄（表4—31）は、表4および表5の示すように、当時は正五位下の位階にある陰陽道第二者であった。少なくとも平安中期には、『中右記』の言う陰陽道第一者のみならず、陰陽道第二者までもが蔵人所陰陽師の任にあたっていたのである。なお、右の「蔵人所月奏」は晴明および光栄の位階を正六位上としているが、これが誤りであることは明らかである。

（6）大中臣為俊（表4—23）・巨勢孝秀（表4—45）の推された陰陽属が大属・少属のいずれであったかは判然としないが、いずれにせよ、この人事は養老官位令の規定から大きく外れたものとなっている。養老官位令の定めた陰陽大属・陰陽少属の相当位階は、それぞれ従八位下・大初位上に過ぎない。にも拘らず、ここでは正六位上の位階を持つ為俊と孝秀とが陰陽属に補されんことが申請されているのである。

また、その為俊・孝秀の二人がこの時点で既に令制陰陽師の任にあることも、令制陰陽師の相当位階を従七位上とする養老官位令の規定とは大きく相異する。したがって、正六位上の位階にある中原恒盛（表4—66）・大中臣貞吉（表4—24）の二人が令制陰陽師に推されていることも、養老官位令の規定に反していることになる。

そして、養老官位令の定めた陰陽允の相当位階も令制陰陽師と同じ従七位上であり、正六位上の惟宗行明（表4—52）がこの官職に補されることにも問題がある。もちろん、この時点で行明が既に陰陽少属の官職を帯びていることも、養老官位令の規定から

はあり得ないことである。

（7）　かつて賀茂光栄が暦博士であったことは表4の示す通りだが、これも表4に見えるように、遅くとも長保五年（一〇〇三）十一月には賀茂守道・大中臣義昌の二人が暦博士・権暦博士の任にあった。したがって、光栄が寛弘年間以降に暦博士であったはずはないのである。

（8）　本章の註（3）を参照されたい。

（9）　惟宗文高が吉昌没後に陰陽道第二者となったことの傍証として、これ以降の文高に蔵人所陰陽師としての活動が見られることが挙げられる。序章でも述べたように、天皇の用に専らに応じるのが蔵人所陰陽師であり、陰陽道第一者および陰陽道第二者がこれに任ぜられることになっていた。そして、『小右記』治安二年（一〇二二）六月四日条には、文高が陰陽道第一者の安倍吉平とともに後一条天皇の病気についての卜占を行ったことが見え、また、『小右記』万寿元年（一〇二四）十月十日条からは、当時、吉平・文高の二人こそが後一条天皇のための日時勘申を行うべき陰陽師と見做されていたことが知られる。管見の限り、これ以前に文高が天皇の用を勤めるべき陰陽師であったことはなく、この頃の文高については、やはり、陰陽道第二者として蔵人所陰陽師の任にあったと考えるべきだろう。

第九章　陰陽寮官人の補任状況──十世紀─十一世紀

次に引くのは治暦元年（一〇六五）の歳末に陰陽寮が公家に進めた忌日勘文の一部であるが、この勘文の署名から知られるように、十一世紀後半のこの時点において、陰陽頭と陰陽助とは、賀茂氏と安倍氏とによって占められていた。

○陰陽寮

治暦二年歳次丙午　御忌

（中略）

右明年正月三日立春正月節、然則従二彼日一、可レ用二件　御忌日一、又小衰大厄月日数、随二節気一、勘申如レ件、

治暦元年十二月十日

陰陽師安倍光基

陰陽師伴実義

陰陽師大中臣公俊

陰陽師惟宗経基

陰陽師菅野清親

陰陽師佐伯

少属惟宗忠重

少属惟宗
少属清科行長
権少允賀茂道栄
権少允惟宗義俊
允大中臣広俊
助兼権暦博士賀茂朝臣道言
権助兼主税助権陰陽博士安倍有方《ママ》
頭兼暦博士安芸介賀茂朝臣道清
（『朝野群載』巻第十五陰陽道）

陰陽道史の通説によれば、十世紀中頃に賀茂保憲（表4―29）と安倍晴明（表4―2）との二人の傑出した陰陽師が登場して以来、陰陽道は保憲流賀茂氏と晴明流安倍氏との掌握するところとなっていた。村山修一『日本陰陽道史総説』〔一九八一〕は、陰陽道を掌握した保憲流賀茂氏および晴明流安倍氏を「陰陽道宗家」と呼び、その陰陽道宗家の成立を陰陽道史の重要事の一つとして扱う。ここに村山の言う「陰陽道宗家」とは、山下克明「陰陽家賀茂・安倍両氏の成立と展開」〔一九九六h〕の言う「陰陽道世襲氏族」と同様、陰陽寮の主要官職を世襲的に独占する家系のことである。

例えば野田幸三郎「陰陽道の成立」〔一九九一a（一九五三）〕や岡田荘司「陰陽道祭祀の成立と展開」〔一九九四（一九八四）〕に明らかなように、陰陽道は陰陽寮という令制官司の職掌を中核として成立していたが、村山修一・山下克明に従えば、保憲流賀茂氏と晴明流安倍氏とが陰陽寮の主要官職を世襲的に独占するようになったのは、十一世紀後半からである。先の忌日勘文の陰陽頭賀茂道清（表4—36）と陰陽助賀茂道言（表4—37）とは『尊卑分脈』賀茂氏系図によれば賀茂保憲の曾孫とその子とであり、また、同じ勘文に陰陽権助と見える安倍有方は『尊卑分脈』安倍氏系図に安倍晴明の曾孫と見える安倍有行（表4—8）の誤りであろう。

ただし、十世紀—十一世紀の時期に陰陽寮官人を出していたのは、保憲流賀茂氏および晴明流安倍氏だけではない。例えば、右に引いた忌日勘文に明らかなように、陰陽允・陰陽属・陰陽師としてではあれ、治暦元年（一〇六五）の時点で最も多くの陰陽寮官人を出していたのは、惟宗氏であった。そして、村山が十世紀には「陰陽寮における秦氏の進出が目立って」いたとするように、惟宗氏の場合、まだ秦氏として史料に登場する十世紀から陰陽寮官人を出し続ける古参の陰陽寮官人輩出氏族であった。また、先に見た忌日勘文からは、平安時代中期には大中臣・清科・佐伯・菅野・伴といった諸氏族からも陰陽寮官人が出ていたことが知られる。

従来の陰陽道史研究においては、平安時代中期における惟宗（秦）氏の陰陽寮官人輩出氏族としての動向が取り沙汰されることはなかった。というよりも、惟宗氏に限らず、賀茂・安倍両氏以外の陰陽寮官人輩出氏族が研究者の注目を集めることはなかった。これまでの研究では、平安中期の陰陽寮官人が問題とされる場合、賀茂氏および安倍氏の動向のみに注意が集中し、それ以外の諸氏族からの陰陽寮官人の補任状況は等閑視されてきたのである。しかし、当該期には惟宗（秦）氏をはじめとする多様な氏族からも多くの陰陽寮官人が出ていたのであり、そうした状況があったからこそ、賀茂氏・安倍氏による陰陽寮主要官職の世襲的独占が陰陽道史の特記事項であり得るのではないだろうか。

とすれば、賀茂氏・安倍氏からの陰陽寮官人の補任状況だけではなく、両氏以外の諸氏族からの陰陽寮官人の補任状況をも把握しない限り、保憲流賀茂氏と晴明流安倍氏とが陰陽寮要官を世襲的に独占するに至った経緯を完全に解明することはできまい。すなわち、陰陽道宗家（陰陽道世襲氏族）が成立した経緯を捉えるには、多様な氏族が陰陽寮官人を出していたという状況を前提にする必要があると考えられるのである。

そこで、この章においては、賀茂氏・安倍氏以外の陰陽寮官人輩出諸氏族の動向にも十分に配慮しつつ、十世紀から十一世紀にかけての陰陽寮官人の補任状況を全体として把握することを試みたい。

第一節　陰陽頭・陰陽助・陰陽博士の補任状況

十世紀から十一世紀にかけての陰陽頭・陰陽助・陰陽博士の補任状況を整理した表10に見えるように、保憲流賀茂氏と晴明流安倍氏とによる陰陽頭および陰陽助の独占がはじまるのは十一世紀後半からであった。安倍章親が天喜三年（一〇五五）に陰陽頭に補されるまでのはじめの五年間に巨勢孝秀（表4―45）と大中臣為俊（表4―23）とが陰陽頭を務めた他には、十一世紀後半に陰陽頭が賀茂・安倍以外の氏族から出たことは確認されない。また、陰陽助については、永承七年（一〇五二）まで務めた大中臣為俊と天喜三年に補された安倍有行との間に誰が陰陽助に就いていたのかは不明だが、安倍有行（表4―8）の後には賀茂氏の陰陽助が続いている。こうした状況を以て十一世紀後半に賀茂・安倍両氏による陰陽頭および陰陽助の世襲的独占がはじまったとすることに異論はあるまい。

わずか二つの家系が陰陽寮の長官と次官とを世襲的に独占するようになった十一世紀後半と好対照を成すのが十世紀前半である。表10に見えるように、氏の不明な一人を別とすれば、十世紀前半の在任が確認される六人の陰陽助の全てが、滋岳・山村・出雲・文・惟宗（秦）・平野など、それぞれ異なった氏族から出ている。そして、これらの陰陽助が後に陰陽頭に転じたのだとすれば、十世紀前半には、一つ二つの特定氏族が陰陽寮の主要な官職を独占するようなことはなく、幾つかの氏族からそれぞれ少数ずつの陰陽頭あるいは陰陽助が出ていたと考えることができよう。

また、十世紀前半の陰陽頭および陰陽助の補任状況に関しては、十世紀後半以降との連続性をほとんど持たないという点が眼をひく。十世紀前半に陰陽頭や陰陽助を出した氏族のほとんどが、十世紀後半にはただの一人も陰陽頭あるいは陰陽助を出していない。滋岳・山村・出雲・文・平野などの諸氏族は、後の賀茂氏・安倍氏の如くに陰陽寮主要官職を世襲的に独占するほどの勢力となることはなかったのであり、それゆえに、時代の推移とともに次第に淘汰されていったのであろう。

十世紀前半に陰陽頭あるいは陰陽助を出した諸氏族の中で十世紀後半にも陰陽頭や陰陽助を出した唯一の氏族が惟宗（秦）氏であるが、その惟宗（秦）氏は、十世紀後半には三人もの陰陽頭を出している。十世紀後半の在任が確認できる六人の陰陽頭のうちの三人までを、惟宗（秦）氏が出したのである。また、不明な点の多い陰陽助の補任状況には触れないとしても、十世紀後半の六人の陰陽博士のうちの二人が惟宗（秦）氏であった。当該期には惟宗（秦）氏が最も有力な陰陽寮官人輩出氏族であったものと思われる。

やがて十一世紀前半ともなると、十世紀前半に陰陽頭あるいは陰陽助を出した諸氏族は、惟宗氏を除いて、陰陽博士を出すことさえもなくなる。また、惟宗氏からも惟宗文高（表4―49）が陰陽頭に就いた他には陰陽寮要官は出ていない。そして、十世紀後半の惟宗（秦）氏に代わって十一世紀前半に陰陽寮要官が輩出するようになったのは、安倍氏と大中臣氏とであった。

希代の陰陽師として有名な安倍晴明（表4―2）が自身では陰陽頭にも陰陽助にもなっていないものの、晴明流安倍氏は十世紀後半から代々に陰陽寮要官を出すようになっていた。正暦四年（九九三）に安倍吉平（表4―4）が陰陽助に任じた後、安倍吉昌（表4―3）が長保三年（一〇〇一）までに陰陽助に、寛弘元年（一〇〇四）には陰陽頭に

（表10 つづき）

陰陽頭	陰陽助	陰陽博士	所見年月	典拠
		賀茂道平	康平 6年(1063)11月見	康平7年具注暦奥書(水左記)
賀茂道清	賀茂道言		治暦元年(1065)12月見	朝野群載巻第15陰陽道
賀茂道言			治暦 4年(1068) 3月任	朝野群載巻第15暦道
	賀茂道栄	賀茂成平	承保 3年(1076)11月見	承暦元年具注暦奥書(水左記)
	賀茂成平		永保 3年(1083)11月見	応徳元年具注暦奥書(水左記)
		安倍泰長	応徳 2年(1085)正月任	除目大成抄第8雑々得業生
安倍国随			寛治 2年(1088) 7月見	朝野群載巻第15陰陽道
賀茂成平			寛治 3年(1089) 任	朝野群載巻第15暦道
	賀茂家栄		康和 2年(1100)正月見	朝野群載巻第15陰陽道
	賀茂光平		同上	同上

註 ○内の数字は閏月を示す.

補されている。吉平・吉昌の二人は安倍晴明の息子であり、治安三年（一〇二三）までに陰陽権助に就いていた安倍時親（表4—5）および天喜三年（一〇五五）に陰陽頭に任じた安倍章親（表4—6）は吉平の息子、そして、天喜三年に陰陽権助に補された安倍有行（表4—8）と寛治二年（一〇八八）までに陰陽頭に任じていた安倍国随（表4—10）とは時親の息子である。こうして、安倍晴明の家系は、十一世紀後半以降に賀茂保憲の家系とともに陰陽寮の主要な官職を独占していくのであった。

もっとも、表10に明らかなように、賀茂保憲（表4—29）が天徳四年（九六〇）十一月までに陰陽頭を辞して後、保憲曾孫の賀茂道清（表4—36）が陰陽頭として見える治暦元年（一〇六五）までの一〇〇年余の間、賀茂氏からは陰陽頭は出ていない。また、この間の賀茂氏は陰陽助を出すこともなかった。十一世紀後半以降に安倍氏とともに陰陽寮の主要な官職を世襲的に独占した賀茂氏も、十世紀後半から十一世紀後半のはじめにかけては、保憲以外にはただの一人も陰陽頭あるいは陰陽助を出していなかったのである。保憲流賀茂氏からの陰陽頭および陰陽助の輩出は、十一世紀後半に突如としてはじまったのであった。

ちなみに、賀茂氏と安倍氏とによる陰陽寮要官の世襲的独占のはじまる直前に賀茂・安倍両氏以外の氏族から出た最後の陰陽頭は、永承七年（一〇五二）

表10　陰陽頭・陰陽助・陰陽博士の補任状況

陰陽頭	陰陽助	陰陽博士	所見年月	典拠
文房満	滋岳惟良		延喜17年(917)11月見	平戸記仁治元年⑩月22日条
	山村繁生		同　上	同　上
―― 氏江			延長 3年(925)　見	九暦逸文天暦4年6月25日条
	―― 氏守		延長 6年(928) 6月見	扶桑略記延長6年6月18日条
藤原晴見			承平元年(931) 9月見	吏部王記承平元年9月29日条
	出雲惟香		天慶元年(938)11月見	本朝世紀天慶元年11月7日条
	文武兼		同　上　見	同　上
文武兼			天慶 8年(945)正月見	九条殿記大臣大饗天慶8年例
	秦連茂		天暦 4年(950)⑤月見	九暦逸文天暦4年⑤月2日条
	平野茂樹		天暦 4年(950) 6月見	九暦逸文天暦4年6月25日条
平野茂樹			天暦 8年(954) 8月見	村上天皇御記天暦8年8月20日条
賀茂保憲			天徳元年(957) 8月見	九暦抄天徳元年8月17日条
秦具瞻			天徳 4年(960)11月見	日本紀略天徳4年11月4日条
		文道光	安和 2年(969) 6月見	日本紀略安和2年6月24日条
大春日益満	秦茂忠		天延元年(973)11月見	平戸記仁治元年⑩月22日条
		出雲清明	天元元年(978) 7月見	日本紀略天元元年7月24日条
		大春日栄業	寛和 2年(986)11月見	永延元年具注暦奥書
		安倍吉平	正暦 2年(991) 6月見	日本紀略正暦2年6月14日条
	安倍吉平		正暦 4年(993)11月見	平戸記仁治元年⑩月22日条
秦茂忠		秦連忠	長徳元年(995)秋　任	除目大成抄第7下
		惟宗正邦	長保元年(999)12月見	小右記長保元年12月2日条
惟宗正邦			長保 2年(1000) 9月見	権記長保2年9月26日条
	安倍吉昌		長保 3年(1001) 8月見	権記長保3年8月11日条
安倍吉昌			寛弘元年(1004)正月任	除目大成抄第5
	惟宗文高		寛弘元年(1004)　任	除目大成抄第7下
		惟宗文高	寛弘 5年(1008)10月任	除目大成抄第5
惟宗文高			寛弘 7年(1010) 2月任	同　上
	大中臣実光		寛弘 8年(1011) 8月見	権記寛弘8年8月23日条
	大中臣義光		寛仁 4年(1020) 9月見	小右記寛仁4年9月16日条
	安倍時親	安倍時親	治安 3年(1023) 2月見	除目大成抄第10下
		巨勢孝秀	長元 4年(1031) 2月見	小右記長元4年2月12日条
大中臣実光			長元 4年(1031) 3月任	小右記長元4年3月29日条
	巨勢孝秀		長元 4年(1031) 3月任	小右記長元4年3月29日条
巨勢孝秀			長元 8年(1035)10月任	朝野群載巻第15暦道
	大中臣為俊		長暦 3年(1039)11月見	春記長暦3年11月3日条
	安倍章親		永承 2年(1047)正月見	造興福寺記永承2年正月22日条
大中臣為俊			永承 7年(1052)12月任	除目大成抄第5
		安倍有行	天喜 3年(1055)秋　見	除目大成抄第7下
安倍章親	安倍有行		同　上　任	同　上

補任の大中臣為俊（表4―23）であった。そして、このことは、十一世紀前半に大中臣氏が陰陽寮官人輩出氏族として著しく台頭していたことを意味する。十世紀にはただ一人の陰陽助を出すこともなかった大中臣氏が、寛弘八年（一〇一一）までに大中臣実光（表4―19）が陰陽助に任じて以来、にわかに陰陽寮官人輩出氏族として台頭しはじめたのである。表10に見える如く、十一世紀前半の八人の陰陽助のうちの三人までが大中臣氏であり、かつ、そのうちの二人までが後に陰陽頭になっていた。

第二節　暦博士・天文博士・漏剋博士の補任状況

表10によれば、十一世紀後半以降、陰陽頭や陰陽助だけではなく陰陽博士までもが保憲流賀茂氏と晴明流安倍氏とによって独占されるようになるが、暦博士および天文博士もまた、当該期には保憲流賀茂氏および晴明流安倍氏が独占することになる。

賀茂保憲（表4―29）が天暦四年（九五〇）までに暦博士に任じて以来、保憲流賀茂氏からは暦博士が輩出した。表11に見る限り、十世紀―十一世紀を通じて最も多くの暦博士を出した氏族は賀茂氏であり、賀茂氏は暦博士の輩出において他氏族を大きく引き離している。そして、寛徳元年（一〇四四）の大中臣栄親（表4―25）を最後として、賀茂氏以外の氏族から暦博士が出ることはなくなる。十一世紀後半以降の暦博士は賀茂保憲の家系が世襲的に独占したのであった(1)。

また、安倍晴明（表4―2）が天禄三年（九七二）までに天文博士に任じて以来、安倍氏からは天文博士が輩出した。晴明流安倍氏が天文道に優れていたことは既に広く知られていようが、表11に見えるように、十一世紀前半まで

表11　暦博士・天文博士・漏剋博士の補任状況

暦博士	天文博士	漏剋博士	所見年月	典拠
葛木宗公			延喜17年(917)11月見	平戸記仁治元年⑩月22日条
大春日弘範			同　上　見	同　上
葛木茂経			承平 6年(936)10月見	日本紀略承平6年10月11日条
		秦具瞻	天慶元年(938) 7月見	本朝世紀天慶元年7月16日条
賀茂保憲			天暦 4年(950) 見	北山抄巻第4
大春日益満			同　上　見	同　上
	賀茂保憲		天徳 4年(960) 4月任	扶桑略記天徳4年4月22日条
	安倍晴明		天禄 3年(972)12月見	親信卿記天禄3年12月6日条
賀茂光栄			天延元年(973)11月見	平戸記仁治元年⑩月22日条
	惟宗是邦		天延元年(973) 任	朝野群載巻第15天文道
	賀茂光国		天延 2年(974) 6月見	同　上
	安倍吉昌		寛和 2年(986) 9月任	除目大成抄第5
大春日栄業			正暦 4年(993)11月見	平戸記仁治元年⑩月22日条
賀茂行義			同　上　見	同　上
大春日栄種			長徳元年(995)秋 任	除目大成抄第7下
海守忠			同　上　任	同　上
	縣奉平		長保 2年(1000) 4月見	権記長保2年4月7日条
賀茂守道			長保 5年(1003)11月見	寛弘元年具注暦奥書
大中臣義昌			同　上　見	同　上
	和気久邦		寛仁 3年(1019) 6月見	小右記寛仁3年6月10日条
	安倍章親		寛仁 3年(1019)10月任	朝野群載巻第15
		大中臣実光	治安 3年(1023) 2月見	除目大成抄第10下
―― 公理			長元元年(1028) 3月見	左経記長元元年3月1日条
	安倍時親		同　上　見	左経記長元元年3月2日条
賀茂道平			長元元年(1028) 5月任	除目大成抄第5
		管野信公	長元 4年(1031) 2月見	左経記長元4年2月29日条
	安倍奉親		長元 8年(1035)10月任	除目大成抄第5
大中臣栄親			寛徳元年(1044)12月任	魚魯愚抄巻第7
賀茂道清			天喜 5年(1057)11月任	同　上
		惟宗清職	康平元年(1058)秋 任	除目大成抄第7下
	安倍親宗		康平 3年(1060)10月任	朝野群載巻第15天文道
賀茂道言	安倍国随		治暦元年(1065)12月見	同　上
賀茂道栄			延久元年(1069)10月任	魚魯愚抄巻第7
賀茂家栄			永保 3年(1083)11月見	応徳元年具注暦奥書(水左記)
賀茂光平			寛治 2年(1088)11月見	平戸記仁治元年⑩月22日条
		菅野盛業	寛治 5年(1091) 任	除目大成抄第8雑々得業生
		大中臣奉清	康和元年(1099)正月見	本朝世紀康和元年正月23日条
		大中臣季清	同　上　任	同　上

註　○内の数字は閏月を示す.

に賀茂・惟宗・縣・和気といった諸氏族からも少数ながら天文博士が出た後、十一世紀後半以降に晴明流安倍氏が天文博士を世襲的に独占するに至ったのである。

　そして、保憲流賀茂氏の暦道と晴明流安倍氏の天文道とについて、『尊卑分脈』所収の賀茂氏系図には「掌二天文・暦数一家兼二両道一、而保憲以二暦道一伝二其子光栄一以二天文道一伝二弟子安倍晴明一、自レ此已後両道相分云々」という説明が見える。村山修一『日本陰陽道史総説』（一九八一）に同一趣旨の記述があるように、十世紀に保憲流賀茂氏と晴明流安倍氏とが意図的に暦道と天文道とを分け合ったという説は、研究者の間でさえ史実として受け入れられ、陰陽道史の通説として流布している。

　しかし、保憲流賀茂氏と晴明流安倍氏との「両道相分」が意図されたものではなかったことは、表11より明らかなのではなかろうか。安倍晴明が天文博士に任じたより後の天延二年（九七四）に保憲男の賀茂光国（表4―32）が天文博士に補されているのである。したがって、もし賀茂保憲が暦道と天文道との「両道相分」を意図していたとすれば、それは、光栄流賀茂氏の暦道と光国流賀茂氏の天文道との「両道相分」であったろう。そして、『尊卑分脈』に見える如き説は、おそらく、賀茂氏が暦博士を、安倍氏が天文博士をそれぞれ世襲的に独占するようになった十一世紀後半以降の事情を反映して、後代に形成されたものではなかろうか。

　なお、漏刻博士については、表11より、惟宗氏・菅野氏・大中臣氏から少数ずつの補任者が出ていたことが知られる。また、表11に見る限り、十世紀―十一世紀を通じて、賀茂氏あるいは安倍氏から漏刻博士が出ることは皆無であった。陰陽博士・暦博士・天文博士が賀茂氏と安倍氏とによって世襲的に独占されるようになる十一世紀後半にも、漏刻博士だけは他氏族に開放されていたのである。

第三節　陰陽允・陰陽属・陰陽師の補任状況

天慶元年（九三八）に秦具瞻（表4―71）が漏剋博士を務めていたことが表11に見えるが、十世紀から十一世紀にかけての陰陽允・陰陽属・陰陽師（令制陰陽師）の補任状況をまとめた表12によれば、天慶元年七月の時点で、惟宗（秦）氏からは同時に合わせて三人の陰陽允と令制陰陽師とが出ていた。管見の限り、十世紀前半に四人もの人材を一度に陰陽寮に送り込んでいたのは惟宗（秦）氏だけである。そして、表10に見えるように、その四人のうちの二人は後に陰陽頭あるいは陰陽助に転じていた。陰陽寮要官としては陰陽助一人を出すのみであった十世紀前半において、惟宗（秦）氏は既に陰陽寮官人輩出氏族として定着していたのである。

十世紀前半に陰陽頭あるいは陰陽助を出した他の諸氏族が十世紀の終わるまでに次第に淘汰されていったにも拘らず、惟宗（秦）氏だけが十一世紀前半に至るまで幾人もの陰陽寮要官を出し続けたのも、惟宗（秦）氏だけが既に十世紀前半に陰陽寮官人輩出氏族としての地盤を確立していたからであろう。これに比して、表10に見える以外には十世紀前半に陰陽寮官人を出すことのなかった滋岳氏・山村氏・出雲氏・文氏・平野氏は、陰陽寮官人輩出氏族としての地盤を持たず、それゆえに、時代の推移とともに消えていったのではなかろうか。

そして、十世紀後半に陰陽允・陰陽属・陰陽師（令制陰陽師）を出していた諸氏族も、その半数は陰陽寮官人輩出氏族として定着していたわけではない。表12に見えるように、十世紀には惟宗（秦）・大中臣・平野・中原・縣・賀茂・布留・舟木・物部・和気などの諸氏族から陰陽允・陰陽属・令制陰陽師が出ていた。が、これらの諸氏族のうち、平野氏・中原氏・縣氏・布留氏・舟木氏・物部氏・和気氏などは、ある代に限って単発的に陰陽寮官人を出したに過

(表12つづき)

陰陽允	陰陽属	陰陽師	所見年月	典拠
清科行長	菅野清親	清科光成	治暦 3年(1067) 任	除目大成抄第7下
惟宗経基		賀茂道資	同上 任	同上
安倍定吉	伴久宗		寛治 2年(1088)11月見	平戸記仁治元年⑩月22日条
安倍兼吉			康和元年(1099)正月見	本朝世紀康和元年正月6日条
伴久宗			同上 見	同上
	大中臣知俊	大中臣光俊	同上 見	本朝世紀康和元年正月23日条
		賀茂基栄	同上 見	同上
大中臣知俊	大中臣光俊	惟宗栄忠	同上 任	同上
賀茂基栄		伴知信	同上 任	同上
	清科良兼	惟宗忠盛	康和 2年(1100)正月見	朝野群載巻第15陰陽道
		菅野貞義	同上 見	同上
		三善兼任	同上 見	同上
清科良兼	菅野貞義	伴友仲	同上 任	同上
	三善兼任		同上 任	同上

註　○内の数字は閏月を示す.

ぎず、安定的に陰陽寮に人材を供給していたわけではなかった。平野・縣・布留・舟木・物部・和気の諸氏族は、十世紀後半にそれぞれ一人ずつの陰陽寮官人を出しただけで、十一世紀前半以降には陰陽寮官人を出していないのである。また、当該期に三人の陰陽允を出している中原氏も、半世紀に一人ほどの割合で人材を出したに過ぎない。

十世紀に陰陽允・陰陽属・令制陰陽師を最も多く出した氏族は惟宗(秦)氏であるが、それは十一世紀にも変わらない。表12に見えるように、十一世紀を通じて、惟宗氏からは六人の陰陽允・五人の陰陽属・四人の令制陰陽師が出ている。そして、賀茂氏・安倍氏が陰陽頭および陰陽助を世襲的に独占する十一世紀後半以降に最も安定的に陰陽允・陰陽属・令制陰陽師に人材を供給していた氏族は惟宗氏であった。十一世紀後半の惟宗氏は陰陽允三人・陰陽属三人・令制陰陽師四人を出しており、輩出した陰陽寮官人の数ならば、惟宗氏は賀茂氏にも安倍氏にもひけをとらない。十一世紀後半以降、最古参の陰陽寮官人輩出氏族である惟宗氏は、陰陽寮という官司の運営を、文字通り下から支える位置にあったのである。

惟宗(秦)氏に次いで多くの陰陽允・陰陽属・陰陽師(令制陰陽師)を出した氏族は、表12に見る限り、十一世紀前半に台頭した大中臣氏

表 12　陰陽允・陰陽属・陰陽師の補任状況

陰陽允	陰陽属	陰陽師	所見年月	典拠
秦春材		秦連茂	天慶元年(938)7月見	本朝世紀天慶元年7月16日条
		秦貞連	同上見	同上
	平野茂樹		天慶元年(938)11月見	本朝世紀天慶元年11月9日条
	大中臣嘉直		同上見	本朝世紀天慶元年11月1日条
平野茂樹			天慶8年(945)2月見	吏部王記天慶8年2月6日条
中原善益	秦春連	布留満樹	天暦6年(952)6月見	朝野群載巻第15陰陽道
	賀茂保遠		康保元年(964)7月見	西宮記臨時一(乙)
		安倍晴明	康保4年(967)6月見	本朝世紀康保4年6月23日条
	秦連忠ヵ		天延3年(975)6月見	朝野群載巻第15陰陽道
		縣奉平	天元5年(982)4月見	小右記天元5年4月12日条
縣奉平			寛和元年(985)5月見	小右記寛和元年5月7日条
大中臣実光		舟木昌成	長徳元年(995)秋任	除目大成抄第7下
		物部公好	同上任	同上
		和気久邦	同上任	同上
	惟宗文高		長保元年(999)5月見	本朝世紀長保元年5月11日条
河内遠生	和気久邦		寛弘元年(1004)任	除目大成抄第7下
惟宗孝親			同上任	同上
		錦文保	同上見	除目大成抄第10下
		笠善任	長和3年(1014)10月見	小右記長和3年10月2日条
	惟宗忠孝		寛仁3年(1019)7月見	小右記寛仁3年7月20日条
		清科行国	寛仁4年(1020)9月見	小右記寛仁4年9月16日条
惟宗忠孝			寛仁4年(1020)⑫月見	左経記寛仁4年⑫月30日条
桑原重則			治安2年(1022)12月見	左経記治安2年12月30日条
	惟宗行明	巨勢孝秀	治安3年(1023)2月見	除目大成抄第10下
	大中臣豊明	大中臣為俊	同上見	同上
惟宗行明	巨勢孝秀	大中臣貞吉	同上任	同上
	大中臣為俊	中原恒盛	同上任	同上
巨勢孝秀			万寿4年(1027)7月見	小右記万寿4年7月22日条
	中原恒盛		長元4年(1031)2月見	小右記長元4年2月29日条
中原恒盛	清科行国	菅野親憲	長元4年(1031)3月任	小右記長元4年3月29日条
	大中臣栄親		同上任	同上
大中臣為俊			長元4年(1031)7月見	小右記長元4年7月12日条
	大中臣貞吉		長久元年(1040)8月見	春記長久元年8月10日条
惟宗行真	惟宗光則	惟宗則助	天喜3年(1055)秋任	除目大成抄第7下
中原頼方	巨勢孝行		同上任	同上
大中臣広俊	清科行長	佐伯――	治暦元年(1065)12月見	朝野群載巻第15陰陽道
惟宗義俊	惟宗則助ヵ	菅野清親	同上見	同上
賀茂道栄	惟宗忠重	惟宗経基	同上見	同上
		大中臣公俊	同上見	同上
		伴実義	同上見	同上
		安倍光基	同上見	同上

である。天慶元年（九三八）に大中臣嘉直（表4―18）が陰陽少属として見えて後、大中臣氏からは十世紀後半―十一世紀前半を通じて二人の陰陽允・四人の陰陽属・二人の令制陰陽師が出ている。十一世紀前半における大中臣氏の陰陽寮要官としての台頭は、陰陽允・陰陽属・令制陰陽師の輩出を背景としたものであったろう。そして、十一世紀後半にも陰陽允・陰陽属・令制陰陽師をそれぞれ二人ずつ出しているように、十一世紀前半に陰陽寮官人輩出氏族として定着したばかりの大中臣氏も、十一世紀後半には、惟宗氏と同じく、陰陽寮の運営を下から支える役割を担っていたのである。

また、表12には、十一世紀に陰陽允・陰陽属・陰陽師（令制陰陽師）を輩出した氏族として、清科氏・菅野氏・伴氏が見える。これら三つの氏族が陰陽寮官人を出すようになったのはようやく十一世紀に入ってからのことであるが、十一世紀後半には、惟宗氏や大中臣氏ほどの人数ではないまでも、着実に陰陽允・陰陽属・令制陰陽師を出していた。すなわち、清科氏からは陰陽允二人・陰陽属二人・令制陰陽師一人が、菅野氏からは陰陽属二人・令制陰陽師一人が、伴氏からは陰陽允一人・陰陽属一人・令制陰陽師三人が出ている。十世紀にはさまざまな氏族が単発的に陰陽寮官人を出していたのとは異なり、十一世紀には概ね陰陽寮官人輩出氏族として定着した氏族のみが代々に安定的に陰陽寮官人を出していたと言えよう。清科・菅野・伴の諸氏族は、十一世紀後半に定着した新参の陰陽寮官人輩出氏族である。

第四節　陰陽寮官人の他官司への任用および兼国の状況

十世紀―十一世紀における陰陽寮官人の他官司への任用を整理したのが表13であるが、この表に見る限り、当該期

表13　陰陽寮官人の他官司への任用の状況

陰陽寮官人	官職（兼官）	所見年月	典拠
賀茂保憲	主計権助	応和 2年（ 962） 12月見	甲子革令勘文
	主計頭（天文博士）	天禄元年（ 970） 11月見	類聚符宣抄第9天文得業生
文道光	主計権助	天禄 3年（ 972） 11月見	親信卿記天禄3年11月10日条
安倍晴明	主計権助	長徳元年（ 995） 8月見	朝野群載巻第5朝儀下
	大膳大夫	長徳 3年（ 997） 正月任	除目大成抄第7下連奏主計寮
	左京権大夫	長保 4年（1002） 11月見	権記長保4年11月28日条
賀茂光栄	大炊権頭	正暦 4年（ 993） 11月見	本朝世紀正暦4年11月1日条
	大炊頭	長徳 4年（ 998） 8月任	権記長徳4年8月27日条
	右京権大夫	長和 2年（1013） 8月見	小右記長和2年8月10日条
賀茂光国	内蔵允	長和 4年（1015） 10月見	小右記長和4年10月2日条
安倍吉平	主計頭	寛弘 8年（1011） 10月見	御堂関白記寛弘8年10月25日条
賀茂守道	主計権助（暦博士）	寛仁 3年（1019） 11月見	寛仁4年具注暦奥書（御堂関白記）
	主計助	万寿元年（1024） 正月見	小右記万寿元年正月7日条
	主計頭	万寿 4年（1027） 6月見	類聚符宣抄第3怪異
安倍時親	主税助（陰陽権助）	長久元年（1040） 8月見	春記長久元年8月10日条
	主税頭	永承 2年（1047） 11月見	造興福寺記永承2年11月25日条
賀茂道平	主計助	永承元年（1046） 正月任	除目大成抄第5兼国主計助兼国例
	主税頭（陰陽博士）	康平 6年（1063） 11月見	康平7年具注暦奥書（水左記）
安倍有行	主税助（陰陽権助・権陰陽博士）	治暦元年（1065） 12月見	朝野群載巻第15陰陽道
賀茂道言	主計助（陰陽頭・暦博士）	承保 3年（1076） 11月見	承暦元年具注暦奥書（水左記）
	主計頭	寛治 2年（1088） 7月見	朝野群載巻第15陰陽道
賀茂道栄	主計権助(権暦博士）	承暦 3年（1079） 11月見	承暦4年具注暦奥書（水左記）
安倍親宗	主計権助	嘉保 2年（1095） 正月見	朝野群載巻第15天文道
賀茂光平	大炊頭	康和 2年（1100） 正月見	朝野群載巻第15陰陽道

の陰陽寮官人が転任もしくは兼任した他官司の官職は非常に限られていた。ここに名前の見える十四名の陰陽寮官人のうちの十一名までが、主計寮あるいは主税寮の長官もしくは次官に任じているのである。しかし、主計寮・主税寮の頭や助といった官職は、当時の中級官人たちには非常に意味のある官職であった。すなわち、律令制の弛緩が著しかった平安時代中期、多くの中級官人が規定通りの俸給を受け取り得ない状況に置かれていたが、諸国からの税収を扱う主計寮および主税寮の頭・助は、『西宮記』の示すように、その位禄の支給を保障されていたのである（『西宮記』恒例第二二月位禄事）。

また、安倍晴明が任じた大膳大夫・左京権大夫や賀茂光栄が補された大炊頭・右京権大夫といった官職にも、主計寮や主税寮の頭や助が持つのと同様の利得があったと考えられる。大膳職や大炊寮は諸国からの貢進物を扱う官司であり、また、左右京職も平安京内での徴税にあたる官司であった。とすれば、これらの官司の長官や次官の給与が保障された可能性は高い。そして、特に大膳大夫の場合には、序章でも触れたように、主計権助の任にあった頃の安倍晴明がこの官への転任を殊更に望んだことが知られるのである（『除目大成抄』第七下連奏主計寮）。

したがって、表13に見える官職の多くは、中級官人たちの任官希望が集中するような官職であったと考えられるが、主計頭・助および主税頭・助については、十一世紀前半以降、保憲流賀茂氏および晴明流安倍氏が優先的に補される官職となっていたようにも見える。すなわち、表13に見る限り、十一世紀の主計寮・主税寮には、保憲流賀茂氏あるいは晴明流安倍氏の陰陽寮官人や陰陽寮官人経験者が、恒常的に頭もしくは助として在任していたのである。

しかし、十世紀後半の賀茂保憲と安倍晴明との間に文道光（表4—79）が主計権助に任じたことをも見るならば、賀茂保憲以来、陰陽道第一者は二寮の頭もしくは助に補されるという慣例が成立していたと理解するべきであろう。そして、この慣例により、陰陽道第一者は収入を保障されることになっていたと見られるのである。

ところで、十世紀・十一世紀の陰陽寮官人がしばしば兼任した官職としては、以上の京官の他に、諸国の国司があった。表14は陰陽寮官人および陰陽寮官人経験者の兼国の状況を整理したものであり、この表によれば、当時の陰陽寮官人や陰陽寮官人経験者は、しばしば諸国の権守・介・権介に補されていた。権守・介・権介であるため、受領としての任官であった可能性は低いが、『西宮記』によれば、国司を兼ねる官人もまた、諸国の正税によって位禄の支給を保障されたのであり（『西宮記』恒例第二二月位禄事）、国司に補されることは当時の中級官人たちには重要なことであった。

また、受領としての任官ではなくとも、国司を兼ねることで国司としての給与である公廨が与えられたため、平安中期には多くの中級官人が兼国を望んだ。そして、表14に見る限り、当時の現役の陰陽寮官人としては、陰陽頭・陰陽助・陰陽博士・暦博士・天文博士・漏剋博士などが兼国の恩恵にあずかった。すなわち、当時の陰陽寮主要官職には、兼国の国司に補されるという特典があったのである。(2) しかし、保憲流賀茂氏および晴明流安倍氏が陰陽寮の主要官職を世襲的に独占しはじめる十一世紀後半には、この特典も賀茂・安倍両氏の独占するところとなってしまう。

なお、土田直鎮「公卿補任を通じて見た諸国の格付け」〔一九九二c（一九七五）〕が注意を喚起するように、平安時代の権守・介・権介について、その全てを遥任国司と見做してしまうわけにはいかない。例えば、参議を本官とするような上級官人が、兼国による増収のため、しばしば遥任の守や権守に任じることなどがあったためである。とすれば、表14に挙げた任例の中にも、受領としての補任があるかもしれない。

表14　陰陽寮官人および陰陽寮官人経験者の兼国の状況

陰陽寮官人	官職（兼官）	所見年月	典拠
文武兼	近江少掾(陰陽頭)	天暦 3年(949)正月見	別聚符宣抄近江国司解
安倍晴明	備中介（主計権助)	長徳 3年(997)正月見	除目大成抄第7下連奏主計寮
賀茂光栄	備中介（暦博士)	寛和 2年(986)11月見	永延元年具注暦奥書（九条家本延喜式裏暦)
	播磨権介(大炊権頭)	長徳 3年(997)11月見	長徳4年具注暦奥書(御堂関白記)
安倍吉昌	周防権介(天文博士)	長徳元年(995) 8月任	除目大成抄第5兼国天文博士重兼国例
	長門介（天文博士)	長保 5年(1003) 2月任	同　上
	但馬権守（陰陽頭・天文博士)	寛弘 3年(1006)正月任	除目大成抄第5兼国陰陽頭兼国例
賀茂守道	備後権介（暦博士)	寛弘 8年(1011)11月見	長和元年具注暦奥書(御堂関白記)
惟宗文高	長門介（陰陽頭)	長和 5年(1016)正月任	除目大成抄第5兼国陰陽道人重兼国例
	備中権介（陰陽頭)	治安 3年(1023) 2月見	除目大成抄第10下成文書生字事
	土佐権守（陰陽頭)	治安 3年(1023) 2月任	同　上
安倍吉平	備中介（主計頭)	治安元年(1021)正月見	革暦類・革勘例
賀茂道平	美作介（暦博士)	長元 7年(1034)正月任	除目大成抄第5兼国暦博士重兼国例
	丹波介（暦博士)	長久 3年(1042)正月任	同　上
	讃岐権介（主計助)	永承 4年(1049)正月任	除目大成抄第5兼国主計助兼国例
	讃岐権介（主税頭・陰陽博士)	康平 6年(1063)11月見	康平7年具注暦奥書（水佐記)
安倍奉親	備後介(権天文博士)	長元 9年(1036)正月任	除目大成抄第5兼国天文博士重兼国例
	伯耆権介（権天文博士)	寛徳 2年(1045)正月任	同　上
巨勢孝秀	周防介（陰陽頭)	長元 9年(1036)11月見	範国記長元9年11月8日条
	丹波権介（陰陽頭)	長元 9年(1036)11月任	同　上
菅野信公	周防介（漏剋博士)	長暦 2年(1038)秋　任	除目大成抄第4雑々
大中臣為俊	丹波介（陰陽助)	長久 1年(1040) 8月見	春記長久元年8月10日条
	阿波権介（陰陽頭)	天喜 2年(1054) 2月任	除目大成抄第5兼国陰陽頭兼国例
安倍時親	丹波権介（主税助・陰陽博士)	永承 2年(1047)正月見	造興福寺記永承2年正月22日条
安倍章親	伯耆介（天文博士)	永承 2年(1047)正月見	造興福寺記永承2年正月22日条
	安芸介（陰陽頭)	康平 2年(1059)正月任	魚魯愚鈔巻第7兼国勘文
大中臣栄親	丹波権介(権暦博士)	永承 5年(1050) 2月見	魚魯愚鈔巻第7兼国勘文
賀茂道清	安芸介（権暦博士)	康平 6年(1063) 2月任	同　上
賀茂道言	(某国)（陰陽頭)	承保 2年(1075)　　任	同　上
	丹後介（陰陽頭・主計助・暦博士)	永保 3年(1083)11月見	応徳元年具注暦奥書（水佐記)
	阿波介（主計頭)	寛治 2年(1088) 7月見	朝野群載巻第15陰陽道
	備後介（主計頭)	長治 2年(1105) 2月見	朝野群載巻第15暦道
賀茂道栄	阿波介（権暦博士)	承保 2年(1075)　　任	魚魯愚鈔巻第7兼国勘文

第五節　陰陽道宗家の成立

村山修一『日本陰陽道史総説』（一九八一）の示す陰陽道史において、保憲流賀茂氏および晴明流安倍氏は「陰陽道宗家」として位置付けられることになるが、その「陰陽道宗家」とは、要するに、陰陽寮という官司の主要な官職を世襲的に独占する家系のことであった。また、山下克明「陰陽家賀茂・安倍両氏の成立と展開」（一九九六h）が保憲流賀茂氏および晴明流安倍氏を特に「陰陽道世襲氏族」と見做すのも、両氏が陰陽寮の主要な官職を世襲的に独占したためであり、その意味では、村山の言う「陰陽道宗家」と「陰陽道世襲氏族」とは殊更に異なるものではない。

そして、山下克明「陰陽寮と陰陽道」（一九九一）では、保憲流賀茂氏および晴明流安倍氏による陰陽道宗家（陰陽道世襲氏族）の地位の獲得を、陰陽寮における官司請負として捉えようとする目論みが示されている。

なお、平安時代の陰陽家、なかんずく陰陽頭以下の要官を独占した陰陽道世襲氏族賀茂・安倍氏については村山修一氏の『日本陰陽道史総説』を参照されたい。ただ数ある陰陽家の中で何故両氏のみが世襲の家となったかは、王朝国家における官司請負制の問題の一つとなる。

ここに山下の言う「官司請負制」は、佐藤進一『日本の中世国家』（一九八三）の提示する概念であり、「十、十一世紀の間に、全官庁機構の再編成が進められた」際に生じた「特定の氏族が特定官職に世襲的に就任し、さらには特定の氏族が特定官庁を世襲的に運営する傾向」を意味する。そして、佐藤自身の最も簡潔な表現によれば、「官司請負」とは「職と家の結合であり、官職・官庁の世襲請負である(3)」。

確かに、陰陽頭・陰陽助・諸博士といった主要官職についてのみ、その補任状況を見るならば、十一世紀後半の陰陽寮に「特定の氏族が特定官職に世襲的に就任し、さらには特定の氏族が特定官庁を世襲的に運営する傾向」があったことを認めたくもなるだろう。本章の第一節および第二節に示した如く、当該期において陰陽寮の主要官職は保憲流賀茂氏および晴明流安倍氏によって独占されていたのであり、その両氏と陰陽寮との間には「官職・官庁の世襲請負」があったようにも見えるのである。

したがって、陰陽道宗家（陰陽道世襲氏族）の成立を陰陽寮における官司請負の成立として理解しようとする山下克明の見解には、少なくとも一定の妥当性が認められるべきなのかもしれない。そして、山下のみならず、玉井力「一〇―一一世紀の日本」〔一九九五〕もまた、賀茂氏および安倍氏による陰陽寮主要官職の世襲的独占を、陰陽寮における官司請負制として捉えようとする。

しかし、こうした山下や玉井の見解を、安易に受け入れることはできない。

というのも、保憲流賀茂氏と晴明流安倍氏とが陰陽寮の主要な官職を世襲的に独占するに至る十一世紀後半においても、陰陽寮という令制官司の全てが賀茂氏および安倍氏によって掌握されていたわけではないからである。当該期の陰陽寮について、保憲流賀茂氏および晴明流安倍氏のみがその運営を担っていたと見做すことはできないのである。

本章の冒頭に引いた忌日勘文を一瞥することで明らかなように、陰陽寮官人の多くは陰陽允・陰陽属・陰陽師であった。そして、これらの非主要官職にある陰陽寮官人が陰陽寮の運営を下から支えていたのである。とすれば、陰陽允・陰陽属・陰陽師の輩出した氏族は、陰陽寮の運営に一定の影響を与え得たのではないだろうか。

賀茂氏と安倍氏とが陰陽頭と陰陽助とを世襲的に独占した十一世紀後半には、陰陽允・陰陽属・陰陽師に安定的に人材を供給する氏族の存在が確認される。本章第三節の主役であった惟宗・大中臣・清科・菅野・伴の諸氏族である。とすれば、惟宗氏・大中臣氏・清科氏・菅野氏・伴氏についても、十一世紀後半以降の陰陽寮の運営を継続的に担う氏族であったと見做すべきであろう。

そして、陰陽寮における官司請負の成立を論じるにあたり、惟宗・大中臣・清科・菅野・伴といった陰陽允・陰陽属・陰陽師の輩出した諸氏族の存在をも視野に入れるならば、陰陽寮という官司の運営を請け負った主体として想定されるべきは、幾つかの特定の氏族ではなく、官人陰陽師の同業者集団としての陰陽道である。つまり、直接に陰陽寮という官司の運営を請け負っていたのは、保憲流賀茂氏や晴明流安倍氏ではなく、両氏の陰陽師たちも属していた陰陽道という同業者集団であったと考えられるのである。

現に、平安時代中期において陰陽寮の運営を担っていたのは、陰陽道という同業者集団であった。第八章に明らかにした如く、現役の陰陽寮官人たちのみによって運営されたのではなく、陰陽寮官人をも含む官人陰陽師たちによって運営されていたというのが、平安中期における陰陽寮という官司の実態である。そして、当時の官人陰陽師たちの活動は同業者集団の陰陽道によって統制されていたのであり、その意味では、やはり、平安中期に陰陽寮を運営したのは陰陽道という同業者集団であった。したがって、保憲流賀茂氏および晴明流安倍氏が陰陽寮の運営に携わったのも、あくまで陰陽道という同業者集団の一員としてであったと考えられる。

また、平安時代中期に陰陽寮の運営を主導したのは、陰陽寮の長官たる陰陽頭ではなく、陰陽道の筆頭者たる陰陽道第一者であった。そして、十世紀の終わり近くに安倍晴明が陰陽道第一者となって以来、保憲流賀茂氏もしくは晴明流安倍氏の陰陽道第一者が続いたために、十世紀末以降の陰陽寮の主導権は保憲流賀茂氏および晴明流安倍氏によって掌握されることとなった。すなわち、保憲流賀茂氏および晴明流安倍氏は、官人陰陽師たちの同業者集団の筆頭者である陰陽道第一者の立場を独占することにより、陰陽寮という官司を運営するうえでの主導権を握り続けたのである。

そして、保憲流賀茂氏および晴明流安倍氏が陰陽寮の運営を主導することを保障したのは、陰陽寮の主要官職を世襲的に独占する陰陽道宗家（陰陽道世襲氏族）の地位ではなかった。保憲流賀茂氏および晴明流安倍氏が十世紀末から陰陽寮運営の主導権を握っていたにも拘らず、両氏による陰陽寮主要官職の世襲的独占がはじまるのは、本章で確認した如く、十一世紀も後半に入ってからのことだったのである。したがって、むしろ、保憲流賀茂氏および晴明流安倍氏による陰陽道宗家の地位の獲得は、両氏が陰陽寮の主導権を掌握したことの結果であったと考えられる。

なお、陰陽道宗家（陰陽道世襲氏族）となった保憲流賀茂氏および晴明流安倍氏は、陰陽寮官人に与えられる経済的な恩恵を独占した。すなわち、前節に見たように、十一世紀後半の保憲流賀茂氏・晴明流安倍氏は、陰陽寮の主要官職を世襲的に独占することにより、それらの官職に付帯する兼国の特典をも独占することになったのである。そして、このことからは、保憲流賀茂氏および晴明流安倍氏による陰陽寮主要官職の世襲的独占について、それが陰陽寮官人に与えられた兼国の特典を独占するための方策であった可能性も疑われる。既に陰陽寮運営の主導権を握っていた二つの家系が殊更に特定の陰陽寮官職の世襲的独占を意図したとすれば、それは、その官職それ自体に何らかの価値を認めていたためであろう。そして、保憲流賀茂氏や晴明流安倍氏が陰陽寮の主要官職に見出した価値として想定されるべきは、兼国の特典の他にはないだろう。

註

（1）　保憲流賀茂氏と暦道との関係については、山下克明「頒暦制度の崩壊と暦家賀茂氏」〔一九九六c（一九八六）〕および高田義人「暦家賀茂氏の形成」〔一九九二〕を参照されたい。

（2）　この兼国の制度は、官人陰陽師たちに大きな経済的恩恵をもたらした。例えば、生え抜きの陰陽寮官人であって兼国による収入の他には特に大きな収入があったとは考えられない惟宗文高（表4—49）・大中臣実光（表4—19）の二人にも、少なからぬ財産があったことが窺われるのである。すなわち、『小右記』寛仁二年（一〇一八）五月二十六日条によれば、惟宗文高は中御門大路の東端に上級貴族の藤原実資が関心を示すほどの私寺を建立しており、また、長元八年（一〇三五）十月二日の日付を持つ「大中臣為政解」（『平安遺文』五四五号）によれば、大中臣実光の死後には、一戸主半の敷地に三宇の家屋が建つ家宅の他、絹二〇〇疋・手作布一〇〇端・銀一〇〇両などの財産が遺されていた。

（3）「官司請負制の確立した十二世紀前期を以て王朝国家の成立を見、ここに中世国家の祖型を措定してよいであろう」というのが、佐藤『日本の中世国家』（一九八三）が「官司請負制」という概念を提示した本来の脈絡である。すなわち、中世国家としての王朝国家について論じようとする佐藤は、「職と家の結合」あるいは「官職・官庁の世襲請負」としての官司請負制こそを、王朝国家成立の指標として位置付けたのである。

終章　賀茂保憲と慶滋保胤

『日本往生極楽記』の著者として知られる慶滋保胤は、平安時代中期を代表する文章家の一人であった。藤原明衡の編んだ『本朝文粋』は当時の人々が本朝の漢詩文の精粋と見做した四二三篇を収めるが、その二十篇に一篇は慶滋保胤の作品である。『本朝文粋』所収の保胤の作品としては、十世紀頃の平安京についての史料として多くの研究者が利用する『池亭記』などが最もよく知られていようか。

また、後に出家して法名を寂心といった保胤は、当時を代表する念仏者であり往生人であった。そのため、彼の『日本往生極楽記』に倣って平安時代後期の大江匡房が編んだ『続本朝往生伝』には、往生人としての慶滋保胤（寂心）の伝も収められている。そして、『続本朝往生伝』の伝えるところでは、文章家として念仏者として知られる慶滋保胤は、賀茂忠行という陰陽師の息子であり、したがって、当時を代表する陰陽師として知られる賀茂保憲の兄弟であった。

○慶保胤者、賀茂忠行之第二子也、雖レ出二累葉陰陽之家一、独企二大成一、富レ才工レ文、当時絶レ倫、師三事菅三品一、門弟之中已為二貫首一、

（『続本朝往生伝』慶滋保胤伝）

ここで慶滋保胤の父親とされる賀茂忠行は、既に第一章でも見たように、当時の官人陰陽師の一人であった。天徳三年（九五九）二月に忠行の技量を試みようとした村上天皇が覆物を占わせた折の占文が『朝野群載』に収められているように（『朝野群載』巻第十五陰陽道）、賀茂忠行は村上天皇が関心を示すほどの陰陽師であった。また、『朝野群

載』には、息子の保憲が忠行の叙爵を申請した天暦六年（九五二）四月二十七日付の文書も収められているが（『朝野群載』巻第九功労）、それは年老いた父親に先んじて叙爵にあずかった保憲が孝子として老父の叙爵を請うたものであり、賀茂忠行の官途が順調ではなかったことが窺われる。

その息子の賀茂保憲が「当朝以㆓保憲㆒為㆓陰陽基摸㆒」（『左経記』長元五年五月四日条）と言われるほどに優秀な陰陽師であったことは、既に序章に見た通りである。陰陽・天文・暦に通じて「三道博士」（『平安遺文』四六二三号）とも呼ばれた保憲は、その死後、貴族社会において陰陽師の規範（陰陽基摸）と見做されたのであった。そして、『続本朝往生伝』の言うところに従えば、その賀茂保憲と慶滋保胤とが同じく賀茂忠行を父親とする兄弟だったのである。

慶滋保胤が本来は賀茂保胤であったことは、大江匡衡がその息子の学問料を申請した長保四年五月二十七日付の文書（『本朝文粋』巻第六）の「其時有㆓高岳相如・賀茂保胤者㆒、雖㆑富㆑才不㆑争」という一節によって確かめられる。また、賀茂保憲と慶滋保胤とがともに賀茂忠行の息子であったことは、『尊卑分脈』および『医陰系図』の賀茂氏系図に見える他、『群書類従』系図部所収の「加茂氏系図」や『続群書類従』系図部所収の「賀茂系図」にも見える。そして、殊更に『続本朝往生伝』や諸系図の所説を覆さねばならない理由はない。とすれば、賀茂保憲と慶滋保胤とは、同じく賀茂忠行を父とする兄弟であったと認められるべきだろう。

だが、ここで一つ問題となるのは、右に引いた『続本朝往生伝』が、慶滋保胤（賀茂保胤）について「出㆓累葉陰陽之家㆒」としている点である。保胤の伝をまとめた大江匡房によれば、慶滋保胤が文章家として活躍した十世紀後半において、保胤の属した賀茂氏は代々に陰陽師を出す家系（累葉陰陽之家）だったことになる。確かに、保胤の父親や兄弟は陰陽師であった。しかしながら、保胤父の忠行こそが、賀茂氏から出た最初の陰陽師だったのである。そして、賀茂忠行の父祖に陰陽師となった者はいなかった。すなわち、賀茂保憲・慶滋保胤の兄弟が属した賀茂氏は、けっして「累葉陰陽之家」として位置付けられるような家系ではなかったのである。

ここで賀茂忠行の父祖について述べるならば、『尊卑分脈』所収の賀茂氏系図が従五位下出羽介賀茂江人を忠行父とするのに対して、『医陰系図』所収の賀茂氏系図は、まずは賀茂江人の子として示した忠行に「為二峯雄子一相続」との注記を加えたうえで、江人の従兄弟にあたる従五位上越中守賀茂峯雄の流に忠行およびその子孫を組み入れている。すなわち、『医陰系図』賀茂氏系図において示されているのは、賀茂江人の子として生まれた忠行が、後に江人の従兄弟である賀茂峯雄の養子となり、その家系を継いだということなのである。『続群書類従』系図部の「賀茂系図」のように忠行をただ単に峯雄の子として扱う賀茂氏系図もあることから、ここでは『医陰系図』の説を妥当としておきたい。

賀茂忠行の実父として想定される賀茂江人については、諸系図より従五位下出羽介であったことが知られる他には、『続日本後紀』承和十三年（八四六）正月七日条に従五位下に叙されたことが見えるのみであり、その詳しい官歴はわからない。また、叙爵の年次によって江人が八世紀末あるいは九世紀初頭の生まれであったことが推測されるが、その場合、江人を忠行の実父と見ることには多少の疑念が残ることになる。すなわち、少なくとも天徳三年（九五九）までは生きていたことが確認される賀茂忠行については、その生年を九世紀後葉以降に想定せざるを得ず、それゆえ、江人と忠行とを親子とすることに無理があるように見えるのである。ことによると、忠行は江人の孫にあたるのかもしれない。

しかし、いずれにせよ、江人自身はもちろん、江人父の従五位下左少弁人麻呂（人麿）―人麻呂父の正五位下少納言諸雄―諸雄父の従四位下虫麻呂（虫麿）とさかのぼっても、系図に見る限りでは、この家系から陰陽師が出た形跡はない。また、虫麻呂の曾孫にして諸雄の孫となるのが江人および峯雄であるが、諸雄男で峯雄父の従三位忠峯も、少なくとも系図のうえでは陰陽師ではなかった。そして、賀茂忠行の養父となったとされる峯雄やその兄の弟峯は、外記などの内官を務めた後に幾つかの国司を歴任するという官歴を持つ一般的な中級官人であった。

『外記補任』によれば、但馬掾を経て方略試を受けた賀茂峯雄は、斉衡二年（八五五）に少内記、同三年には大内記に補されている。したがって、『外記補任』にも諸系図にも明記されてはいないものの、峯雄は文章生の出身であったと見ていいだろう。そして、天安元年（八五七）に大外記に補された賀茂峯雄は、貞観四年（八六二）正月にその任を停止されている。『日本三代実録』には同月七日に峯雄が従五位下に叙されたことが見えるから、それは叙爵に伴う停任であったろう。そして、『日本三代実録』によれば、従五位下に叙された峯雄は、相模権介（貞観五年二月任）・上野権介（同六年正月任）・越前介（同十二年正月任）・築河内国堤使次官（同年七月任）を歴任し、貞観十五年（八七三）四月には越中守の官を帯びていた。

また、『医陰系図』賀茂氏系図が峯雄の兄とする賀茂弟峯も、少外記に補される以前は少内記であったことが『外記補任』に見え、峯雄と同じく文章生の出身であったと考えられる。そして、『外記補任』によれば、承和九年（八四二）の二月に少内記から少外記に転じた弟峯は、同十一年正月に大外記に進むと、嘉祥二年（八四九）の正月には従五位下に叙されるとともに越後介として転出している。この叙爵および任越後介は『続日本後紀』からも確かめられるが、この後、『日本文徳天皇実録』によれば、天安二年（八五八）正月に出雲守に任じた弟峯は、同年九月には備後守に補されている。弟峯もまた、峯雄と同様、文章生に出身して内記となり、さらには外記を経て地方官を歴任するという官歴を歩んだのであった。

養父子であれば峯雄と忠行との間に少しばかり大きな年齢差があってもよかろうが、しかし、峯雄の叙爵の年次からすれば、峯雄についてもこれを忠行の養祖父と見做した方が適切であるかもしれない。ただ、ここで重要なのは、そのようなことではなく、忠行の父祖には陰陽師はいなかったということである。右に見たように、虫麻呂から江人あるいは峯雄に至るまで、賀茂氏からはただの一人も陰陽師が出ることはなかった。やはり、忠行こそが賀茂氏から出た最初の陰陽師だったのである。

したがって、忠行やその息子たちが生きた十世紀の貴族社会において、賀茂氏が「累葉陰陽之家」として認識されていたとは考えられない。その時点での賀茂氏は、二代続けて陰陽師を出したに過ぎなかったのである。しかも、右に見た賀茂峯雄や賀茂弟峯などの官歴からすれば、むしろ、慶滋保胤（賀茂保胤）のように文章家となることの方が、当時の賀茂氏にはふさわしかったのではないだろうか。

これに対して、大江匡房が『続本朝往生伝』を著した十二世紀初頭の貴族社会においてならば、保憲流賀茂氏は「累葉陰陽之家」と呼ばれるにふさわしい家系であった。すなわち、匡房と同時代の官人陰陽師として知られる賀茂光平や賀茂家栄は保憲流賀茂氏の六代目であったが、この光平や家栄に至るまで、保憲流賀茂氏は代々に陰陽師を出し続けてきたのである。そして、『続本朝往生伝』が十世紀の賀茂氏を「累葉陰陽之家」として扱うことになったのは、おそらく、著者の匡房自身が直接に見聞した十二世紀における保憲流賀茂氏の状況に幻惑されてしまったためであろう。

しかし、こうして賀茂保憲と慶滋保胤とが出た頃の賀茂氏が「累葉陰陽之家」ではなかったということになると、平安時代中期以降にも貴族社会に生き残った賀茂氏が「累葉陰陽之家」としての保憲流賀茂氏のみであったことについては、新たに何らかの説明が加えられなければならないだろう。そして、その説明を得るためには、保憲・保胤が出た頃の賀茂氏の事情を改めて検討してみる必要があるのではないだろうか。

同じく賀茂忠行を父とする兄弟でありながら、賀茂保憲が陰陽師として名を馳せたのに対して、慶滋保胤は文章家として名声を得た。しかも、保憲が賀茂姓を名乗り続けたのに対して、保胤は慶滋姓へと改姓している。保憲・保胤の両名は、兄弟でありながらも、あまりに違う進路を選んだのである。そして、二人の進路選択の結果として、後世の貴族社会に生き残ることになったのは、保胤流慶滋氏ではなく、保憲流賀茂氏であった。陰陽師となることを選んだ賀茂保憲の家系は、「累葉陰陽之家」という位置付けを与えられ、平安時代中期以降にも貴族層の家系として存続したのである。

さて、本書において最後に取り上げることにしたいのは、平安時代中期という時期に新たに「累葉陰陽之家」が誕生した事情である。平安貴族の言う「累葉陰陽之家」は前章で取り上げた陰陽寮官人輩出氏族と概ね同義のものとして理解されるが、前章に見たように、平安中期にも新たに幾つかの陰陽寮官人輩出氏族が生まれていた。そして、以上に見てきたところから明らかなように、賀茂氏もまた、そうした新参の陰陽寮官人輩出氏族（=「累葉陰陽之家」）の一つであった。そこで、この章では、賀茂保憲・慶滋保胤の属す世代とその次の世代とにおける賀茂氏の事情を見ていくことにしたい。

第一節　賀茂忠行の息子たち

『尊卑分脈』賀茂氏系図および『医陰系図』賀茂氏系図は、既に触れた賀茂保憲と慶滋保胤との他にも、賀茂忠行には保章・保遠のいま二人の息子があったとする。また、『群書類従』所収の「加茂氏系図」にも、賀茂忠行の息子として保憲・保胤・保章・保遠の四人の名が見えており、本書においても保憲・保胤・保章・保遠の四人を賀茂忠行の息子として扱うのが妥当だと考えられる。そして、この節においては、忠行の四人の息子たちについてその履歴を見ていくことになる（1）。

賀茂保憲

『別聚符宣抄』には「応レ令下三暦博士大春日朝臣弘範与二暦生賀茂保憲一共造中進明年御暦幷頒暦本上事」という天慶四年（九四一）七月十七日付の宣旨が収められているが、この宣旨により、賀茂保憲（表4―29）は暦生の身で造暦に携わることになった。『尊卑分脈』賀茂氏系図に延喜十七年（九一七）の生まれとされる保憲が二十五歳のときのことであり、これが賀茂保憲の史料上の初出となる。

こうして造暦に携わることではじめて歴史上に名前の現れた保憲は、三十四歳になる天暦四年（九五〇）までに暦博士に補されたのをはじめとして、陰陽寮の重要な官職を歴任する。すなわち、天徳元年（九五七）八月までに陰陽頭に任じると、天徳四年の四月二十二日には天文博士をも兼ねたのである。これに加えて賀茂保憲が陰陽博士に補されたことを示す記録はないが、後代の人々が保憲を「三道博士」（『平安遺文』四六二三号）と呼んだのは、保憲が天文博士・暦博士を歴任した陰陽師であったがゆえであろう。

その賀茂保憲の位階昇叙について見ておくと、保憲が従五位下に叙されたのは、三十六歳になる天暦六年（九五二）のことであった。これが父親の賀茂忠行に先んじての叙爵であったことは既に見た通りである。その後、五十四歳になる天禄元年（九七〇）の十一月に正五位下の位階にあったことが確認される保憲は、五十八歳になる天延二年（九七四）の十一月には従四位下に叙されている。

『医陰系図』所収の賀茂氏系図が保憲の最終的な位階を従四位上とするが、史料上に確かな裏付けを求め得るのは表4に示したように従四位下までである。しかし、その従四位下であっても、当時、陰陽師に与えられる位階としては破格のものであった。そして、従四位下に叙された時点で賀茂保憲が陰陽道第一者の立場にあったことは言うまでもないが、遅くとも天文博士を兼ねる陰陽頭となった天徳四年（九六〇）には、保憲が陰陽道第一者の立場を占めるようになっていたと考えられる。

次に引く『西宮記』からは、賀茂保憲・秦具瞻・文道光の三人が天徳四年十月の時点での最も主だった官人陰陽師であったことが知られるとともに、その中でも保憲が最上臈の立場にあったことが知られよう。村上天皇が冷泉院へと遷るにあたって方角の禁忌が問題となった際に諮問を受けたのが保憲・具瞻・道光の三人だったのであり、かつ、ここでは保憲の名が三人の最初に記されているのである。

○天徳四年十月廿二日、延光朝臣申云、依レ仰召二保憲・具瞻・道光等一、問下自二職御曹司一指二冷泉院一可レ当二大将軍方一不レ満二卅五日一遷御猶可レ忌否事上、保憲申、不レ可レ忌、（中略）、具瞻・道光等申、可レ忌、（中略）、仰各令レ進二勘文一、

（『西宮記』臨時五行幸）

表4に整理したそれぞれの官歴から、このとき、賀茂保憲は前陰陽頭の天文博士、秦具瞻（表4―71）は漏剋博士を兼ねる陰陽頭、文道光（表4―79）は陰陽博士であったと考えられるが、官人陰陽師の同業者集団としての陰陽道における立場は、保憲が陰陽道第一者、具瞻が陰陽道第二者、道光が陰陽道第三者であったろう。すなわち、陰陽寮官人としては天文博士に過ぎない賀茂保憲が、陰陽頭である秦具瞻よりも上位の官人陰陽師だったのである。

そして、陰陽頭の任にはない陰陽道第一者が陰陽寮という官司の主導権を握ることは、この保憲からはじまったのではないかと考えられる。次に引く『北山抄』および『親信卿記』からは、応和三年（九六三）閏三月に軒廊御卜が行われた際や天延二年（九七四）二月にさまざまな呪術が行われた際、陰陽道第一者の保憲が陰陽頭に代わって陰陽寮の職務遂行を主導していたことが窺われよう。

○応和三年閏三月廿日暦記云、先レ是去七日、使左近少将伊陟朝臣、奉レ遣二宇佐宮一、而昨夕到来、少使卜部方生解状云、使伊陟、従二今月十四日一、心神相違、既以狂気、俄以上レ都者、仍公家大驚、令二神祇官・天文博士保憲等一令レ占レ之、神祇官申云、依二朝家及使不浄一所レ致也、保憲占云、御祈無二感応一、国家所レ慎也者、

（『北山抄』巻第六備忘略記宇佐使立事）

○今日有二所々御祭祓等一、於東河奉二仕河臨祓一保憲、使典雅、於北野奉二仕火災御祭一道光、使清遠、令下二陰陽寮一奉中仕四角祭上、所衆為レ使、

（『親信卿記』天延二年二月十三日条）

さらに、遅くとも天延二年（九七四）の六月には、賀茂保憲は陰陽寮官職を帯びない陰陽道第一者となっていた。主計権助を経て主計頭に補された保憲も、少なくとも天禄元年（九七〇）十一月までは、いまだ天文博士を兼ねていた。しかし、天延二年六月の時点では、安倍晴明（表4—2）と賀茂光国（表4—32）とがそれぞれ正官と権官との天文博士の任にあり、このときまでに賀茂保憲が天文博士を辞していたことは疑いようがない。そして、陰陽寮の官職に就かない陰陽道第一者の先例を作ったのは、この賀茂保憲であった。

慶滋保胤

天元五年（九八二）十月に著した『池亭記』の「予行年漸垂二五旬一、適有二小宅一」という文言から承平年間（九三一～三八）に生まれたと見られる慶滋保胤は、『日本紀略』寛和二年四月二十二日条に「大内記従五位下慶滋保胤出家」と見える如く、従五位下の大内記を最終的な位階および官職として寛和二年（九八六）四月に出家入道した。『尊卑分脈』および『医陰系図』に記された保胤の官歴は文章生と大内記とだけであるが、『続本朝往生伝』の慶滋保胤伝には「依二芸閣労一可レ任二内官一、而依レ有二大業之思一、申二任近江掾一」とあり、内記となる以前の保胤について、内御書

所に配属された文章生であったこと、その後には近江掾に補されたことが知られる。

保胤が近江掾の任にあったのは、『三条左大臣頼忠前栽歌合』によれば、貞元二年（九七七）八月を挟む時期であったが、『続本朝往生伝』に「依レ有二大業之思一、申任二近江掾一」と見えるように、保胤が近江掾となったのは、令制において最高の官吏登用試験とされる方略試（対策）を受ける資格を得るためであった。当時、方略試に及第することが「大業」と呼ばれたが、文章家の就くべき官職とされた文章博士や大内記などに任ずるには、その大業を遂げる必要があったのである。

桃裕行『上代学制の研究』（一九九四〔一九四七〕）によれば、当時、諸国の掾に任じた文章生は、その労によって方略試を受ける資格を得ることができた。そして、文章生が諸国の掾に任ずることを文章生外国といったが、菅原氏あるいは大江氏に属さない家系から出た文章生は、文章生外国を経ない限り、方略試を受けることができなかった。給与学生である文章得業生には対策に応じる資格が与えられたため、本来、文章生はまずは文章得業生を目指すべきであったが、当時、文章得業生は菅原氏および大江氏によって独占されてしまっていたのである。

そして、慶滋保胤の場合にも、文章生外国（近江掾）を経て京官に任じたのであり、『池亭記』に「家主、職雖レ在二柱下一、心如レ住二山中一」と記すように、天元五年（九八二）の十月には内記（柱下）の任にあった。また、『小右記』永観二年十二月八日条に「大内記保胤朝臣」が内御書所の覆勘を兼ねたことが見え、永観二年（九八四）十二月までに従五位下の大内記となっていたことが知られるが、保胤についてはこれ以上にはその官歴を明らかにすることはできない。

ところで、幸田露伴によれば、賀茂と慶滋とは異字同義の姓であった。「賀茂の賀の字に換えるに慶の字を以てし、茂の字に換えるのに滋の字を以てしたのみで、異字同義、慶滋はもとより賀茂なのである」（『連環記』）。しかも、露伴の見解では、慶滋は賀茂と異字同訓の姓であった。すなわち、慶滋という姓の本来の読みは、一般に流布しているヨシシゲではなく、賀茂と同じカモだったというのである。そして、露伴の説くところでは、賀茂から慶滋への改姓は保胤の意図したものであり、それは陰陽師たる保憲と文章家たる自己とを区別するための改姓であった。

これに対して、虎尾俊哉「慶滋保胤の改姓」（一九九五〈一九九四〉）は、賀茂と慶滋とを異字同義の姓と見ることには賛意を表しつつも、両姓を異字同訓と見ることには否定的な態度をとる。そして、虎尾によれば、この改姓が為されたのは「天延二年（九七四）の暮れのことと推定される」のであり、改姓は賀茂保憲の発意によるものであった。既に老境にあった保憲が、「新興の陰陽の家としての賀茂家の将来について思いを廻らし」た結果として、陰陽師となることを選ばなかった兄弟たちに改姓を迫ったというのである。

右の虎尾の論考は、保胤が改姓した時期を天延二年冬と想定した根拠を明示しておらず、その点に問題は感じるものの、保胤が天延二年に改姓したと見るのは妥当であると考えられる。後述のように、確たる根拠も存在するのである。しかし、この改姓が賀茂保憲の発意によるものであったとするのはどうだろうか。ここでも虎尾は明確な根拠を示していないが、虎尾説を文献史料によって裏付けることは困難であろう。

なお、保胤の没年は長徳三年（九九七）あるいは長保四年（一〇〇二）とされているが、長徳三年説・長保四年説の双方にそれらしき根拠があり、いずれが正しいかはいまだに結論が出ていない（2）。

慶滋保章

慶滋保章については、『外記補任』天禄三年条には「権少外記賀茂保章正月廿八日任・天禄三年十二月典薬少允・文章生」と見え、天禄三年（九七二）の年頭に権少外記に任じたことが知られるとともに、それ以前には文章生を経て典薬少允に補されていたことが知られる。しかし、任典薬少允が右に見える天禄三年十二月であったはずはなく、『外記補任』の「天禄三年十二月典薬少允」は「天徳三年十二月典薬少允」の誤りであろう。文章生を経て天徳三年（九五九）の末に典薬少允に補された保章が、それからおよそ十二年後の天禄三年正月に権少外記に転じたのである。

その後の保章は、外記局において順調に昇進を遂げている。すなわち、天延元年（九七三）正月二十八日に少外記に任じ、翌天延二年の十一月二十八日には大外記に補されたのである。そして、天延三年（九七五）正月には、従五位下に叙されるとともに上総権介として転出しており、さらに、天元二年（九七九）正月には和泉守として受領に任じたのであった。ただし、保章が受領の地位を得たのは、あくまで天元二年の任和泉守によってであり、天延三年の任上総権介によってではない。『外記補任』によれば、保章が上総権介に補されたのと同日に権少外記の官にあった立野有頼が上総介に任じており、上総権介の保章は受領にはなり得なかったのである。

玉井力「受領巡任について」（二〇〇〇〈一九八一〉）によれば、平安時代中期の外記は、〈権少外記→少外記→大外記〉という経路で昇進した後に叙爵され、かつ、受領として転出することになっていた。当時、権少外記に補された者は、翌年には少外記に進み、その翌々年には大外記に昇進したのであり、叙爵はその翌年のことであった。すなわち、平安時代中期には、外記在任四年にして従五位下に叙されることが、事実上の制度として確立していたのである。そして、「外記巡」と呼ばれる当時の事実上の制度により、叙爵にあずかった大外記は、順に受領となって外記局を離れていくことになっていた。

したがって、当時において外記への任官を望んだのは、はじめより受領の地位を望む者たちであったが、保章もまたその一人であったと考えられる。ただし、外記巡にあった保章が一旦は受領ではない上総権介に補されたのは、天延三年には諸国の守に欠員がなかったためであろう。右の玉井の論考によれば、守の欠員に巡り合えなかった元外記などが「宿官」として介や権介に補されて待機させられるのは、当時では一般的なことであった。

また、『尊卑分脈』『医陰系図』いずれの賀茂氏系図も保章が能登守であったとしており、『群書類従』所収の「加茂氏系図」にも同じ記載が見られる。とすれば、保章は和泉守としてのみならず能登守としても受領に任じていた可能性は高い。そして、一度ならず受領を経験した保章は、中級官人としては豊かな生活を享受していたはずであり、十分に成功した中級貴族の一人であったことは間違いない。

さらに、史料的な裏付けはとれないものの、『尊卑分脈』『医陰系図』『群書類従』のいずれの系図にも、従四位上を極位とする保章が文章博士にも任じていたことが見える。もし保章の官歴が諸系図に見える通りのものであったとすれば、保章は文章家としても成功を収めていたことになる。大江・菅原両氏が文章道の主導権を握っていた当時、他氏出身の文章家が文章博士の官に就くのは困難なことだったのである。

なお、先に慶滋保胤の履歴を見た際、保胤が賀茂から慶滋へと改姓した時期として天延二年（九七四）の冬が考えられることに触れたが、この想定の根拠は『外記補任』における保章についての記述にあった。すなわち、既に後藤昭雄「慶滋保胤」〔一九九三〕が指摘しているように、『外記補任』における保章についての表記が、天禄三年から天延二年までの各条では「賀茂保章」であるにも拘らず、天延三年条では「慶滋保章」となっているのである。

賀茂保遠

『尊卑分脈』には権陰陽博士・陰陽助・主計助を歴任したと見え、また、『医陰系図』には陰陽博士・主計助を歴任したと見える賀茂保遠（表4—30）だが、康保元年（九六四）七月の時点で陰陽属の任にあったこと、および、永祚元年（九八九）四月に加階にあずかっていたことを除けば、その官歴を史料によって確認することはできない。保遠についての手がかりは非常に限られているのである。

しかし、陰陽属を経験した賀茂保遠が官人陰陽師であったことは明らかであり、また、保遠についての数少ない手がかりの一つは、彼が一条朝の初期に蔵人所陰陽師の任にあったことを示している。すなわち、次に引く『小右記』に見える如く、伯父にあたる永平親王が没したことを受けて一条天皇が喪に服することになった永延二年（九八八）十一月、保遠は蔵人所において天皇の服喪に関連したさまざまな日時の選勘にあたっていたのである。また、その前年の中宮藤原遵子の行啓に反閇を行ったのも保遠であったが、当時、行幸や行啓の際の反閇は蔵人所陰陽師に期待された役割の一つであった。

○奏二兵部卿永平親王薨由一（中略）、今朝召二保遠於蔵人所一、令レ択二申裁縫錫紵及着御又除御等時剋一、

（『小右記』永延二年十一月二十三日条）

○亥時遷二御四条宮一（中略）、於御簾内保遠朝臣奉二仕反閇一、畢乗二御御輿一、

（『小右記』永延元年二月七日条）

この頃の陰陽道第一者は安倍晴明であり、その位階は正五位下であった。そして、その晴明とともに蔵人所陰陽師の任にあった保遠は陰陽道第二者の立場にあったはずであり、その位階は従五位上であったと考えられる。先にも触れたように保遠は永祚元年（九八九）四月に加階にあずかっているが、同年六月二十五日の『小右記』を最後に諸記録に登場しなくなる保遠にとっては、これが最後の加階であったろう。したがって、正五位下を保遠の最終的な位階とする『尊卑分脈』や『医陰系図』に従うならば、永祚元年四月以前の保遠は従五位上の位階にあったはずなのである。

そして、陰陽道第二者の立場にあった頃の保遠は、しばしば陰陽寮の職務において中心的な役割を果たしていた。例えば、『小右記』によれば、寛和元年（九八五）三月十日に宮中の穢の有無を判ずる卜占を行ったのは保遠であり、

永延二年（九八八）十一月十四日に賀茂臨時祭を延引することの可否を判ずる卜占を行ったのも保遠であった。また、『小右記』永祚元年六月二十五日条には、下賀茂社での怪異についての軒廊御卜において、保遠が陰陽寮としての卜占を行ったことが見える。

現在では、賀茂保憲あるいは慶滋保胤の兄弟として以上には、保遠が取り上げられることはほとんどない。しかし、右に見たように、保遠が一条朝初期において主だった官人陰陽師の一人だったことは間違いないのである。

なお、『尊卑分脈』賀茂氏系図においては、保遠もまた賀茂から慶滋へと改姓したことになっているが、『医陰系図』賀茂氏系図および『群書類従』所収の「加茂氏系図」には、その旨の記載はない。そもそも、保胤や保章の慶滋への改姓が文章家となることを選んだがゆえの改姓であったとすれば、保憲と同じく陰陽師としての処世を選んだ保遠がこれに同調する必要はなかったはずである。そして、管見の限り、保遠と同時代の記録や文書からは、保遠が慶滋姓を用いていたことを示す根拠は見出されない。保遠については、生涯を賀茂保遠として過ごしたと考えていいだろう。

第二節　賀茂忠行の孫たち

賀茂忠行の孫の中で最も名を知られているのは、おそらく、保憲を父とする賀茂光栄であろう。本書のこれまでの各章にもしばしば登場した光栄は、平安時代中期の貴族社会において優秀な陰陽師として認められた一人であり、当時の主だった官人陰陽師の一人であった。しかし、賀茂保憲の息子は光栄一人ではなく、また、保憲の息子の全てが陰陽師になったわけではなかった。『医陰系図』賀茂氏系図には、保憲の息子として光栄・光国・光輔の名が見えており、光栄のみならず、光国・光輔についても、諸記録よりある程度はその履歴を明らかにすることができる。そして、「光」を通字とする三兄弟は、以下に見ていくように、それぞれに異なる進路を選んでいたのである。

また、『医陰系図』賀茂氏系図によれば、保胤・保章・保遠にもそれぞれ一人ずつの息子があった。慶滋忠順（保胤男）・慶滋為政（保章男）・賀茂資光（保遠男）の三人である。そして、系図に「無官」とされる資光の履歴は全く不明であるものの、慶滋姓の忠順および為政は父親と同じく文章家としての進路を選んでいた。ただ、保章を父とする為政が諸記録に名前を見せるのに対して、保胤を父とする忠順の名は系図にしか見えない。そのため、本節では特に慶滋為政についてその履歴を見ていくことになる。

賀茂光栄

『小右記』長和四年（一〇一五）六月七日条に「今日右京権大夫光栄卒年七十七」と見えることから逆算して、賀茂光栄（表4—31）が生まれたのは天慶二年（九三九）であった。『尊卑分脈』賀茂氏系図に延喜十七年（九一七）の生まれとされる賀茂保憲が二十三歳のときに儲けた男子だということになる。その賀茂光栄の補任が確認される最初の官職は権暦博士であり、光栄は三十五歳になる天延元年（九七三）の十一月までに権暦博士の官を得ていた。そして、着任時の年齢から見て、この任権暦博士こそが光栄のはじめての任官であったろう。父親の保憲と同様、光栄も造暦を職掌とする官職から官歴をはじめたと考えられるのである。

その後の光栄は、天延三年（九七五）六月までに正官の暦博士に転じるとともに、叙爵されて従五位下の身となるが、さらに、四十八歳になる寛和二年（九八六）の十一月までに従五位上の暦博士となっている。しかし、賀茂光栄が暦博士の官を帯びていたことが確認できるのはこの寛和二年十一月までであり、正暦四年（九九三）十一月までに光栄は大炊権頭に任じている。ただし、暦博士から大炊権頭に転じた後でも、光栄は造暦に携わっていた。長徳四年具注暦の奥書に「正六位上行暦博士大春日朝臣栄種」の署名とともに「正五位下行大炊権頭兼播磨権介賀茂朝臣光栄」の署名が見られる如くである。

なお、この署名は長徳三年（九九七）十一月一日付のものであり、したがって、賀茂光栄は五十九歳となるこの頃までに正五位下に加階されていたことになる。そして、光栄が暦博士を退いたのは、その加階のためであったろう。既に第八章において検討したように、暦博士は正五位下官人の留まり得る官職ではなかったのである。そして、この時期の光栄については、宣旨を蒙って造暦に携わる身であったと考えられる。

また、賀茂光栄は暦博士となってより三十年を経ずして正五位下にまで昇ったことになるが、この位階昇叙の速度が一般的な陰陽寮官人のそれに比して格段に速いことは、第八章に見てきたところから明らかであろう。第八章に見たように、官職の面では陰陽頭にまで昇進し得た者でさえ、正六位上から従五位下を経て従五位上にたどり着くには三十数年を要したのである。そして、光栄の位階昇叙が殊更に速かったのは、暦博士として、あるいは、造暦宣旨を蒙る者として、三十年にも亙って造暦に携わっていたためだと考えられる。これも第八章で述べた如く、造暦に携わる者は、他の陰陽寮官人に比して位階昇叙の機会に恵まれていた。

そして、長保二年具注暦の奥書には、長保元年（九九九）十一月一日の日付で、「正六位上行暦博士大春日朝臣栄種」および「正五位下行大炊頭兼播磨権介賀茂朝臣光栄」の署名が見え、光栄が大炊権頭から正官の大炊頭に転じたことが知られる。しかし、光栄が大炊寮の長官である大炊頭に補されたのは、賀茂光栄という官人に大炊寮の職務への適性があると認められたためではなく、当時の光栄が「一道之長」という立場にあったためであった。そうした事情は、次に引く『権記』に明らかである。

○依レ召参二御前一、承二除目之事一、仰二民部卿一、以二正五位下大炊権頭賀茂朝臣光栄一為レ頭雖レ不レ知二堪否一、依レ為二一道之長一被レ任

（『権記』長徳四年八月二十七日条）

ここで賀茂光栄がその「長」と見做された「一道」とは、すなわち、暦道のことであろう。陰陽道が陰陽師たちの同業者集団であったように、造暦の技能を持つ人々（暦家）による同業者集団が暦道であり、その長を仮に「暦道第一者」と呼ぶとすれば、十世紀末葉のこの時期、賀茂光栄は暦道第一者の立場にあった。そして、それは、遅くとも、光栄が従五位上の暦博士となっていた寛和二年（九八六）十一月の頃からであったと考えられる。

このように一条朝期に暦道第一者の立場にあった賀茂光栄は、当時、陰陽師としては陰陽道第二者の立場にあった。序章にも述べたように、その頃の陰陽道第一者は安倍晴明である。そして、その安倍晴明が没した後、具体的には寛弘二年（一〇〇五）の冬頃より、賀茂光栄は暦道第一者とともに陰陽道第一者の立場をも占めることになる。

陰陽道第一者となってからの賀茂光栄の活動については、既に第八章でも触れた。そして、光栄が父の名に恥じぬ優秀な陰陽師であったことは、例えば『権記』寛弘八年五月九日条に「光栄之占如レ指レ掌、可レ謂レ神也」と見える如くである。光栄の息子の守道が陰陽道上臈として活躍した時代の貴族社会において、保憲流賀茂氏は陰陽道の権威と見做されていたが、それは、保憲自身が優秀な陰陽師であったことに加え、その息子の光栄が優秀な陰陽師であったことにもよっていたと見るべきだろう。

しかし、当時の貴族社会において優秀な陰陽師として認められていた賀茂光栄も、その暮らしは必ずしも豊かなものではなかった。次に引く『中外抄』によれば、藤原頼通（故宇治殿）が眼にした賀茂光栄の身なりは、乱れた頭髪に擦り切れた着衣（「髻モ不レ搔、表衣・指貫ハ希有にて」）という、みすぼらしいものだったのである。「諸道之人、上古不レ好二衣服一、以二才芸一為レ先也」という文脈があるにしても、ここに語られる光栄の身なりのひどさは、「不レ好二衣

服二」という域をはるかに越えている。

○諸道之人、上古不レ好二衣服一、以二才芸一為レ先也、光栄ハ上東門院御産日ハ、鬢モ不レ掻、表衣・指貫ハ希有にて、着二平履一テ入レ自二中門一、直ニ至二階隠間一テ候二御縁一テ、表衣の下ニハ布ノ合タルヲ着タリ、自二懐中一蝨ヲ取出テ高欄ノ平ケタニ宛テ、大指して殺ケリ、此旨故宇治殿被二語仰一、（『中外抄』上保延三年六月十二日）

藤原忠実の口述をまとめた平安後期成立の談話集が『中外抄』であるが、右の逸話は忠実が曾祖父の頼通から直接に聞かされたものであり（「此旨故宇治殿被二語仰一」）、その内容に信頼を置いても問題はないだろう。そして、右の「上東門院御産日」というのは、一条天皇中宮の藤原彰子が敦成親王を産んだ寛弘五年（一〇〇八）九月十一日のことであり、したがって、ここに語られる賀茂光栄は、少なくとも正五位下の位階を持つ、陰陽道第一者の官人陰陽師であった。しかし、そのような立場にありながらも、光栄には身なりを整えることもままならなかったのである。

賀茂光国

次に引くのは、天文得業生惟宗忠盛を天文博士に補すことを申請する嘉保二年（一〇九五）正月二十二日付の文書であるが、この文書には、天文博士に欠員がある場合に天文得業生を以て補充した先例として、惟宗是邦（表4—47）や安倍章親（表4—6）の例とともに賀茂光国（表4—32）の例が挙げられている。この光国が賀茂保憲のもう一人の息子であり、光栄が権暦博士に補されたのと前後して権天文博士の官に就いたのである。

○従五位上行主計権助権天文博士安芸介安倍朝臣親宗誠惶誠恐謹言

請下殊蒙二天恩一、因三准先例二、以二天文得業生正六位上惟宗朝臣忠盛一拝中任博士欠上状、

自二得業生一依二挙状一、被レ拝三任博士二例

惟宗是邦天延元年□月任　賀茂光国同二年六月任　安倍章親寛仁三年十月任

（中略）

嘉保二年正月廿二日　従五位上ーーー

（『朝野群載』第十五天文道）

次に引く『尊卑分脈』や『帝王編年記』には、天文博士・暦博士を歴任した賀茂保憲が、暦のみを自身の家系の家業として残し、天文を安倍晴明の家系に譲ることを企図したと見える。しかし、賀茂保憲の息子の一人が天文得業生を経て天文博士に補されたことは動かしようのない事実であり、保憲に『尊卑分脈』や『帝王編年記』の言うような意図があったとは考えられない。

○掌二天文・暦数一一家兼二両道一、而保憲以二暦道一伝二其子光栄一以二天文道一伝二弟子安倍晴明一、自レ此已後両道相分云々、

（『尊卑分脈』賀茂氏系図）

○安倍晴明是時人也、掌二天文・暦数事一、昔者一家兼二両道一、而賀茂保憲以二暦道一伝二其子光栄一以二天文道一伝二弟子晴明一、自レ此已後両道相分、

（『帝王編年記』永延元年二月十日条）

天延二年（九七四）に天文得業生から天文博士（おそらくは権官）に補された光国にとっては、先任の天文博士である安倍晴明とともに、前天文博士の賀茂保憲が師であったはずである。したがって、第九章でも述べたように、保憲が暦と天文との「両道相分」を企図したとすれば、それは、光栄流賀茂氏の暦道と光国流賀茂氏の天文道との「両道相分」であったろう。しかも、陰陽頭を辞した後にも天文博士の官を帯び続けたことからは、保憲がより重要視したのは暦ではなく天文の方であったとも考えられるのである。

しかし、いずれにせよ、表4に明らかな如く、遅くとも長保二年（一〇〇〇）四月までには天文博士および権天文博士の官は安倍吉昌（表4—3）と縣奉平（表4—1）との占めるところとなっており、この頃までに光国が天文博

士あるいは権天文博士を辞していたことが知られる。しかも、次に引く『権記』からは、その頃の賀茂光国が陰陽寮のいずれの官職にも就いていなかったことが窺われる。

○依レ勅召二大炊頭光栄一、仰乙可レ令下二前内蔵允光国一習中伝暦道上之事甲、申云、当道事者、以二光栄子息一可レ令二習継一、但光国者尤可レ被二採用一、陰陽助若博士有レ欠之時、可レ被二拝任一歟、

（『権記』長保二年七月九日条）

暦博士が欠員となっていたために造暦が遅れていた当時、賀茂保憲の息子である光国を暦博士に補して造暦にあたらせるという案が一条天皇の裁可を得た。しかし、勅命によってこの案についての意見を求められた光栄は、暦道は自身の息子に習わせるべきであるとして提示された案には同意せず、光国については、暦博士ではなく陰陽助あるいは陰陽博士として採用されるべきである旨を述べたのであった。

右の『権記』は、これまでにも賀茂光栄が暦道を掌握していたことを示すためにしばしば引用されてきたが、ここで特に注目したいのは、賀茂光国が前内蔵允であったこと、および、光国が陰陽助や陰陽博士の候補とされていることである。光栄が陰陽助あるいは陰陽博士に推したことから見て、光国が陰陽師としての素養を備えていたことは間違いない。しかし、その光国が長保二年当時に陰陽寮官人ではなかったことも明らかである。前内蔵允として扱われる光国は、おそらく、その時点では散位の身にあったのだろう。

管見の限り、この後にも賀茂光国が陰陽寮の官職に任じることはない。その一方で、『小右記』長和四年（一〇一五）十月二日条からは、この頃までに再び内蔵允に補されたことが知られる。そして、光栄が享年七十七で没したのが長和四年の六月であったことからすれば、内蔵允として復任した光国がそのまま二度と陰陽寮官職を帯びることなく没したとしても不思議はない。また、光国が特に陰陽師として活動したことを示す記録はなく、光国の場合、陰陽師としての渡世にはあまり積極的ではなかったと考えられる。

そして、遅くとも長和四年頃までには、賀茂光国は中納言藤原時光の家司を務めるようになっていた。例えば、『小右記』長和四年九月三十日条によれば、藤原実資が病床の時光を見舞う使者を遣したところ、時光家にてその使者の応対にあたったのは光国であった。また、『小右記』同年十月二日条に見えるように、その病状が悪化した時光は中納言を辞する旨の上表を進めたが、これを太政官に届けたのも光国だったのである。

賀茂光輔

賀茂光輔という賀茂保憲のいま一人の息子の場合には、はじめから陰陽師とは全く無関係な身の立て方を選んでいた。すなわち、次に引く安和元年（九六八）八月二十二日付の宣旨に「紀伝学生賀茂光輔」と見えるように、光輔は大学寮諸生である文章生（紀伝学生）となっていたのである。そして、この宣旨を蒙った文章生光輔は、光栄や光国が正規の陰陽寮官人となるに先立ち、撰国史所に配属されたのであった。

○　大主鈴秦春樹　　紀伝学生賀茂光輔

被㆓右大臣宣㆒仰、奉㆑勅、件等人宜㆑令㆑直㆓撰国史所㆒者、

安和元年八月廿二日　　大外記菅乃朝臣正統奉

（『類聚符宣抄』第十可給上日人々撰国史所）

その後の光輔については、『小右記』正暦元年（九九〇）十月十五日条に「今朝賀茂光輔朝臣裸袒抜㆑釼走㆓入摂政殿㆒、狂乱云々」と見え、摂政藤原道隆邸での狼藉に及んだことが知られるものの、詳しいことはわからない。ただ、『外記補任』からは、光輔が外記を経て受領に転じていたことが知られる。

『外記補任』によれば、賀茂光輔が権少外記に補されたのは永観二年（九八四）十月のことであった。五十歳を前

にした光栄が従五位上の暦博士となった頃である。そして、権少外記に補される以前の光輔の官歴について、『外記補任』は「元弾正大忠・天禄元年大炊□・天延四年正月弾正少忠」と記す。これに従えば、文章生として撰国史所に配されてより二年ほどを経た天禄元年（九七〇）に大炊允もしくは大炊属に補された光輔は、貞元元年＝天延四年（九七六）正月に弾正少忠に転じると、弾正大忠への昇進を果たしつつ、数年を弾正台官人として過ごしたのであった。

その後、永観二年十月に弾正台から外記局に転属した光輔は、外記としての順調な昇進を経て、外記巡によって従五位下に叙されるとともに受領として転出している。すなわち、『外記補任』によれば、まずは寛和元年（九八五）十二月に少外記に、翌寛和二年十一月に大外記に任じており、権少外記に補されてより三年ほど後の永延元年（九八七）七月には、叙爵にあずかるとともに筑後守に任じたのであった。

そして、筑後守を務めた後も、光輔は受領として世にあった。『本朝世紀』長保元年（九九九）三月七日条には豊前守として「国守光輔」のことが見えるが、これは賀茂光輔のことであろう。『医陰系図』所収の賀茂氏系図および『続群書類従』所収の「賀茂系図」が賀茂光輔を豊前守としているのである。陰陽・暦・天文などとは無縁の進路を選んだ光輔も、光栄と前後して従五位下に叙されたのであり、かつ、当時の中級貴族たちの羨望の的であった受領の地位を得たのである。

なお、右の『本朝世紀』を最後に賀茂光輔の名が記録に登場することはなくなる。長保元年には賀茂光栄も既に六十一歳になっており、その兄弟の光輔がこの頃に没したことは十分に考えられよう。

慶滋為政

『外記補任』によれば、長徳四年（九九八）十月に権少外記に補された慶滋為政は、翌長保元年（九九九）に少外記、長保五年（一〇〇三）に大外記に任じている。当時、少外記は在任二年で大外記となり得たところを、為政は四年に亙って少外記に留まっていたが、それは、『外記補任』長保三年条に「少外記慶滋為政自二去年七月一恐二転任一」と見える如く、為政自身が大外記に転ずることを辞退したためであった。これより以前、為政は少外記として未決囚赦免の詔書を作成したことがあったが（『権記』長保二年五月十八日条）、その詔書には怠状を進めねばならないほどの誤りがあったのである（『日本紀略』長保三年五月十三日条）。そして、為政が大外記への昇任を辞退したのは、この失態に恐縮したためであったと考えられる。

しかし、そうした失敗があったにも拘らず、大外記となった慶滋保胤は、やはり、外記巡によって叙爵にあずかるとともに受領の地位を得ていた。『外記補任』によれば、長保五年正月に大外記として従五位下に叙され、寛弘二年（一〇〇五）には加賀権守に、同三年正月には能登守に補されたのである。在任期間の短さから加賀権守には受領として任じたのではなかったと考えられるが、能登守に補されたのは受領としてであったろう。

『外記補任』長徳四年条には、権少外記の慶滋為政について「元文章生・又蒙二方略宣旨一課試及第・月日任二丹後掾一・長徳四年月日方略試・同年十月廿二日任」との記載が見え、為政が文章生外国を経て長徳四年に方略試に及第したうえで外記に任じたことが知られる。慶滋為政は文章家だったのであり、その才は方略試を受ける以前から評価されていた。『権記』長徳三年十二月十二日条には、藤原道長邸での作文において序者を務めたことが見えている。

そして、文章家として身を立てることを選んだ為政は、『権記』寛弘元年（一〇〇四）九月二十五日条に見えるように、朝廷に対して慶滋姓を小野姓に改めることの許可を願い出ていた。この申請は却下されてしまうものの、為政はより文章家らしい姓を名乗りたがっていたのである。九世紀に小野篁・小野永見・小野岑守といった著名な文人が出ていたように、小野は文章家にはふさわしい姓であった。

その文章家らしい姓を名乗ることが許されなかったとはいえ、為政の官歴は文章家にはふさわしいものであった。『尊卑分脈』は慶滋為政が式部少輔・内蔵権頭・文章博士を歴任したとするが、寛弘八年（一〇一一）三月十九日の『権記』および翌日の『小右記』からは、為政が式部少輔の任にあったこととともに、式部少輔為政が大内記をも兼任したことが知られる。そして、内蔵権頭については寛仁二年（一〇一八）正月二十一日の『小右記』および『左経記』によって、文章博士については寛仁二年十月二十二日の『小右記』および『御堂関白記』によって、慶滋為政がその任にあったことが裏付けられる。

また、慶滋為政は経済的にも恵まれた境遇にあったと考えられる。というのも、諸系図には見えないながら、為政は一度ならず河内守に補されていたからである。『権記』に見える寛弘八年（一〇一一）十月五日の除目において補任されたのが初回の任河内守であり、また、『小右記』万寿二年（一〇二五）三月六日条に河内守為政が藤原実資のもとに下向の挨拶（罷申）に訪れたことが見えることから、二度目の任河内守は万寿二年正月の臨時の除目においてであったと考えられる。さらに、長久四年（一〇四三）七月八日付の「河内国司解」（『朝野群載』巻第二十六諸国公文中）に「前司従四位上善滋朝臣為政不レ勤ニ交替一、左右遁避、其身既卒」と見えるように、慶滋為政の任河内守は三度に及んでいた。

この三度の任河内守のいずれもが受領としての補任であったとすれば、為政は豊かな中級貴族であったろう。為政が受領となった能登国や河内国は殊更に豊かな国ではなかったが、当時の中級貴族の誰もが為政ほど頻繁に受領となり得たわけではない。しかも、受領となる機会の多かった為政は、位階昇叙の機会にも恵まれていたことになる。治国の功によって加階されることがあったためである。右に引いた「河内国司解」から知られるように、為政は従四位上を極位として没したのであった。

そして、慶滋為政がこれほどまでに位階や官職に恵まれた理由の一つは、権門藤原実資を後ろ盾としていたことにあったと考えられる。渡辺直彦「藤原実資家「家司」の研究」(一九七二〔一九六九〕)が明らかにしているように、為政は藤原実資家の家人であった。そして、渡辺によれば、当時、権門の家人となった中級貴族たちは、その本主に対して主として経済的に奉仕したのであり、その反対給付として官職や位階の斡旋を受けたのである。大江氏・菅原氏によって独占されていた東宮学士の官に就こうと、為政が実資に口添えを願ったのも(『小右記』長和五年二月十八日条)、実資が為政を家人としていたからこそであろう。

第三節　賀茂氏の事情

『尊卑分脈』『医陰系図』『群書類従』のいずれの賀茂氏系図においても、賀茂忠行の四人の息子たちは保憲・保胤・保章・保遠の順に記されており、従来、この順序が賀茂忠行を父とする四兄弟の先後関係を示すものとして受け入れられてきた。しかし、平安時代後期の大江匡房が「慶保胤者、賀茂忠行之第二子也」(『続本朝往生伝』慶滋保胤伝)と証言していることを除けば、保憲・保胤・保章・保遠という順序を裏付ける根拠があったわけではない。そして、第一節に整理した四人の履歴に照らす限り、右の順番には幾つか不自然な点が認められる。しかも、保胤を四兄弟の次兄と見做す点にこそ、幾つかの疑問が浮かぶことになるのである。

通説において賀茂忠行の次男とされる保胤が方略試の受験資格を得るために文章生外国の近江掾に任じたのは、貞元二年(九七七)の八月を挟む時期であった。しかし、その頃、保胤弟(忠行三男)とされる保章は、既に従五位下の元大外記として受領の有力候補となっていた。同じく文章生を出身とする兄弟でありながら、兄保胤がいまだ方略試を受けてもいないときに、弟保章は既に叙爵にあずかった身で受領となる順番を待っていたのである。場合によっては、いずこかの国の国衙において守保章が掾保胤を下僚として従えることもあり得ただろう。

また、保胤が従五位下を最終的な位階として出家入道したのは寛和二年（九八六）の四月のことであったが、保胤の弟（忠行四男）とされる保遠は、その三年後の永祚元年の四月に従五位上から正五位下に加階されている。従五位下の兄保胤が出家したとき、弟保遠は従五位上の位階にあったのである。しかも、康保元年（九六四）七月に陰陽属として正六位上の位階にあったはずの保遠は、それから永祚元年までの足掛け二十六年の間に三度の加階にあずかったのであり、したがって、兄保胤が文章生外国の近江掾であった貞元二年（九七七）八月の時点でも、既に少なくとも従五位下には叙されていたと考えられる。

そして、保胤が近江掾であったことの確認される貞元二年は、『尊卑分脈』の示す保憲の没年でもある。保胤がいまだ方略試を受けることもないうちに、保憲は従四位にまで昇って没したのであった。しかし、通説において四兄弟の長兄・次兄とされる保憲・保胤であるが、二人の年齢差はやや大き過ぎるように思われる。すなわち、延喜十七年（九一七）生まれの保憲と承平年間（九三一～三八）生まれの保胤との間には、親子ほどの年齢差が見られるのである。

しかし、保胤の昇進が保章・保遠のそれに比して遅いことも、また、保胤と保憲との年齢差が大き過ぎることも、もし保胤を四兄弟の末弟と見做すならば、いずれも不自然なことではなくなる。弟の昇進が兄たちより遅くなるのは全く普通のことであろうし、また、長兄と末弟との間にならば幾らか大きな年齢差が生じることもあるだろう。賀茂忠行の息子である四兄弟の生まれ順は、諸系図に見える保憲・保胤・保章・保遠ではなく、保憲・保章（保遠）・保遠（保章）・保胤であったと考えられるのである。

確かに、『続本朝往生伝』には「慶保胤者、賀茂忠行之第二子也」と見える。しかし、その『続本朝往生伝』は、本章の冒頭に述べたように、十一世紀後半以降の保憲流賀茂氏の状況に幻惑され、いまだ陰陽寮官人輩出氏族とは呼び難い十世紀中頃の賀茂氏を「累葉陰陽之家」と見做す誤謬を犯してもいる。とすれば、大江匡房が保胤を忠行の次男と見做したのも、貴族層の間で流布することとなった『日本往生極楽記』を著した保胤が、匡房の生きた平安後期において、保章や保遠に比して格段に高い知名度を持っていたからに過ぎないのではないだろうか。

ただ、賀茂保憲と慶滋保胤とが賀茂忠行を父とする四兄弟の長兄と末弟とであったとしても、それでもなお、保憲と保胤との年齢の差はやや大き過ぎるように思われる。そして、この点を説明するうえでは、保憲・保胤の二人が異母兄弟であった可能性をも想定するべきだろう。平安時代中期の貴族社会において、兄弟姉妹が母親を異にするのは珍しいことではなく、かつ、異母兄弟であれば、その年齢が親子ほどに離れることもあっただろう。

そして、同じく賀茂忠行を父とする兄弟でありながら、保憲・保遠の二人が陰陽師となり、保章・保胤の二人が文章家となったことを説明するうえでも、保憲・保遠と保章・保胤とでは母親が異なっていたことが想定されてもいいのではないだろうか。また、これまで全く顧みられなかったことではあるが、保憲・保遠と保章・保胤とが全く異なる経歴を持つことになった背景として、それぞれの母親の家系の影響をも考えるべきではないだろうか。周知の如く、当時の貴族層の人々は、その父親の家系によってのみならず、母親の家系によっても人生を大きく左右されたのである。

ここで筆者が具体的に想定しているのは、まず第一に、既に陰陽寮官人輩出氏族の女性と婚姻関係を持っていた賀茂忠行が、文章家の家系の女性とも婚姻を結んだということであり、第二に、忠行の二人の妻のうち、陰陽寮官人輩出氏族の妻が保憲・保遠を産み、文章家の家系の妻が保章・保胤を産んだということである。そして、殊更に暦と関係があったわけでもない家系の保憲が暦生となっていたことからは、その頃に暦博士の輩出した大春日氏の女性が保憲および保遠の母親であったことが推測できる。また、前節に見た如く、保章の子の為政が小野姓への改姓を申請したことからは、小野氏の女性が保章・保胤の母親であったことが推測される。

第一節にも示したように、賀茂保憲は暦生の身ながら暦博士大春日弘範とともに暦を造るべしとの宣旨を蒙ったことがあったが、暦生を造暦に携わらせることは異例の措置であり、その裏には弘範の意向があったと見られる。当時、暦博士・権暦博士の官職は大春日氏と葛木氏とによって占められていた。ところが、『日本紀略』承平六年十月十一日条に「権暦博士葛木茂経申下請被レ給二官符一、毀二暦博士大春日弘範造進来承平七年謬暦一事上」と見える如く、暦をめぐる家説の違いから対立を深めていた大春日・葛木両氏は、共同で造暦にあたれるような状態にはなかった。こうした状況下に、造暦を急ぐ暦博士大春日弘範は、互いに協調し合えない権暦博士の葛木茂経に代えて、暦生賀茂保憲を起用したのである。

そして、ここで弘範が大春日氏の子弟ではなく他氏の保憲を抜擢したのは、保憲の母親が弘範に近い筋の大春日氏だったためではないだろうか。あるいは、保憲が弘範の孫なり甥なりであったことも考えられなくはない。保憲が暦道に進出した後の大春日氏は、第九章に見た如く、十世紀の終わり頃までは保憲流賀茂氏と暦博士・権暦博士の官職を分け合っていたものの、十一世紀には暦博士・権暦博士の官職から撤退してしまう。しかし、保憲の母親が大春日氏であったとすれば、その女性を通して、暦博士輩出氏族としての大春日氏の系譜は、保憲流賀茂氏のうちに受け継がれたと見ることもできよう。

また、父の慶滋保章と同じく文章家として身を立てることを選んだ為政が慶滋姓から小野姓への改姓を望んだのは、より文章家らしい姓を名乗るためであったが、ここで特に小野姓が選ばれたのは、それが為政にとっては縁のある姓だったためであろう。そして、その縁として考えられるものの一つが、保章および保胤の母親が小野氏だったことである。保章・保胤の母親が小野氏であったとすれば、現実に小野氏の血を引くことになる為政が小野姓への改姓を考えたとしても、それはけっして突飛なことではあるまい。

そこに大春日氏の女性や小野氏の女性が関わっていたか否かは別として、その年齢差に注目するならば、やはり、賀茂保憲と慶滋保胤とが異母兄弟であった可能性も考慮されるべきである。そして、陰陽師の保憲と文章家の保胤とが異母兄弟であったとすれば、彼らの進路の違いが母親の家系の違いを背景としたものであったという想定をも視野に入れるべきであろう。

ところで、賀茂忠行の四人の息子たちのうちで中級貴族あるいは中級官人として最も成功したのが誰であったかと言えば、それは、次男あるいは三男と目される保章ではないだろうか。『尊卑分脈』『医陰系図』『群書類従』いずれの賀茂氏系図も、慶滋保章の極位を従四位上とするが、その従四位上は中級貴族の誰もが到達し得るような位階ではなかった。そして、諸系図は保憲もまた従四位上に叙されたとするものの、諸国の受領に任じた保章は、兄弟の誰よりも裕福な中級貴族であった。それに加えて、諸系図に文章博士を務めたことが見えるように、保章は文章家としても成功していたのである。

さらに、賀茂忠行の孫たちの中では、保章の息子の慶滋為政こそが最も成功した中級貴族・中級官人であったろう。忠行の孫たちにおける位階最上位者は、系図に従四位上に叙されたと見える光栄（保憲男）・為政（保章男）・忠順（保胤男）の三人であり、特に為政については、前節に示した如く、系図以外の史料からも従四位上を最終的な位階としたことが確認される。また、忠行の孫たちの中で受領に任じたのは、光輔（保憲男）と為政とであったが、より裕福な中級貴族だったのは、筑後守と豊前守とを一度ずつ務めた光輔ではなく、能登守を務めた後に三度に亙って河内守を務めた為政の方であろう。そして、式部少輔・文章博士・大内記を歴任した為政は、父親の保章と同様、文章家としても成功を収めていたのである。

しかし、賀茂忠行の息子たちの中で死後にもその名前が語り継がれることになったのは、息子の為政とともに中級貴族として文章家として成功した慶滋保章ではなく、賀茂保憲・慶滋保胤の二人であった。保憲の場合には陰陽師として、保胤の場合には念仏者として、後世の人々からある種の権威と見做されることになる。そして、代々に四位・五位を出す中級貴族の家系として平安中期以降の貴族社会に定着し得た賀茂氏は、保憲流賀茂氏だけであった。他の賀茂氏あるいは慶滋氏が中央の貴族社会から姿を消していく流れの中でも、この保憲流賀茂氏だけは、「累葉陰陽之家」として、すなわち、陰陽寮官人輩出氏族として、貴族社会を構成する家系であり続けた。

そして、にわかに陰陽道に参入した賀茂氏が容易に陰陽寮官人輩出氏族として定着し得た理由は、賀茂氏から出た陰陽師たちの優秀さよりも、当時の陰陽寮をめぐる状況にあったと考えられる。すなわち、賀茂氏が陰陽寮官人を出しはじめた当時、それまで陰陽寮官人を出してきた諸氏族は、かなりの人材不足に陥っていたと考えられるのである。

例えば、保憲流賀茂氏の陰陽寮官人輩出氏族としての台頭の足がかりは暦博士という官職であったが、保憲流賀茂氏が代々に暦博士を出し得たのは、表11に明らかなように、古参の暦博士輩出氏族の一つであった葛木氏が暦博士を出さなくなったためであった。また、葛木氏から暦博士が出なくなった際、もう一つの古参の暦博士輩出氏族であった大春日氏が暦博士を独占してしまうことにならなかったのは、当時の大春日氏にはそれを可能にするだけの人材がいなかったためだろう。もちろん、婚姻などを通じて賀茂氏と友好的な関係にあった大春日氏が暦博士の官を賀茂氏と分け合おうとしたことも想定できるが、十一世紀にはただ一人の暦博士を出すこともなくなる大春日氏は、既に十世紀のうちから人材不足の状態に陥りつつあったものと考えられる。

また、明経を専門として大学寮の助教という官職を帯びていた十市良佐が、延長八年(九三〇)七月に天文奏を進めるべしとの宣旨を蒙っているように(『類聚符宣抄』第九進天文奏人)、当時は天文奏を職務とする天文博士・権天文博士という官職が十分に機能していなかった。天文博士・権天文博士に安定的に人材を供給する家系が存在しなかったためである。そのような状況下、賀茂保憲は天文博士にも任じたのであり、かつ、保憲男の光国が権天文博士に補されたのであった。結局、保憲流賀茂氏は天文道からは撤退してしまうが、しかし、晴明流安倍氏が継続的に天文博士・権天文博士を出すようになるまで、平安時代中期には天文博士輩出氏族として扱われるべき家系は存在していなかったのである。

そして、第九章に見た如く、賀茂保憲が陰陽道に参入した頃、暦博士や天文博士を除く陰陽寮諸官職に多くの人材を出していたのは秦氏であったが、この古参の陰陽寮官人輩出氏族であった秦氏においても、徐々に人材不足が進んでいたと考えられる。表10および表11の示すように、惟宗氏を名乗るようになっていた十一世紀には、同氏が陰陽寮の主要官職を占めることはほとんどなかった。とすれば、十世紀にも十一世紀にも多くの陰陽寮官人を出した秦氏の場合、頭数のうえでの人材不足に陥ることはなかったものの、供給する人材の質が低下しつつあったと見ていいだろう。

このように、十世紀中葉における陰陽寮は、良質の人材を安定的に確保することが困難な状況に置かれていた。したがって、そうした折に優秀な陰陽寮官人であった賀茂保憲にとっては、その職務に堪える息子がありさえすれば、自身が帯びていた陰陽寮官職をその息子に譲ることはけっして難しくなかったと考えられる。そして、折よくも賀茂光栄は父に劣らぬ優秀な人材であった。

一方、保章流慶滋氏や保胤流慶滋氏が平安時代中期以降の貴族社会に文章家の家系として定着することがなかったのは、当時、大学頭や文章博士をはじめとする文章家の就くべき官職には人材が溢れていたためだと考えられる。そうした状況下に文章博士に任じた保章・為政の父子は間違いなく優秀な文章家であったろう。また、『本朝文粋』に多くの作品を残す慶滋保胤が優秀な文章家であったことは疑うべくもなく、その息子で『医陰系図』には方略試に及第して従四位上の民部大輔となったと見える忠順も凡庸な人材ではなかっただろう。しかしながら、既に文章家の家系として定着していた大江氏および菅原氏が、文章家の就くべき官職の多くを世襲的に独占しつつあった当時において、慶滋氏のような新興の文章家の家系には、継続的に文章家の就くべき官職を得ることは困難だったのである。

第四節　平安貴族社会の陰陽師

十世紀後葉の文章家として念仏者として知られる慶滋保胤について、十二世紀前葉に成立した『続本朝往生伝』は、彼が賀茂忠行の子として「累葉陰陽之家」に生まれたことを特記する。しかし、史実に依拠するならば、慶滋保胤が生きた十世紀当時の貴族社会において、賀茂氏が「累葉陰陽之家」と見做されていたとは考えられない。保胤の父である忠行こそが、賀茂氏から最初に出た陰陽師だったのである。

そして、『続本朝往生伝』が慶滋保胤について「出㆓累葉陰陽之家㆒」と記したのは、大江匡房が同書を著した十二世紀前葉の貴族社会において、保胤の兄である賀茂保憲の家系が「累葉陰陽之家」として認知されていたためであった。十一世紀中葉以降、貴族社会の人々は、保憲流賀茂氏を代々に陰陽師を出す家系と見做していたのである。次に引く『新猿楽記』には賀茂道世という名の陰陽師が登場するが、この架空の陰陽師の名前は、賀茂保憲を曾祖父とする賀茂道平（表4―35）やその息子の賀茂道清（表4―36）・賀茂道言（表4―37）などに由来すると見られる。藤原明衡が『新猿楽記』を著した十一世紀中葉の貴族層の人々にとって、保憲流賀茂氏は代表的な陰陽師の家系だったのである。

○十君夫陰陽先生賀茂道世、金匱経・枢機経・神枢霊轄等之無レ所レ不レ審、四課三伝明々多々也、占二覆物一者如レ見レ目、推二物怪一者如レ指レ掌、進二退十二神将一、前二後三十六禽一、仕二式神一、造二符法一、開二閉鬼神之目一、出二入男女之魂一、凡都覧反閇究レ術、祭祀・解除致レ験、地鎮・謝罪・呪術・厭法等之上手也、吉備大臣・七佐法王之道習伝者也、加レ之注暦天文図・宿耀地判経、又以了々分明也、所以形雖レ稟二人体一、心通二達鬼神一、身雖レ住二世間一、神経二緯天地一矣、

（『新猿楽記』）

ところで、右の賀茂道世という陰陽師は、右衛門尉某という中級貴族の十番目の娘の婿（十君夫）として『新猿楽記』に登場するが、藤原明衡が『新猿楽記』を著した目的は、右衛門尉某の家族の面々を紹介するというかたちで、諸々の職能者（芸能者）を紹介することにあった。したがって、ここに右衛門尉某の十女の夫として取り上げられた陰陽師は、武者（次女の夫）・相撲人（六女の夫）・医師（九女の夫）・絵師（六男）などとともに、平安時代中期の貴族層の人々が関心を持つさまざまな職能者の一人だったことになる。

そして、右に「占二覆物一者如レ見レ目、推二物怪一者如レ指レ掌」「凡都覧反閇究レ術、祭祀・解除致レ験、地鎮・謝罪・呪術・厭法等之上手也」と見えるように、賀茂道世は卜占と呪術とを得意としたが、陰陽師という職能者（芸能者）にとって、卜占および呪術は特に重要な職能であった。当時の古記録に見る限り、貴族社会の人々が優秀な陰陽師と見做したのは、卜占を的中させる陰陽師や呪術で験を示す陰陽師だったのである。その意味では、右の賀茂道世が優秀な陰陽師として描かれていることは間違いない。そして、平安貴族社会において重用されたのは、卜占や呪術に長じた陰陽師であった。

諸記録に見える安倍晴明の活動を整理した表1および『御堂関白記』に見える陰陽師の活動を網羅した表3に明らかな如く、平安貴族社会の陰陽師は勘申・卜占・呪術の三つを主要な職能とした。そして、これら三つの職能のうち、平安貴族がその日常生活の中で特に必要としたのが、卜占および呪術であった。例えば、本書の第三章からの三つの章において見たように、平安貴族の病気の場面では、病気に関する諸々の診断に陰陽師の卜占が用いられ、また、病気の治療や予防のためにも陰陽師の種々の呪術が用いられている。さらに、特に第五章において述べたように、平安中期の貴族社会においては、医師の医療や験者の呪術が病気の治療に用いられるに際して、それらの治療の有効性および安全性を保障・保証する目的で、陰陽師の卜占や呪術が用いられることさえあった。

また、特に呪術に注目するならば、第四章において論じたように、陰陽師の扱うさまざまな呪術は、加持や修法といった験者の扱う呪術とともに、平安貴族の認識においては〈一定の専門知識をもとに神仏や霊鬼を制御する技術〉であった。陰陽師の行う種々の祭・禊祓・反閇・散供などを、平安貴族は〈一定の専門知識をもとに神仏や霊鬼を制御する技術〉として理解していたのである。しかも、平安貴族は卜占というものを神意を知るため（「為レ得二神告一」）の技術と見做していたのであり、その意味では、卜占もまた、平安貴族の認識においては〈一定の専門知識をもとに神仏や霊鬼を制御する技術〉としての呪術の一種であった[3]。したがって、平安貴族から見た陰陽師は、神仏や霊鬼などの霊物を制御する技術を扱う職能者（芸能者）だったのである。

そして、平安貴族社会の人々は、霊物を制御する技術としての呪術を扱う陰陽師に対して、霊物のもたらす脅威から人々を護るという役割を期待していた。例えば、第三章に見た如く、平安貴族にとって、神仏や霊鬼といった霊物の霊障による病気（もののけ）は大きな脅威だったのであり、その脅威に対抗するために用いるべき手段の一つが陰陽師の呪術であった。また、第六章に見たところでは、平安貴族の邸宅には宅神や土公神などの諸神が祀られていたが、これらの身近な霊物のもたらす災いから人々を護ることを求められたのも陰陽師である。さらに、第七章に見たように、当時の陰陽師は貴族層の人々の依頼によって式神という霊物を用いた呪詛を行うことがあったが、その式神から人々を護ることを期待されたのも陰陽師であった。

このように、病気の場面において、新宅移徙の場面において、呪詛の場面において、本書で取り上げた平安貴族の日常生活における諸場面のいずれにおいても、陰陽師には霊物と対峙することが期待されていた。「開二閉鬼神之目一、出二入男女之魂一」と見えるように、呪術を得意とする賀茂道世は霊物の制御に長けていたが、平安貴族の認識では、霊物を制御する技術としての呪術を扱う陰陽師には、神仏や霊鬼といった霊物と対峙することが可能だったのである。

しかしながら、平安時代中期の貴族層の人々は、陰陽師に対して殊更に畏怖の念を抱いていたわけではなく、また、陰陽師を化け物や超人などのようなものと見做していたわけでもない。賀茂道世という架空の陰陽師に対する「所以形雖レ稟二人体一、心通二達鬼神一、身雖レ住二世間一、神経二緯天地一矣」との評価は、あくまで文飾に過ぎないのである。

現に、平安中期の陰陽師については、暴行や強盗の被害に遭ったことも記録されており、当時の人々が陰陽師を殊更に畏怖していたと考えるのは難しい。すなわち、「陰陽頭実光、為二乗尻一、被二凌辱一事」という『小記目録』の一条（『小記目録』第十七濫行事）からは、大中臣実光（表4―19）に暴行を加える者があったことが知られるのであり、「去夜群盗入二陰陽師恒盛宅一」という『小右記』万寿元年十月二十九日条からは、中原恒盛（表4―66）の自宅に押し入る者があったことが知られるのである。

この研究の序章では、室町時代の人々が安倍晴明（表4―2）について「晴明无二父母一、蓋二化生者也一」という認識を持っていたことを見た。遠く時代を隔てた十五世紀の人々が「天下无双陰陽師」として知る安倍晴明は、人間の父母を持たない化け物（化生者）だったのである（『臥雲日件録』応仁元年十月二十七日条）。しかし、序章において確認したように、平安貴族の見た安倍晴明は、「陰陽達者」「(陰陽)道之傑出者」と称賛されるほどの優秀な陰陽師ではあったものの、やはり、普通の人間であった。平安貴族にとって、陰陽師は化け物でも超人でもなかったのである。だが、それにも拘らず、平安貴族社会の陰陽師に神仏や霊鬼などの霊物と対峙する役割が与えられたのは、陰陽師は霊物を制御する技術としての呪術を体得していると見做されていたためである。平安時代中期の貴族層の認識において、陰陽師が神仏や霊鬼といった霊物と対峙し得たのは、〈一定の専門知識をもとに神仏や霊鬼を制御する技術〉である呪術を身に付けていたからであった。

繰り返しになるが、第四章で論じたように、当時の貴族層の人々は、呪術というものを〈一定の専門知識をもとに神仏や霊鬼を制御する技術〉として理解していた。平安貴族の認識における呪術は、専門知識に基づく技術の一つだったのである。そして、平安貴族の理解に従えば、呪術という技術は、医療という技術と同じく、専門知識の学習によって体得されるべきものであった。

したがって、平安貴族社会では、例えば医師になろうとする場合と同様、専門知識の学習によって誰でも陰陽師になることが可能であった。平安貴族社会の陰陽師は学習によって再生産されたのであり、陰陽師を陰陽師たらしめたものは、陰陽師としての専門知識の学習だったのである。そして、賀茂道世が「金匱経・枢機経・神枢霊轄等之無㆑所㆑不㆑審、四課三伝明々多々也」という点こそを最初に称賛されたように、陰陽師としての専門知識に精通していることが、優秀な陰陽師となるための最低条件だったのである。

さて、右に見てきたように、本書での考察によれば、平安貴族にとっての陰陽師の意味は、主として、陰陽師が〈一定の専門知識をもとに神仏や霊鬼を制御する技術〉を扱い得るところにあった。平安貴族にとっての陰陽師は、何よりもまず、神仏や霊鬼といった霊物を制御する技術を扱う職能者(芸能者)だったのである。そして、そのような事情は、『新猿楽記』における賀茂道世という陰陽師の描写からも窺うことができるだろう。

では、陰陽師自身にとっての陰陽師の意味はどこにあったのだろうか。どうして平安貴族社会の陰陽師たちは陰陽師となることを選んだのだろうか。

平安貴族社会の陰陽師には二つの類型があった。第一章に見た官人陰陽師と第二章に見た法師陰陽師とである。そして、本書において官人陰陽師と呼ぶことにしたのは、陰陽寮官人および陰陽寮官人経験者であったが、陰陽寮官人およびその経験者としての官人陰陽師は、陰陽師という職能者（芸能者）であると同時に、四位から六位までの位階にある中級もしくは下級の官人でもあった。したがって、本書で官人陰陽師として扱う陰陽師たちは、彼ら自身、中級貴族層や下級貴族層に属する平安貴族だったのである。また、当時の貴族社会には官人身分を持たない僧形の陰陽師が数多く出入りしていたが、そうした類の陰陽師が本書に言う法師陰陽師である。

その法師陰陽師の場合、彼らが陰陽師となることを選んだのは、陰陽師という職能者（芸能者）として生計を立てるためであったと考えていいだろう。法師陰陽師は陰陽師を生業としていたのである。第二章で詳しく述べたように、貴族社会に出入りする法師陰陽師の場合、その収入は庶民層としては十分なものであった。官人身分を持たない法師陰陽師は庶民層に属することになるのだが、その庶民層の陰陽師が貴族層の人々のもとに出入りしたのは、官人陰陽師だけでは貴族社会全体の用を足すことができなかったためである。そして、貴族層の用を勤める法師陰陽師には、庶民層にとっては大きな額の報酬が与えられたのであった。

これに対して、陰陽師になることと陰陽寮官人になることとが同義であった官人陰陽師の場合、陰陽師という職能者（芸能者）として生計を立てることだけを目的として陰陽師になること（＝陰陽寮官人になること）を選んだわけではなかった。

養老禄令の規定では、何らかの官職を帯びる官人には、その位階に応じた俸給が位禄や季禄などとして与えられることになっていた。そして、第八章に見た如く、官人陰陽師の多くが陰陽寮の官職を帯びる五位官人と六位官人とであり、本来ならば、彼らには官人としての俸給が与えられるべきであった。

ところが、律令制が大きく綻んでいた平安時代中期には、正六位上以下の位階にある下級官人の俸給は有名無実化しており、また、四位・五位の位階を持つ中級官人にしても、特定の京官に就いた者や国司に補された者でもなければ、たいていは規定通りの俸給が与えられることはなかった。そして、陰陽寮のいずれの官職も直接的に五位官人の俸給を保障するものではなく、したがって、平安中期の陰陽寮官人の場合、陰陽寮の官職を帯びていることによって官人としての俸給が与えられることはなかったのである。

そうした状況にあっても、官人であるとともに陰陽師という職能者（芸能者）でもあった官人陰陽師には、陰陽師としての活動に対する報酬によって生計を立てることが可能であったろう。そして、彼らの直面していた事態を見るならば、当時の官人陰陽師たちの多くが、法師陰陽師と同様に、陰陽師を生業としていたと考えざるを得まい。また、そのように考えるならば、当初より陰陽師という職能者として生計を立てるつもりで陰陽師となった官人陰陽師がいた可能性を否定することはできない。

とはいえ、官人陰陽師にとっては陰陽師になることと陰陽寮官人になることとが同義であったため、陰陽師になること（＝陰陽寮官人になること）を選ぶにあたり、官人陰陽師が官人としての俸給のことを完全に度外視していたとは考えにくい。既に述べたように、陰陽寮官人が陰陽寮官人であることによって俸給を与えられはしなかったものの、第九章に見た如く、陰陽頭・陰陽助・諸博士などの陰陽寮主要官職にある陰陽寮官人は、諸国の権守・介・権介などを兼ねることにより、一時的に官人としての俸給を与えられることになっていたのである。国司を兼ねた場合、六位官人には国司の給与である公廨が与えられ、五位官人には位禄と公廨とが与えられたのであった。

このように、官人陰陽師が陰陽師になること（=陰陽寮官人になること）を選んだのは、一方では陰陽師という職能者（芸能者）として生計を立てるためでもあり、他方では官人として生計を立てるためでもあった。ここには、官人であるとともに陰陽師でもあるという官人陰陽師の本質的な性質が現れていると言ってもいいだろう。

とはいえ、官人陰陽師にとっては陰陽師になることと陰陽寮官人になることとが同義であった以上、彼が陰陽師になること（=陰陽寮官人になること）を選んだのは、結局のところ、生計を立てるためであった。そうした意味では、官人陰陽師と法師陰陽師とで陰陽師となることを選んだ理由が大きく異なるわけではない。官人陰陽師にとっても、法師陰陽師にとっても、陰陽師は生業だったのである。そして、平安貴族社会において陰陽師が生業として成り立ったのは、当時の貴族層の人々が霊物を制御する技術を扱う職能者（芸能者）としての陰陽師を必要としていたためであった。

しかし、平安時代中期初頭の十世紀中葉には、陰陽師となるべき人材が不足していた。十世紀前葉以来の陰陽寮官人輩出氏族（=「累葉陰陽之家」）が人材不足に見舞われていたことは、既に述べた通りである。あるいは、人材が不足した背景には、俸給が保障されないことなどから、当時の陰陽寮官人輩出氏族が陰陽寮に人材を出すことに消極的であったという事情もあったかもしれない。兼国の特典を頼みに陰陽寮官人として官歴を重ねるという進路に比べれば、例えば外記を務めた後に受領となるという進路の方が、当時の中級官人たちにははるかに魅力的であったろう。

現に、十世紀中葉の外記局には、陰陽寮官人輩出氏族の出であることが疑われるような名を持つ者もいたのである。例えば、『外記補任』の天暦五年から同十年までの各条に見える文武並については、文武兼（表4―78）と同じ家系の出であった可能性が想定される。『外記補任』によれば、天暦五年（九五一）に民部大録から権少外記に転じた文武並は、大外記に進んだ天暦九年の十一月に外従五位下に叙されると、翌年の正月に宿官の三河権介に補された後、天徳二年（九五八）に受領として伯耆守に任じている。そして、天暦九年（九五五）に外従五位下の大外記であった文武並ならば、天暦三年（九四九）に従五位上の陰陽頭であった文武兼と兄弟であったとしても、両者の履歴に目立って不自然な点はないだろう。

そして、そうした状況下に新たな陰陽寮官人輩出氏族（＝「累葉陰陽之家」）となるべく参入したのが、保憲流賀茂氏であり晴明流安倍氏であった。したがって、保憲流賀茂氏および晴明流安倍氏が「累葉陰陽之家」として貴族社会に定着し得たのは、多分に状況に助けられてのことだったのである。

もちろん、賀茂保憲や安倍晴明が当時において優秀な陰陽師と見做されていたことは否定し得ず、また、保憲・晴明の息子たちについても同様のことが確認される。しかし、保胤流慶滋氏や保章流慶滋氏の場合、少なくとも二代に亙って優れた文章家を出したにも拘らず、それだけでは文章家の家系として定着することはできなかった。当時の文章道には既に人材が溢れていたためである。とすれば、新規に参入した保憲流賀茂氏や晴明流安倍氏に陰陽寮官人輩出氏族（＝「累葉陰陽之家」）として台頭する機会を与えたのは、やはり、旧来からの陰陽寮官人輩出氏族における人材の不足であったと考えるべきだろう。

註

（1）『続群書類従』にも賀茂氏のものとして二つの系図が収録されており、一方には「賀茂系図」、もう一方には「賀茂氏系図」という名称が与えられている。そして、「賀茂系図」は賀茂忠行の息子として保憲・保胤・保明・保道の名前を挙げるが、保明は保章の誤りであり、保道は保遠の誤りであろう。また、「賀茂氏系図」では、保憲のみが忠行の息子と見做され、保胤・保章・保遠の三人は保憲の息子として扱われるが、既に増田繁夫「慶滋保胤伝攷」〔一九六四〕が指摘しているように、この説には無理がある。その根拠として増田が注目したのは四人の年齢であったが、その他、兄弟通字という当時の貴族社会に一般的な命名法からしても、保憲・保胤・保章・保遠の四人は「保」を通字とする兄弟であったと見るのが妥当であろう。

（2）本章の論旨とは直接の関係がないため、ここでは保胤の没年には論究しないが、保胤の没年を扱った論考としては、増田繁夫「慶滋保胤伝攷」〔一九六四〕・平林盛得「慶滋保胤の死」〔二〇〇一ａ（一九六五）〕・後藤昭雄「慶滋保胤」〔一九九三〕がある。

（3）次に引く『左経記』には、滋岳川人という平安時代前期の陰陽師が使っていた卜占の道具（太一式盤）が、平安中期の人々には「無レ止之霊物」と見做されていたことが見える。呪術の一種である卜占には、そうした霊物と見做されるような道具が用いられることもあったのである。

○参二関白殿一、令レ御二覧故滋岡川人奉レ持太一式盤二枚一〈陰一枚・陽一枚〉、件盤前年陰陽頭文高語次云、故川人太一式盤、故道光宿禰伝領、常奉レ安二置家中一、是霊験物也、（中略）、則召二文高一被レ仰云、件盤奉レ安二置文高宅一、若有二損失一者随レ形可レ奉二作加一歟、無レ止之霊物也、相定追可二左右一者、又時々可二供奉一歟者、文高給レ預退出、

（『左経記』長元元年四月五日条）

あとがき

本書は、二〇〇二年度に神奈川大学大学院歴史民俗資料学研究科に提出した博士論文「平安貴族社会の陰陽師」を改題したものです。また、本書の第一章および第二章は、平成十三年度・十四年度に日本学術振興会特別研究員として交付を受けた文部科学省科学研究費補助金（特別研究員奨励費）による研究成果の一部になります。

そして、この一書の上梓は、神奈川大学大学院において指導してくださった福田アジオ先生よりの学恩の賜物です。つきましては、この場をお借り致しまして、恩師に改めて感謝の意を表したいと思います。本当にありがとうございました。

また、福田アジオ先生とともに博士論文の審査にあたってくださった三鬼清一郎先生・中島三千男先生・山本幸司先生・森公章先生からも、多方面にわたって懇切な御指導をいただきました。さらに、二〇〇二年三月を以て神奈川大学を退職された福田豊彦先生からも、平安時代あるいは平安貴族社会を研究する視点について、実に多くのことを教えていただきました。諸先生方に対しましては、ここに改めてお礼を申し上げる次第です。

さて、本書は平安時代の陰陽師についての研究ということになっておりますが、私が最初に出会った陰陽師は、『沙石集』という中世の仏教説話集に登場する無名の陰陽師でした。その陰陽師の出番は、岩波日本古典文学大系で見ると、わずか三行にも足りません。「神罰などどうということはない。おれが封じてやる！」と豪語した直後、あっさりと神罰によって落命してしまうのです（『沙石集』巻第一）。私と陰陽師との初邂逅は、実にあっけないものでした。

その頃、文学部の三年生であった私が『沙石集』を読んでいたのは、それが宗教史演習という授業のテキストになっていたためでした。そして、正直に告白すると、その時点での私は、陰陽師について全く何も知りませんでした。当時、安倍晴明という名前を聞いたことさえもなかったのではないかと思います。

しかしながら、「平安中期貴族社会における陰陽師」と題する卒業論文を書いて以来、断続的にではあれ、私は十年以上も陰陽師の研究に取り組んできました。『沙石集』の陰陽師は、あえない最期を遂げたにも拘らず、しっかりと私に陰陽師というものへの興味を植え付けていたようなのです。そして、これまでの研究の一つの到達点が本書だということになりましょうか。

もちろん、「到達点」とは申しましても、これで陰陽師の研究が完成したということではありません。むしろ、一書を上梓することの本当の意義は、ここまでの研究を広く世に問い、散々に叩かれたうえで新たに出直す機会を得ることにあるのだと心得ております。その意味では、本書をお読みくださった方々から、より多くの厳しい御批判をいただくことができますれば、私にとってそれに勝る幸いはありません。

なお、本書の各章と本書以前に発表した論文などとの関係は次の通りです。

序章　「安倍晴明の実像」（林淳・小池淳一編『陰陽道の講義』、嵯峨野書院、二〇〇二年）を大幅に改稿した。より正確には、この論考を発展させたものを第二節とし、第一節・第三節を新たに書き足した。

第一章　「平安時代中期の官人陰陽師」（神奈川大学大学院歴史民俗資料学研究科『歴史民俗資料学研究』第八号、二〇〇三年）を改稿した。

第二章　新稿。

第三章　「平安中期貴族社会における陰陽師」（印度学宗教学会『論集』一八号、一九九一年）を大幅に改稿した。なお、これは卒業論文を手直しして発表したものであり、私にとっては最初の雑誌論文である。
第四章　「平安貴族社会における医療と呪術」（「宗教と社会」学会『宗教と社会』一号、一九九五年）を大幅に改稿した。宗教社会学・宗教人類学・宗教民俗学の研究者によって創設された学会の会誌に発表した論文が素材となっているため、他とは明らかに毛色の異なる一章になってしまった。
第五章　新稿。より正確には未発表稿とするべきかもしれない。執筆時期は定かではないのだが、学位論文の構想を練っていた頃には既に手元にあった。
第六章　「平安貴族の新宅移徙」（東北大学文学会『文化』第五七巻一・二号、一九九三年）を改稿した。
第七章　新稿。
第八章　新稿。
第九章　「十世紀―十一世紀の陰陽寮官人の補任状況」（東北史学会『歴史』第八七号、一九九六年）を改稿した。
　終章　新稿。
最後になってしまいましたが、拙い研究の出版を引き受けてくださった吉川弘文館には厚くお礼を申し上げます。そして、私事になりますが、これまで辛抱強く支えてくれ、これからも支え続けてくれるであろう妻に、心からの感謝の言葉を贈りたいと思います。ありがとう。

二〇〇三年十月

繁　田　信　一

参考文献一覧

厚谷和雄
一九七七「陰陽寮の成立について」(『大正大学大学院研究論集』一号)
阿部猛
一九九三(一九九一)「光源氏家の経済」(阿部『平安貴族の実像』、東京堂出版)
飯倉晴武
一九九八『古記録(日本史小百科)』(東京堂出版)
池田亀鑑
一九五二『平安朝の生活と文学』(河出書房)
一九六六『平安時代の文学と生活』(至文堂)
池田光穂
一九九二「シャーマン」(医療人類学研究会編『文化現象としての医療』、メディカ出版)
石原明
一九五九『日本の医学』(至文堂)
上杉富之
一九九四「呪術と社会」(佐々木宏幹・村武精一編『宗教人類学』、新曜社)
宇田川学
一九九三「伝統医療研究の行方」(『社会人類学年報』一九号、弘文堂)

岡田荘司
一九九四（一九八四）「陰陽道祭祀の成立と展開」（岡田『平安時代の国家と祭祀』、続群書類従完成会）
岡本充弘
一九九一（一九八〇）「院政期における方違」（『陰陽道叢書』第一巻、名著出版）
小原仁
一九八七『文人貴族の系譜』（吉川弘文館）
金井徳子
一九九一（一九五四）「金神の忌の発生」（『陰陽道叢書』第一巻、名著出版）
鐘江宏之
二〇〇二「木簡・呪符・人形」（林淳・小池淳一編『陰陽道の講義』、嵯峨野書院）
加納重文
一九七三「方忌考」（『秋田大学教育学部研究紀要』二三号）
一九七九「方違考」（『中古文学』二四号）
河北騰
一九八二『歴史物語の新研究』（明治書院）
黒板伸夫
一九九四『藤原行成』（吉川弘文館）
一九九五a『平安王朝の宮廷社会』（吉川弘文館）
一九九五b（一九八四）「位階制変質の一側面」（黒板『平安王朝の宮廷社会』、吉川弘文館）
小坂眞二

一九七六「禊祓儀礼と陰陽道」(『早稲田大学大学院文学研究科紀要』別冊三号)
一九七九「陰陽道祭用物帳」(『民俗と歴史』七号)
一九八〇「九世紀段階の怪異変質にみる陰陽道成立の一側面」(竹内理三編『古代天皇制と社会構造』、校倉書房)
一九八五「具注暦に注記される吉時・凶時注について」(『民俗と歴史』一七号)
一九八六「陰陽道の六壬式占について」(『古代文化』第三八巻七・八・九号)
一九八七「陰陽道の成立と展開」(『古代史研究の最前線』第四巻、雄山閣)
一九九〇「物忌と陰陽道の六壬式占」(古代学協会編『後期摂関時代史の研究』、吉川弘文館)
一九九三a(一九七九・一九八〇)「陰陽道の反閇について」(『陰陽道叢書』第四巻、名著出版)
一九九三b「古代・中世の占い」(同右)

後藤昭雄
一九九三「慶滋保胤」(『岩波講座・日本文学と仏教』第一巻、岩波書店)

小柳司気太
一九三〇「神道と陰陽道との関係」(『神道講座』第四巻、四海書房)

五来重
一九八五「平安貴族と陰陽道」(有精堂編集部編『平安貴族の生活』、有精堂)

斎木一馬
一九八九『古記録の研究(斎木一馬著作集第一・二巻)』(吉川弘文館)

斎藤励
一九一五『王朝時代の陰陽道』(甲寅叢書)

酒向伸行

一九九三（一九八二）「平安朝における憑霊現象」（『不動信仰（民衆宗教史叢書第二五巻）』、雄山閣出版）
坂本賞三
一九九一　『藤原頼通の時代』（平凡社）
佐藤進一
一九八三　『日本の中世国家』（岩波書店）
佐藤真人
一九八六　「平安時代宮廷の神仏隔離」（二十二社研究会編『平安時代の神社と祭祀』、国書刊行会）
一九九〇　「大嘗祭における神仏隔離」（『国学院雑誌』第九一巻七号〈通一〇〇〇号〉）
繁田信一
一九九一　「平安中期貴族社会における陰陽師」（印度学宗教学会『論集』一八号）
一九九四ａ　「書評『陰陽道叢書』」（『宗教研究』三〇一号）
一九九四ｂ　「祟」（印度学宗教学会『論集』二一号）
一九九五ａ　「神仏関係論ノート」（東北大学文学会『文化』第五九巻第一・二号）
一九九五ｂ　「冥助と祟咎」（『宗教研究』三〇六号）
一九九六ａ　「天道・宿世・仏神」（『印度学仏教学研究』第四五巻第一号）
一九九六ｂ　「仏神・天道・宿世」（印度学宗教学会『論集』二三号）
一九九七　「貴女と老僧」（東北大学文学会『文化』第六〇巻第三・四号）
二〇〇二　「苦しむ悪霊」（神奈川大学大学院歴史民俗資料学研究科『歴史民俗資料学研究』第七号）
下出積與
一九五二　「呪禁師考」（『日本歴史』五二号、実教出版）

一九九三「日本における陰陽道の史的位相」(『陰陽道叢書』第四巻、名著出版)
鈴木一馨
一九九四「物忌の軽重について」(渡辺直彦編『古代史論叢』、続群書類従完成会)
二〇〇〇「怪異と物忌」(『宗教研究』三二三号)
二〇〇二『陰陽道』(講談社)
関口明
一九八二「古代の清掃と徒刑」(『日本歴史』四一二号)
脊古真哉
一九九三「中世陰陽道研究の動向」(『陰陽道叢書』第二巻、名著出版)
高田義人
一九九二「暦家賀茂氏の形成」(『国史学』一四七号)
谷口美樹
一九九二「平安貴族の疾病認識と治療法」(『日本史研究』三六四号)
玉井力
一九九五「一〇―一一世紀の日本」(『岩波講座・日本通史』第六巻、岩波書店)
二〇〇〇(一九八一)「受領巡任について」(玉井『平安時代の貴族と天皇』、岩波書店)
土田直鎮
一九九二a(一九六七)「中関白家の栄光と没落」(土田『奈良平安時代史研究』、吉川弘文館)
一九九二b(一九七〇)「衰日管見」(同右)
一九九二c(一九七五)「公卿補任を通じて見た諸国の格付け」(同右)

角田文衞
一九六六「高階光子の悲願」（角田『紫式部とその時代』、角川書店）
一九七〇（一九六九）「慶滋保胤の池亭」（角田『王朝の映像』、東京堂出版）
虎尾俊哉
一九九五（一九九四）「慶滋保胤の改姓」（虎尾『古代東北と律令法』、吉川弘文館）
中村璋八
一九八五『日本陰陽道書の研究』（汲古書院）
波平恵美子
一九八二「医療人類学」（『現代の文化人類学』第二巻、至文堂）
一九八四『病気と治療の文化人類学』（海鳴社）
一九九二「医療環境の変化と受療者の『治療戦略』」（『講座・人間と医療を考える』第四巻、弘文堂）
新村拓
一九七四「古代医療における蛭食治・針灸治・湯治について」（『日本歴史』三一八号）
一九八三『古代医療官人制の研究』（法政大学出版局）
一九八五ａ「古代中世の医薬書とその流布」（新村『日本医療社会史の研究』、法政大学出版局）
一九八五ｂ「藤原実資の病気とその対応行動」（同右）
野田幸三郎
一九九一ａ（一九五三）「陰陽道の成立」（『陰陽道叢書』第一巻、名著出版）
一九九一ｂ（一九五五）「陰陽道の一側面」（同右）
橋本政良

一九九一（一九七八）「勅命還俗と方技官僚の形成」（『陰陽道叢書』第一巻、名著出版）
橋本義彦
一九七六『平安貴族社会の研究』（吉川弘文館）
一九八六（一九七六）「貴族政権の政治構造」（橋本『平安貴族』、平凡社）
服部敏良
一九五五『平安時代医学史の研究』（吉川弘文館）
速水侑
一九七五『平安貴族社会と仏教』（吉川弘文館）
平林盛得
二〇〇一a（一九六五）「慶滋保胤の死」（平林『慶滋保胤と浄土思想』、吉川弘文館）
二〇〇一b「慶滋保胤の出家前後の諸問題」（同右）
二〇〇一c「新出「勧学会記」の発見とその資料性について」（同右）
二〇〇一d「慶滋保胤の系図」（同右）
富士川游
一九〇四『日本医学史』（日新書院）
一九六九（一九四四）『日本疾病史』（平凡社）
一九七四（一九三三）『日本医学史綱要』（平凡社）
藤本勝義
一九九四『源氏物語の〈物の怪〉』（笠間書院）
ベルナール＝フランク

一九八九　『方忌みと方違え』（岩波書店〈斎藤広信訳〉）
細井浩志
一九九五　「古代・中世における暦道の技術水準について」（『史淵』一三二号）
一九九六　「日本古代国家による天文技術の管理について」（『史淵』一三三号）
二〇〇二　「天文道と暦道」（林淳・小池淳一編『陰陽道の講義』、嵯峨野書院）
堀一郎
一九六三（一九五三）「神仏習合に関する一考察」（堀『宗教・習俗の生活規範』、未来社）
一九六七　「神道と仏教」（『講座東洋思想』第一〇巻、東京大学出版会）
増尾伸一郎
二〇〇〇　「泰山府君祭と〈冥界十二神〉の形成」（田中純男編『死後の世界』、東洋書林）
二〇〇一　「氏神・土の気・竈神とその鉱脈」（『想像する平安文学』第七巻、勉誠出版）
二〇〇二　「陰陽道の形成と道教」（林淳・小池淳一編『陰陽道の講義』、嵯峨野書院）
増田繁夫
一九六四　「慶滋保胤伝攷」（『国語国文』第三三巻六号）
松本皓一
一九五九　「古代宮廷貴族における呪術と宗教」（『日本宗教史講座』第一巻、三一書房）
丸山裕美子
一九九八　『日本古代の医療制度』（名著刊行会）
三和礼子
一九九一（一九五六）「物忌考」（『陰陽道叢書』第一巻、名著出版）

村井康彦
一九六五 「平安中期の官衙財政」（村井『古代国家解体過程の研究』、岩波書店）
村山修一
一九七九 「陰陽道の歴史」（『講座・日本の民俗宗教』第四巻、弘文堂）
一九八一 『日本陰陽道史総説』（塙書房）
一九八六 『日本陰陽道史話』（大阪書籍）
一九九〇 「地鎮と宅鎮」（村山『変貌する神と仏たち』、人文書院）
一九九一 「古代日本の陰陽道」（『陰陽道叢書』第一巻、名著出版）
村山修一・脊古真哉
一九九三 「中世日本の陰陽道」（『陰陽道叢書』第二巻、名著出版）
桃裕行
一九八八・一九八九『古記録の研究（桃裕行著作集第四・五巻）』（思文閣出版）
一九九四（一九四七）『上代学制の研究（桃裕行著作集第一巻）』（思文閣出版）
森正人
一九九一 「モノノケ・モノノサトシ・物怪・怪異」（『国語国文学研究』二七号）
山折哲雄
一九七六 「憑霊と除祓」（山折『日本人の霊魂観』、河出書房新社）
山下克明
一九八〇 「陰陽師考」（奈良・平安文化史研究会『古代文化史論攷』一号）
一九九一 「陰陽寮と陰陽道」（『陰陽道叢書』第一巻、名著出版）

一九九六a（一九八二）「陰陽道の典拠」（山下『平安時代の宗教文化と陰陽道』、岩田書院）
一九九六b（一九八四）「『貞信公記』と暦」（同右）
一九九六c（一九八六）「頒暦制度の崩壊と暦家賀茂氏」（同右）
一九九六d（一九九〇）「宿曜道の形成と展開」（同右）
一九九六e（一九九二）「陰陽道と護身剣・破敵剣」（同右）
一九九六f（一九九三）「暦・天文をめぐる諸相」（同右）
一九九六g「陰陽師再考」（同右）
一九九六h「陰陽家賀茂・安倍両氏の成立と展開」（同右）
二〇〇一「安倍晴明の邸宅とその伝領」（『日本歴史』六三二号）
二〇〇二「安倍晴明の「土御門の家」と晴明伝承」（林淳・小池淳一編『陰陽道の講義』、嵯峨野書院）
山中裕
一九八七「平安貴族と陰陽道」（『神道大系月報』六七号、神道大系編纂会）
一九八八『平安時代の古記録と貴族文化』（思文閣出版）
吉田早苗
一九七七「藤原実資と小野宮第」（『日本歴史』三五〇号）
吉田禎吾
一九七〇『呪術』（講談社）
一九八三「バリ島民およびメキシコチアパス高地インディオの病気と治療儀礼」（『民族学研究』第四八巻第三号）
渡辺直彦
一九七二（一九六九）「藤原実資家「家司」の研究」（渡辺『日本古代官位制度の基礎的研究』、吉川弘文館）

主要引用史料一覧

『小右記』（大日本古記録）
『御堂関白記』（大日本古記録）
『権記』（史料纂集・増補史料大成）
『左経記』（増補史料大成）
『春記』（増補史料大成）
『雲州消息』（三保忠夫・三保サト子編著『雲州往来〔享禄本〕研究と総索引（本文・研究篇）』、和泉書院、一九八二年）
『政事要略』（新訂増補国史大系）
『朝野群載』（新訂増補国史大系）
『類聚符宣抄』（新訂増補国史大系）
『別聚符宣抄』（新訂増補国史大系）
『本朝世紀』（新訂増補国史大系）
『日本紀略』（新訂増補国史大系）
『尊卑分脈』（新訂増補国史大系）
『医陰系図』（詫間直樹・高田義人編著『陰陽道関係史料』、汲古書院、二〇〇一年）
『除目大成抄』（吉田早苗校訂『大間成文抄』、吉川弘文館、一九九六年）
『新猿楽記』（日本思想大系『古代政治社会思想』）
『二中歴』（改定史籍集覧）

＊　なお、本書での漢文史料の引用にあたっては、一部の漢字を旧字・俗字から新字に改め、明らかな誤脱を補訂するとともに、筆者による訓点を付した。

索　　引

Ⅰ 人　　名

あ 行

か 行

さ 行

た　行

な　行

は　行

ま　行

II 氏 族 名

III　官職名

あ　行

か　行

さ　行

た　行

ら　行

IV 事　　項

あ 行

か 行

さ 行

た　行

は　行

ま　行

ら　行

著者略歴
一九六八年　東京都に生まれる
一九九七年　東北大学大学院文学研究科博士後期課程単位取得退学
二〇〇三年　神奈川大学大学院歴史民俗資料学研究科博士後期課程修了、博士（歴史民俗資料学）
現在　神奈川大学外国語学部非常勤講師、同大学日本常民文化研究所特別研究員

〔主要著書〕
『平安貴族と陰陽師―安倍晴明の歴史民俗学―』（吉川弘文館、二〇〇五年）
『陰陽師―安倍晴明と蘆屋道満―』（中央公論社、二〇〇六年）
『安倍晴明―陰陽師たちの平安時代―』（吉川弘文館、歴史文化ライブラリー、二〇〇六年）
『呪いの都 平安京―呪詛・呪術・陰陽師』（吉川弘文館、二〇〇六年）
『紫式部の父親たち―中級貴族たちの王朝時代へ―』（笠間書院、二〇一〇年）

陰陽師《おんみょうじ》と貴族社会

二〇〇四年（平成十六）二月十日　第一刷発行
二〇一七年（平成二十九）五月十日　第二刷発行

著者　繁《しげ》田《た》信《しん》一《いち》

発行者　吉川道郎

発行所　株式会社　吉川弘文館
郵便番号一一三―〇〇三三
東京都文京区本郷七丁目二番八号
電話〇三―三八一三―九一五一（代）
振替口座〇〇一〇〇―五―二四四番
http://www.yoshikawa-k.co.jp/

印刷＝株式会社 三秀舎
製本＝株式会社 ブックアート
装幀＝山崎　登

ISBN978-4-642-02398-6

繁田信一著

平安貴族と陰陽師
安倍晴明の歴史民俗学

四六判・二一八頁／二三〇〇円

目に見えない霊物が、貴族の日常を脅かす。彼らは陰陽師に何を求めたか。生活文化の中の陰陽師という視点で平安時代を再考。陰陽道と生活の関係が浮き彫りにする、日本独自の文化＝国風文化のもう一つの姿。

呪いの都 平安京
呪詛・呪術・陰陽師

四六判・二二二頁／二三〇〇円

貴族たちの陰湿な望みをかなえるために、都に暗躍する法師陰陽師。呪詛と呪術に生きた彼らは、どのような人々だったのか。歴史の闇に隠された呪いあう貴族の生々しい怨念を読み解き、平安京の裏の姿を明らかにする。

安倍晴明
陰陽師たちの平安時代

（歴史文化ライブラリー）四六判・二〇八頁／一七〇〇円

平安時代を代表する陰陽師として、注目を浴びる安倍晴明。彼はなぜ陰陽師となったのか。昨今の「超人」イメージではなく、出世・栄達に腐心する中級貴族としての、等身大の実像に迫り、安倍晴明の最大の謎に挑む。

（価格は税別）

吉川弘文館